建设事业IC卡应用技术与发展

《建设事业 IC 卡应用技术与发展》编委会

中国建筑工业出版社

图书在版编目(CIP)数据

建设事业IC卡应用技术与发展/《建设事业IC卡应用技术与发展》编委会.—北京:中国建筑工业出版社,2003

ISBN 7-112-05669-1

Ⅰ.建… Ⅱ.建… Ⅲ.智能卡—应用—研究 Ⅳ.F830.46

中国版本图书馆CIP数据核字(2003)第009758号

本书介绍建设事业IC卡的应用技术和经验,以及建设事业IC卡的发展规划。

全书共三篇:对策、应用和技术。

本书可供建设行业及相关领域的管理者、科技工作者和大专院校师生参考。

* * *

责任编辑 蒋协炳

建设事业IC卡应用技术与发展

《建设事业IC卡应用技术与发展》编委会

*

中国建筑工业出版社出版、发行(北京西郊百万庄)

新 华 书 店 经 销

北京云浩印刷有限责任公司印刷

*

开本:787×1092毫米 1/16 印张:14¼ 字数:342千字

2003年4月第一版 2003年7月第二次印刷

印数:3001—5000册 定价:**29.00**元

ISBN 7-112-05669-1

TU·4984(11308)

本社网址:http://www.china-abp.com.cn

网上书店:http://www.china-building.com.cn

《建设事业 IC 卡应用技术与发展》编委会名单

主　任： 赖　明

副主任： 李东序　陈　重　赵　波

编　委： 尚春明　王　毅　赵　昕　马　虹
申绯斐　王　辉　邹　驰　陈　勇

主　　编： 赖　明

副 主 编： 尚春明　王　毅

参编人员：（按姓氏笔画为序）

马　虹　王　辉　孙一成　卢义明　申绯斐　汤爱敏
邹平华　陈弘毅　邹　驰　杜　昊　陈　勇　林　涌
赵　昕　高　菲　崔卫军　潘利华

前　言

为全面贯彻落实中共中央提出的“以信息化带动工业化，发挥后发优势，实现社会生产力的跨越式发展”的战略目标，建设部对“十五”期间建设事业信息化工作做出了全面部署，加大了信息技术与传统产业结合的力度，全面推进建设事业信息化工作，加快建设事业信息化进程，积极用信息等高新技术改造和提升建设行业，培育建设领域新的经济增长点。

建设事业IC卡应用是建设事业信息化工作的重要内容，也是国家“金卡工程”的重要组成部分。其应用领域包括：公共交通、燃气、自来水、供暖、房屋租赁、小区物业管理、地铁、出租车、路桥收费、停车场管理、公园景点、排污及垃圾处理、行业资质管理、房地产管理、建设项目管理等。近几年，建设部根据国务院的有关精神，按照国家金卡办的总体规划与安排，结合建设事业特点，积极组织技术攻关、理论探索与具体实践，已初步形成了具有建设事业特点的IC卡应用模式。为使建设事业IC卡的应用有章可循，有法可依，建设部相继颁布了《建设事业IC卡应用技术》等标准，编制了《建设事业IC卡“十五”发展规划》。这些工作有力地促进了建设事业IC卡应用的发展。

为更好地总结建设事业IC卡应用经验，交流国内外IC卡技术最新发展成果，讨论建设事业IC卡的发展规划，进一步贯彻落实部颁标准，2002年10月，建设部信息化工作领导小组办公室、建设部科技司、城建司、上海市建设和管理委员会共同主办了“全国建设事业IC卡应用模式和技术发展研讨会”。与会代表500多人，有关单位和专家提交了十分有价值的论文。

本书根据会议论文编撰而成，分为对策、应用和技术三篇。我们希望本书对建设事业IC卡应用起到一定的参考作用。

本书的出版得到了天津环球磁卡有限公司、清华同方股份有限公司及成都卫士通有限公司的大力支持！在此表示感谢。

因编撰的时间和水平有限，书中的不妥之处，敬请谅解。

《建设事业IC卡应用技术与发展》编委会

目　　录

第一篇　对　　策

第二篇　应　　用

第三篇　技　　术

第 一 篇

对 策

加快建设事业信息化进程
推动传统产业升级改造

建设部科技司　赖　明

一、引言

社会的发展已进入21世纪，以信息革命为标志的第二次社会现代化正改变着社会生活的方方面面。信息技术及其产业广泛渗透到社会生活的各个方面，极大地推动了社会经济的全面进步与发展。我国政府高度重视信息化带来的挑战与机遇，《中共中央关于制定国民经济和社会发展第十个五年计划的建议》中指出："信息化是当今世界经济和社会发展的大趋势，也是我国产业优化升级和实现工业化、现代化的关键环节。要把推进国民经济和社会信息化放在优先位置"。2002年党中央下发了《国民经济和社会发展第十个五年计划信息化重点专项规划》，明确提出了信息化在"十五"期间的工作目标和工作重点。

为全面贯彻落实中共中央提出的"以信息化带动工业化，发挥后发优势，实现社会生产力的跨越式发展"的战略目标，建设部"十五"期间将高度重视信息技术与传统产业的结合，大力推进建设事业信息化工作，加快建设事业信息化进程，推动传统产业升级改造，用信息等高新技术改造和提升建设领域传统产业，培育建设领域新的经济增长点。

我国的城市化水平已接近40%，已进入了城市发展的高速增长阶段。城市化水平的提高预示着城市数量的增加，对城市规划、建设、管理与服务提出了更高的要求。传统的城市规划、建设、管理与服务方式急需变革，运用科学、整体、系统的思维来营造现代化城市已成为时代发展的必然，信息化将成为21世纪新型城市的基本特征，信息技术在改造并提升传统产业中作用重大。

政府是行业发展方向的决策者、引导者，企业参与是行业发展的基础。运用信息技术提高政府的管理决策水平，提高企业的管理水平、经营水平，以及企业的市场竞争力，是提高行业技术水平的基础，是适应我国加入WTO和全球经济一体化的新形势的重要途径。因此，加快建设事业信息化进程既是国家信息化工作的总体要求，也是建设行业自身发展的需要。国务院对信息化建设提出以下五项方针：第一，坚持面向市场，需求主导；第二，政府先行，带动信息化发展；第三，信息化建设要与产业结构调整相结合；第四，既要培育竞争机制，又要加强统筹协调，努力为信息化发展创造良好的环境；第五，既要重视对外开放与合作，又要加强自主科研开发。在对外开放与合作中逐步增强我国信息产业的国际竞争力。同时，要按照"有所为、有所不为"的原则，集中力量抓住关系国家安全和对产业发展有重大影响的核心技术，加大研究开发力度，推进产业发展。建设部"十五"期间将根据这五项方针，围绕政府政务信息化、建设行业信息化以及建设行业企业信息化开展工作，全面提高政府政务信息化水平，行业信息化整体水平以及企业信息化应用水平，全面提升、改造传统的建设行业。

二、明确政府在信息化建设中的引导和服务作用

国家信息化领导小组决定，把电子政务建设作为今后一个时期我国信息化工作的重点，政府先行，带动国民经济和社会发展信息化。信息技术的飞速发展，政府信息化建设面临新的机遇和挑战。加快政府机关职能转变、改变工作方式、转变工作作风、提高行政工作质量和效率，增强政府监管和服务能力，促进社会监督，建立办事高效、运转协调、行为规范的行政管理体制，电子政务建设已成为重要和必要的环节。

为加强对全国电子政务建设的指导，国务院2001年4月份下发了有关文件，提出了今后五年全国政府系统政务信息化建设规划纲要，要求在3～5年的时间里完成办公业务网、办公业务资源网、政府公众信息网和共享信息资源库的建设。2002年7月，中共中央办公厅、国务院办公厅联合下发了《我国电子政务建设的指导意见》，进一步明确了全国电子政务建设的指导思想、目标、任务以及主要措施。为此，建设部制定了建设部政务信息化规划，提出了建设部电子政务建设的目标是贯彻国家电子政务建设的指导方针、目标、任务，结合建设领域的特点和行业管理工作的需要，积极开展建设部政务信息化内网、外网与公众信息网的建设，建立健全建设政务信息化标准指标体系、政策法规体系、安全保障体系，实现全行业信息共享，提高政府管理能力、决策能力、应急处理能力以及为公众服务能力。明确的建设部电子政务建设的主要内容是：

1．建设部电子政务内网的建设。按照中办17号文件要求，电子政务网络平台由政务内网和政务外网构成，政务内网一期主要连接中央政务部门和47个副省级以上地方行政部门的网络平台。政务内网和政务外网之间要物理隔离。政务内网主要支持副省级以上政务部门的办公业务和其他涉密业务，内网上运行的业务和传输的信息根据不同密级，采取相应的安全措施，保证按照密级和权限规定运行和利用。电子政务内网的建设将根据中办的规划和要求逐步进行建设。

2．建设部电子政务外网的建设。外网的建设主要包括办公自动化(OA)和建设部业务监督管理信息系统。在部业务监督管理信息系统建设中首先重点建设好全国住房公积金监督管理信息系统、全国建筑市场监督管理信息系统、全国城市规划监督管理信息系统、国家级风景名胜区监督管理信息系统等四个业务系统，并在此基础上，开展全国住宅与房地产市场管理信息系统和全国城市市政基础设施管理信息系统的建设。

3．建设部电子政务公众服务网的建设。根据中办17号文件精神，将进一步整合现有网站资源，集中建设和完善“中华人民共和国建设部互联网站”和“中国建设信息网”，建成建设部统一的、权威的对外公众信息发布网站。

4．建设部电子政务信息资源数据库及信息交换平台的建设。为实现资源共享，互联互通，避免重复建设，在建设部电子政务系统建设过程中，要整合建设事业信息资源，建设统一的电子政务信息平台和数据库。

建设事业电子政务的建设是全国建设领域信息化的重中之重。建设事业电子政务的建设，其社会效应将远远超过其所带来的经济效应，它的建设将推动全国各地建设行政主管部门的观念变革、管理方式变革以及业务流程的变革，从而带动整个建设事业的信息化革命。

三、全面提高建设系统各行业信息化水平

长期以来，建设行业信息化工作一直滞后于社会的发展。建设系统的信息化建设起步

于20世纪80年代末期，主要从计算机辅助设计、地形图数字化、生产自动化控制等方面开始应用现代计算机技术。到90年代中期，由于网络技术的发展，信息技术越来越多地应用在建设领域各行各业，尤其是在地理信息系统、城市遥感信息系统、全球定位系统、远程控制、办公自动化、管理信息系统、IC卡等方面。随着信息化工作的不断深入和拓展，矛盾越来越突出，缺乏总体规划，缺乏统一的行业标准，信息无法共享，大量低水平重复建设，造成许多不必要的浪费。这些问题不仅制约了信息化技术在建设领域的发展，而且浪费了国家大量的人力和财力。因此，建设事业信息化建设工作要对整个行业信息化工作实行总体规划，组织制订建设系统各行业信息化规划和技术政策，建立建设系统各行业信息化技术应用标准体系，编制建设领域各类数据标准与应用系统标准，规范建设领域信息系统建设行为。主要工作包括以下几个方面：

第一，加强整个行业的总体规划，集中实施对关键技术的攻关。信息化工作一定要有总体规划，否则浪费巨大，造成许多低水平的重复建设。集中实施攻关的城市数字化工程的主要关键技术有：城市数字化体系结构总体设计，城市GIS与MIS、OA及CAD的综合应用，城市综合空间数据与多维属性数据的挖掘与融合等。这些工作将通过国家科技攻关项目《城市规划、建设、管理与服务数字化工程》及国家863科研课题的实施予以实现。

第二，推动建设行业信息化标准的建设。信息化工作的先进性主要体现在资源的共享性，如果没有标准，信息将无法共享，从而将无法实现这一先进性。因此，信息化工作中推动标准的建设是很重要的。建设系统信息化标准化体系项目已先行启动。

第三，建设事业各领域业务应用系统的建设。主要包括：城市规划、城市建设、建筑业、房地产、数字社区等五个方面的管理业务应用系统。各领域信息化系统的建设将对整个城市的建设起到很大的推动作用，国家每年固定资产投资超过1万亿元，根据发达国家经验，因信息不畅而导致的工程浪费每年将达投资的5%～10%，在我国，若按10%计，每年将浪费1000多个亿，如果有效地利用信息技术将为国家节省大量资金。

第四，依托行业创新体系，为建设行业信息化的发展营造一个良好的政策环境。企业是创新的主体；大专院校和科研机构是知识创新和人才培养的基地；中介机构是创新的桥梁；政府的工作重点是要营造一个良好政策环境。城市数字化建设的主要政策有：城市数据共享政策、城市数据更新政策以及面向公众综合信息服务产业化政策等等。

第五，抓好示范基地的建设。示范工程的启动，可以起到带动城市、带动行业、辐射地区的引导作用。同时，各项研究成果也可以在示范应用工程中得到检验、修正、完善，并为加速其成果转化为生产力提供展示的空间和基本应用的市场，培育和发展城市数字化工程的产业化。通过示范工程，提出城市数字化建设与管理模式、应用经验、相关标准与规范，以及有利于市场运作的推进机制，检验并发布优秀成熟的技术与管理成果，确保全国城市数字化工程的健康、快速、有效的发展。

四、引导企业加快信息化建设，推动传统产业升级改造

建设领域信息化工作另一个重要的方面就是推动建设系统企业的信息化工作。企业信息化是指：企业利用信息技术结合现代管理思想，优化企业生产流程，优化企业管理，优化企业的市场营销，优化企业的资源配置，降低成本，提高企业的管理水平、市场营销水平，从而增强企业的市场竞争力。建设系统企业包括勘察设计企业，建筑业企业，房地产企业，自来

水、煤气、公共交通市政公用企业以及其他各类相关咨询服务企业。建设领域涉及的行业多，大多属于传统企业，企业信息化是一场革命，在提高企业管理水平、促进管理现代化、转换经营机制、建立现代企业制度、有效降低成本、加快技术进步、增强市场竞争力、提高经济效益等方面都有着现实和深远的意义，是带动企业各项工作创新和升级的突破口。建设系统企业中有相当一部分属于关系国计民生的服务业，通过信息化技术对企业的改造能够大大提高服务水平和服务质量，满足广大人民群众的需要。我国已经加入WTO，在全球经济一体化的潮流当中，要站在时代发展的前沿，与时俱进，开拓创新，不失时机地抓住和利用信息化所带来的技术成果和发展机遇，大力推进企业信息化建设，努力提高企业的整体素质，切实增强企业的国际竞争力。

建设系统企业信息化工作任重而道远，行业纷杂，各行业企业要明确本行业企业的信息化推进目标。必须清醒地认识到，管理仍然是当前建设系统企业工作中的一个薄弱环节。建设领域企业要从企业管理着手，对企业的经营决策管理、生产管理、质量管理、计划进度管理、财务管理、营销管理等方面实施信息化技术改造。企业信息化建设走在前面的企业的实践充分说明，企业信息化是增强市场竞争力的客观需要，是实现管理创新的重要途径，也是解决当前企业管理中突出问题的有效措施。企业要把信息化建设列入技术进步的首要内容，特别是企业在进行基本建设和技术改造时，充分考虑信息化的要求，使企业的整体水平提高的同时，推动企业信息化建设向前发展。

企业信息化，是一项系统工程，涉及到企业的方方面面，能否与企业各项工作相融合，关系到企业信息化工作的成败。推进企业信息化，要统筹规划，突出重点，整体推进。要紧紧围绕企业改革和发展两大主题，以全面提高企业管理水平和整体竞争能力为根本目的，搞好三个“结合”。

一是企业信息化建设要与“三改一加强”相结合。企业信息化是借助现代信息技术，引进现代化管理理念，对计划经济时期形成的不适应社会主义市场经济体制要求的落后经营方式、僵化组织机构、低效管理流程等，进行全面而深刻的变革。推进企业信息化，很重要的一条就是要与企业的改革、改组、改造和加强管理结合起来。有条件的企业，新产品开发要建立在计算机辅助设计与制造的基础上，逐步建立起计算机集成制造系统，提高企业技术装备和工艺流程的信息化水平，增加产品的技术含量和附加值。

二是企业信息化建设要与强化企业的基础管理相结合。企业信息化是对企业信息在深度和广度上的开发利用，而数据管理不仅是企业基础管理的重要内容，也是企业信息化建设的前提条件和基础。及时、准确、全面的信息，才是科学决策的可靠依据。推进企业信息化建设，要从强化数据管理这一源头抓起。要尽快完善企业的计量、检测体系，要加强定额管理和标准化管理，要建立统一、完整、操作性强的代码编制系统，要建立规范化的数据采集、录入制度，确保数据采集的高效、真实、统一。

三是企业信息化要与引进先进的管理理念相结合。企业信息化的难点不是技术，也不是资金，而是管理思想的转变和理念的更新。在引进和运用先进管理软件的同时，要注意从中国国情和企业的实际出发，消化和吸收其中的先进管理思想和理念，而不是让先进的管理软件迁就落后的管理方式。

企业信息化建设要坚持从企业的实际出发，统筹规划，突出重点，量力而行，务求实效。一要从解决企业突出问题入手。二要坚持先进适用、量力而行的原则。三要发挥企业现有的信息化人才、技术和装备的作用，并发挥有实践经验的系统集成商、管理咨询公司、顾问公司的作用。在两到三年的时间内，建立起适合于企业自身发展的企业信息化系统，充分利用国际互联网资源及社会资源，利用现代信息技术提升传统产业的生产力水平，实现企业的生产营销、管理及经营决策的智能化，提高企业的国际市场竞争力，以使其在日益竞争激烈的国际化大市场中立于不败之地。

五、建设事业信息化中应注意的若干问题

建设领域信息化不单纯是个技术问题，它涉及到方方面面，信息化的过程就是从"人治"向"法治"转变的过程。组织框架的重组、流程的再造，就意味着权利和利益的再分配。强化管理和控制，势必和一些习惯势力产生碰撞。所有这些，如果没有一把手坚定的信心，并身体力行，是很难推动的。其次，推进建设领域信息化，人才是根本。抓紧培养造就一大批信息化复合型人才，既善于经营管理，又懂现代信息技术，还具有先进管理理念的复合型人才，是推进建设领域信息化工作的当务之急。另外，各地区各部门要多渠道筹集资金，加大对信息化的投入。政府有关部门要加强引导，努力做好信息化建设的服务与协调工作。要加强信息化基础设施建设，尽快制定统一的技术标准，完善有关法律法规，加快信用体系建设，促进建设领域信息化的健康发展。

信息技术将给建设行业带来巨大的变革和经济、社会效益。在建设事业信息化建设的过程中，还应该注意以下问题：

第一，要充分认识到建设系统信息化建设的重要性和紧迫性。建设系统信息化是实现城乡现代化的重要前提条件。在城乡建设现代化进程中，建设系统担负着城乡规划、建设、管理、服务的重要职能，建设系统的信息化建设是社会信息基础设施建设的重要组成部分，关系到国民经济和社会现代化建设的全局。建设系统各产业部门在国民经济中占有较大份额，但多数属于传统产业，管理手段滞后，科技水平不高，国际市场竞争力水平较弱，产业素质在总体上与国际先进水平还存在相当大的差距，面临着极为艰巨的产业结构调整和产业优化升级的重任，而信息化的开展将是促进建设事业结构调整和解决矛盾的重要手段。我国已经加入WTO，国际化的市场竞争迫使我们必须尽快提高企业自身的竞争力，而信息技术的应用将是提高我国企业的市场竞争力的重要手段。

第二，注意总体规划的分步实施。建设系统的信息化建设要规划优先，应用为主。制定好长远规划以及近期建设目标。有计划、有阶段、有目标地分步骤实施信息化建设。信息化建设是长期持续的过程，不可能一蹴而就。统筹规划，循序渐进，是开展信息化建设应有的战略思想和心态。

第三，共同建设，资源共享。在建设领域信息化建设的过程中要尽量避免低水平的重复建设，节约国家资源。要充分认识城市空间信息数据的公共性和基础性，积极推进城市地理信息系统(GIS)、城市遥感信息系统(RS)、全球定位系统(GPS)的开发建设，各领域的专业信息系统的建设要注意相互联系，建立健全数据共享和交换制度，提高数据的利用效率和利用范围。

第四，处理好创新与引进的关系。信息技术的发展日新月异，应本着有效、务实的原则，选择适合企业自身发展需要的技术，应用到企业的技术改造中。同时在应用的过程中，要注重消化与吸收，作好技术的再开发工作，研究出一套真正适合企业发展的，属于企业自身知

识产权的先进应用技术。

第五，加强产学研结合。加强企业与专业软件公司的合作，鼓励企业走创新和产业化一体的道路。企业的信息化过程中，需要进行企业适用的信息化系统及软件的开发，在研究开发过程中，要注重与有相同需求的企业之间、企业与高校及研究单位之间的联合开发和技术攻关，充分利用高校与科研单位的人力资源。同时还要注重企业与相关合作单位的创新和产业化相结合，努力促进产业的发展，形成新的经济增长点。

第六，信息化工作一定要因地制宜。在推进信息化过程中，不同类型的企业应该从自身实际情况和实际需要出发，确定本企业的信息化主线、突破口、进程以及使用的软件性质种类，切不可盲目照搬，切不可贪大求洋，真正做到通过信息技术改造，优化企业的资源配置，提高企业的生产、管理水平，增强企业的市场竞争力，提高企业的效益。

六、结束语

建设领域信息化工作的开展有利于提高建设行政主管的办事效率，提高为公众服务水平；有利于政府的宏观调控，加强对建设行业的监管，减少决策失误；有利于廉政建设，增加政府工作的透明度，减少腐败；有利于改善我国城市的投资环境，促进参与国际性城市的建设；有利于城市实现跨越式发展；有利于保证我国城市信息安全和国家信息安全；对保证城市的可持续发展也提供了条件；同时有利于加速科技成果的转化，以提升改造我国的传统的产业。

建设事业 IC 卡技术应用研究

清华大学　尚春明　北京理工大学　陈　勇

一、引言

信息化已经成为21世纪世界强国经济和社会发展的战略选择，我国政府高度重视信息化工作，在国民经济和社会发展第十个五年计划信息化重点专项规划中明确指出"信息化关系到经济、社会、文化、政治和国家安全的全局，已成为未来发展的战略制高点；信息化水平是衡量一个国家和地区的国际竞争力、现代化程度、综合国力和经济成长能力的重要标志。要把国民经济和社会信息化放在优先位置，坚持以信息化带动工业化，充分发挥比较优势和后发优势，实现社会生产力的跨越式发展"。

建设事业是国民经济的重要组成部分，担负着振兴建筑业，培育住宅与房地产成为国民经济新的增长点，指导和规范城镇建设和管理的重任。特别是在我国城镇化水平接近40%，进入城市发展的高速增长阶段后，对城市规划、建设、管理与服务提出了更高的要求，传统的城市规划、建设、管理与服务方式急需变革，运用科学的、整体的、系统的思维来营造现代化城市已成为时代发展的必然，建设事业信息化工作内容就是围绕城市的规划、建设、管理与服务等方面开展工作，以提高城市的现代化水平，从而为国民经济的持续、健康、快速发展奠定基础。因此，建设事业信息化在国民经济和社会发展信息化中占有重要的地位。

IC 卡技术与应用是国家信息化工作的一个重要方面，建设事业 IC 卡应用是国家金卡工程的一个重要组成部分，也是建设事业信息化的一项重要内容。近十年来，在各部门、各单位的积极努力下，经过大胆实践，努力探索，建设事业 IC 卡的应用稳步发展，取得了显著的成绩。

二、IC 卡技术特点与应用现状

1. IC 卡的含义与特点

IC 卡(Integrated Circuit Card)又称集成电路卡或智能卡(Smart Card)，它是将集成电路芯片镶嵌于塑料基片中，封装成卡的形式。IC 卡技术的核心是卡用芯片技术。IC 卡的特点是具有存储数据和输出数据的能力并且体积小、存储容量大、安全性高、使用方便等。

2. IC 卡的分类

根据 IC 卡中所镶嵌的集成电路不同，一般可将 IC 卡分成三类：(1)存储器卡，卡中的集成电路为 EEPROM(可用电擦除的可编程只读存储器)。(2)逻辑加密卡，卡中的集成电路具有加密逻辑和 EEPROM。(3)CPU 卡，卡中的集成电路包括中央处理器 CPU、EEPROM、随机存储器 RAM 以及固化的只读存储器 ROM 中的片内操作系统 COS(Chip Operating System)。

根据 IC 卡与外界数据传送方式不同，又可将 IC 卡分为接触型 IC 卡和非接触型 IC 卡。

接触式 IC 卡由读写机具卡座上的接触点和卡片上的触点相接触，进行信息的读写；而非接触式 IC 卡则与读写机具无电路接触，通过无线电磁波（如射频或微波）的传送技术进行信息的读写。当前使用普遍的是接触型 IC 卡。此外，还有一种接触/非接触组合卡（也称双界面卡），通常这种双界面卡都是 CPU 卡。

3. 国内外 IC 卡应用现状

IC 卡自 20 世纪 70 年代问世以来发展迅速。全球的 IC 卡发行量从 1992 年的 2.6 亿张发展到 2000 年的 20.6 亿张。各地区市场份额为：亚太地区占 65.2%，欧洲占 18.3%，美国占 1.4%，其他国家占 15.1%；从应用类别来看，电话卡占 60.68%，SIM 卡占 18.45%，金融卡占 8.74%，其他占 12.13%。目前，国际上 IC 卡的应用已经进入高速发展时期，预测到 2003 年全球的 IC 卡发行量将达 63 亿张。

IC 卡进入我国的时间较晚，在国家“金卡工程”的大力推动下，发展十分迅速。IC 卡的应用由银行卡起步，而非银行卡的应用后来居上，远远超过了银行卡的发展速度和规模。其中，发展最快的是各类行业性 IC 卡，如电信领域的公用电话 IC 卡和移动通信 SIM 卡、石化领域的加油卡、劳动和社会保障部门的社会保障卡、建设部门的城市公用事业卡、工商行政管理部门的工商企业卡、税务部门的税务卡、技术监督部门的组织机构代码卡等。很多行业性 IC 卡的应用已制定了统一的行业标准。另外，由各地方、各单位发行的 IC 卡，如校园卡、单位员工管理卡、食堂用餐卡、门禁卡、优惠卡等各种 IC 卡的应用发卡数量也相当可观。据不完全统计，仅 2000 年一年我国发行使用各类 IC 卡约 2.3 亿张。其中电话卡占了很大一部分，特别是公用电话 IC 卡达到 1.2 亿张，SIM 卡达到 4200 万张，其他各类 IC 卡约有 6000 多万张。

4. 发展趋势

非接触 IC 卡是国外今后 IC 卡技术的发展趋势，载波频率为：125kHz，13.56MHz，915MHz 和 2.45GHz 等，433MHz 频段也已开放给民品。

由于双界面 CPU 卡兼有接触 IC 卡和非接触 IC 卡功能，也是今后的发展趋势，CPU 卡将向 32 位发展，其数据处理速度将更快，存储器容量将越来越大。铁电存储器也将会逐渐普及，擦写循环和数据保持周期更长，单元面积更小，安全措施更强，并含有多种复杂的加密算法。

三、建设事业 IC 卡的发展现状及存在问题

1. 主要应用领域

建设事业 IC 卡主要应用领域是公共交通（包括轨道交通、出租车等）、燃气、供水、供暖、小区物业管理、路桥收费、停车场管理、公园景点等。

2. 发展现状

近几年建设事业 IC 卡在各行业应用均有了不同程度的发展。其中公共交通、供水、燃气等领域 IC 卡应用发展较快，已有 70 余个城市建立了不同规模和水平的公交 IC 卡应用系统，累计发卡量 2000 余万张。已有 300 多个城市在供水、燃气领域实施了 IC 卡应用，累计安装 IC 卡表具 400 余万台，发卡量达 500 多万张。小区物业管理、路桥收费、停车场管理等领域建设事业 IC 卡的应用也有了初步的发展。

在建设事业 IC 卡应用的初期，为了积累经验、探索规律，确定了上海、北京、大连、广州、

深圳、成都、鞍山、沈阳、无锡及江西省等省市作为全国建设事业 IC 卡应用试点。其中,上海的交通一卡通工程自 1999 年 12 月开通以来,已在公交、出租车、地铁、轻轨、轮渡上实现了交通一卡通,目前已发卡 400 万张。大连 2001 年 7 月一次性发行双界面 CPU 卡“明珠卡”14 万张(非月票卡),目前已达到 40 万张,这是国内首家采用双界面卡的城市,表明双界面 CPU 卡技术已进入实用阶段。广州在公交及轮渡上实现了 IC 卡应用,已发卡 100 万张。江西省房地产 IC 卡应用信息系统于 2001 年 9 月投入试运行,这是第一家在全省范围内的 IC 卡应用系统,并将拓展到其他应用行业。另外,昆明、哈尔滨、重庆、唐山等城市也在抓紧 IC 卡应用系统建设。

此外,还初步建立了安全管理体系,颁布实施了建设部《建设事业 IC 卡应用技术》标准,使建设事业 IC 卡应用有章可循。

3. 应用特点

经过几年的实践,建设事业 IC 卡应用形成了以下特点:一是实现了交通行业一卡多用,如上海已经在公交、地铁、出租车、轻轨、轮渡等行业实现了一卡通;二是双界面 CPU 卡已经在建设领域得到了具体应用,如大连市已经发行了双界面 CPU 卡;三是实现了异地互通,如建立了以上海为中心,辐射到周边城市(无锡、苏州)的异地互通 IC 卡应用系统;四是实现了跨行业的“一卡多用”,如杭州实施的水、电、气一卡通应用。

4. 存在问题

总结分析前几年应用情况,建设事业 IC 卡应用还存在以下问题:一是由于系统建设前期缺乏总体规划,各方工作协调不够,重复建设、投资周期长、工程缺乏有效的第三方监督、系统建设发展缓慢,影响应用系统合理、健康与全面的发展;二是组织和运营模式还不成熟,建设资金缺口较大,导致地方对 IC 卡应用系统的建设与管理力不从心;三是应用单位技术力量薄弱,缺乏超前培训相应人才的计划,应用受到限制;四是技术规范的制定工作相对滞后,对系统安全性重视不够,系统的扩展性、兼容性不强。

四、建设事业 IC 卡应用的工作重点

根据《全国 IC 卡应用总体规划》,结合建设事业 IC 卡应用实际,应重点做好五个方面工作。

1. 加强领导,建立健全管理体制

根据《国民经济与社会发展“十五”信息化专项规划》、《全国 IC 卡应用总体规划》以及《建设事业 IC 卡“十五”发展规划》精神,各地应加强领导,明确建设事业 IC 卡应用的管理机构及职能,建立和完善建设事业 IC 卡应用管理体制,按照各自的职能,密切配合,加强协调和管理,针对 IC 卡应用特点和存在问题,制定相应的管理办法,推进建设事业 IC 卡应用的健康发展。

2. 建立健全政策法规体系

(1) 制订和完善政策法规,创建良好的发展环境

建设有利于 IC 卡应用和产业发展的法制环境,鼓励地方政府主管部门制订相应的地方法规和配套政策,推进相关法律、法规的制定和落实,促进 IC 卡应用健康有序的发展;建立完善投融资政策,积极筹措资金,对关键性行业 IC 卡应用,要增加政府投入,扶持关键 IC 卡应用产品和系统开发,积极引入新的投融资渠道和模式,促进投资主体多元化。

(2) 加强建设事业 IC 卡相关产品的标准化工作

推进 IC 卡的应用，必须加强卡片、机具、系统的标准化建设，贯彻执行国家和行业标准，制定相关实施细则，加大监察力度。根据国家 IC 卡应用产品质量检验标准、读写机具质量检验标准及建设事业 IC 卡行业标准，制订建设事业 IC 卡应用产品质量检测规范和实施细则。

(3) 建立建设事业 IC 卡应用产品的认证认可制度

建立公正、公平、开放、合理、竞争有序的市场秩序，打破行业垄断，建立符合市场经济运作规律的"产品准入"机制，根据国家和行业标准，制定符合建设事业应用特点的应用测试规范和管理办法，选择国家认可的检测机构进行测试，组织专家委员会进行评审，定期发布检测结果，确保产品质量。

3. 建设信息平台，促进资源共享

(1) 为避免重复建设和重复投资，各城市的建设事业 IC 卡系统应建立统一的信息平台，包括统一的数据格式、统一的信息采集、统一的密钥体系、统一的发卡充值系统等，以保证资源共享并为城际间的沟通创造条件。鼓励国内企业参与 IC 卡应用系统工程建设，提倡并积极推行"一卡多用"，对于业务相关或功能相近的跨行业 IC 卡应用，应提倡统一发卡、一卡多用。

(2) 建立规范、可靠、统一的系统安全管理体系。为保障建设事业 IC 卡应用系统的安全性，实现跨地区、跨行业的"一卡多用"，各地的建设事业 IC 卡应用系统要建立规范、可靠、统一的系统安全管理体系，采用建设事业 IC 卡密钥管理系统和安全认证模块，同时进一步加强密钥系统本身的安全机制和标准加密算法研究，以确保系统的安全、可靠和稳定。

4. 建立推广应用示范体系，促进产业化发展

跟踪国际先进技术的发展，集中优势的科研力量，开发具有自主知识产权的软件、产品和技术，在建设行业 IC 卡应用中开展试点工作，建立推广应用示范体系，以点带面，推动建设事业 IC 卡应用产品和软件的生产应用，同时，面向市场，积极开展各种信息增值服务，满足行业发展需求，促进产业化发展。

5. 加强专业队伍建设，提高从业人员素质

IC 卡应用涉及电子、半导体、计算机网络通讯、数据库等技术，为保证建设事业 IC 卡应用工作的顺利进行，要加强专业队伍的建设，积极建立培训基地，举办各种类型的培训班，有目标、有计划地开展技术培训和技术服务，提高行业从业人员的素质。

五、结束语

IC 卡技术是当今信息化领域发展最快、影响最深、应用最为普及的技术之一，目前已在金融、电信、医疗卫生、社保、税收等领域广泛应用，建设事业 IC 卡应用是国民经济和社会发展中非常重要的一个方面，本文结合建设事业 IC 卡应用实际，在充分分析建设事业 IC 卡应用现状和问题的基础上，提出了今后建设事业 IC 卡应用的工作重点。

参 考 文 献

[1] 国家金卡工程协调领导小组.《全国 IC 卡应用总体规划》，2001.12

[2] 建设部信息化工作领导小组.《建设事业 IC 卡"十五"发展规划》(征求意见稿)，2002.12

[3] 潘利华.中国智能卡产业与应用市场探讨.全国建设事业 IC 卡应用模式和技术发展研讨会论文集.2002.10
[4] 吴天文.提高水平、规范市场、为行业企业服务.全国建设事业 IC 卡应用模式和技术发展研讨会论文集.2002.10
[5] 陈弘毅,王志华.加快产业化步伐,推动 IC 卡应用.全国建设事业 IC 卡应用模式和技术发展研讨会论文集.2002.10

抓建设事业 IC 卡应用，促行业信息化发展

建设部信息中心　王　毅

建设事业 IC 卡应用是根据国民经济信息化的总体要求，在国家金卡办统一规划和组织下实施的行业应用工程。它是行业信息化建设的重要组成部分和提高行业与企业管理水平的强有力手段。建设事业 IC 卡在建设部和全国金卡办的领导和支持下，将会发挥更大的促进作用。

根据国务院的有关精神，按照国家金卡办的总体规划与安排，结合建设事业特点，各级建设事业 IC 卡应用部门经过近几年的理论探索与具体实践，特别是近两年的扎实工作，已初步形成了具有建设事业特点的 IC 卡应用模式。

一、建设事业 IC 卡的应用已初具规模

1. 建设事业 IC 卡应用的基本特点

建设事业 IC 卡的应用与其他行业对 IC 卡的应用具有自己的特点。一是涉及的领域多。主要涉及的应用领域包括：公共交通、燃气、自来水、供暖、房屋租赁、小区物业管理、地铁、出租车、路桥收费、停车场管理、公园景点、排污及垃圾处理等。二是应用环境相对复杂。特别是公共交通、燃气、自来水、供暖、出租车、路桥收费等场所。三是技术含量要求较高。建设事业的 IC 卡应用应按照“一卡多用”的原则来制订总体规划和实施。即在一张卡上包含多种应用的信息和数据，具有储值卡的功能，面向广大城市市民发行。因此，对兼容性和安全性在技术上要求较高。四是管理体制复杂。五是政策性强。建设事业 IC 卡应用不但有管理类的 IC 卡，更多的是涉及公用事业收费，涉及国家的金融政策、价格管理政策和税收政策等。

2. 建设事业 IC 卡应用的指导思想

根据建设事业的 IC 卡应用特点，在开展工作的过程中，我们始终坚持以下的指导思想：

(1) 一卡多用。建设事业涉及十几个行业，如果一个行业一个应用发一种卡，将会给持卡人和应用带来极大不便，造成投资成本的增加。

(2) 技术先进。由于建设事业的 IC 卡应用场所与环境比较恶劣，应用行业较多，应选用主流、可靠和有发展前景的技术与产品，避免造成不必要的投资浪费。

(3) 统一发卡。建设事业 IC 卡应用，既要在当地有关部门的统一组织下，有统一的规划，又要分行业、分步实施。统一发卡，不能政出多门，方便市民，节约投资。

(4) 安全可靠。建设事业 IC 卡应用除管理性质卡外，卡内存储了一定数额的资金，可以在规定的应用领域内使用。因此，IC 卡应用系统的安全性、可靠性是应该在系统设计时给予充分考虑的，以最大可能维护持卡人的合法权益和企业利益。

(5) 统一标准。实施建设事业 IC 卡应用项目必须按照相应的标准规范进行规划和具

体实施，这是系统建设和应用达到预期目标的保障，也是实现“一卡多用”、互通互联的基本保障。

3. 建设事业IC卡的城市应用工作

为实现建设事业IC卡在城市的应用达到或满足“一卡多用”的目标，建立并完善建设事业IC卡应用有关的技术标准，探索建设事业IC卡应用的组织模式和管理模式，推动建设事业IC卡应用持续快速健康发展，我们确定了部分省市为全国建设事业IC卡试点、应用省市。

上海的交通一卡通工程自1999年12月开通以来，已经在公交、出租、地铁、轻轨、轮渡等领域实现了交通一卡通，目前已发卡360万张，是目前全国建设事业领域发卡量最大的城市，应用面最广，也是第一个全面实行交通一卡通的城市。另外上海与无锡的跨城市、跨地域的IC卡应用系统也投入了试运行。

目前，大连已发行50万张双界面CPU卡“明珠卡”，成为国内第一家发行10万张以上双界面CPU卡的城市，显示双界面CPU卡技术已经可以进入实用阶段。

2001年9月，“江西省房产应用IC卡应用系统”试运行。这标志着以省为单位的IC卡应用工作已全面启动。这也是建设行业第一家以全省作为IC卡应用规划范围的IC卡应用系统。此系统运行正常后，将随之拓展到其他应用行业。

另外，北京、广州、南京、无锡、沈阳、鞍山等城市的IC卡系统也相继投入了使用。据初步估计，目前全国建设事业IC卡应用系统已累计发行了800万张卡。

4. 建设事业IC卡的安全管理工作

为促进建设事业IC卡应用健康、有序的发展，保障应用系统安全可靠，实现城市内多行业“一卡多用”，不同城市间互通互联，其核心就是要建立一套严格的安全管理体系。因此重视安全工作，采用统一的安全技术解决方案和产品，建立相应的安全管理与保障体系，在建设部有关文件中都做了明确的要求。为此，我们推出了“建设行业IC卡密钥管理系统”，并为用户提供相关的技术服务和支持。该系统已在上海、广州、北京、大连、成都、鞍山、无锡、沈阳、湖州以及江西等省市的近70000台公交车和出租车上使用。

5. 建设事业IC卡应用特点

建设事业IC卡的应用通过几年的发展，形成了自己的特点。一是实现了多行业“一卡多用”应用模式和功能。比如上海已经实现了在公交、出租、地铁、轻轨、轮渡等领域的一卡通；二是处于探讨的双界面CPU卡应用技术在建设领域得到了具体应用，比如前面提到的大连市；三是异地互通已经具备条件和可能，以上海为中心的周边城市（无锡等）已经建立异地互通系统；四是提出全省实施IC卡的应用，如江西省的IC卡应用系统已经启动等。

6. 规范市场，加快标准制定工作

为了规范和促进建设事业IC卡应用市场的发展，加快相应管理办法和技术政策与标准的出台是十分迫切的和必要的。《建设事业IC卡应用技术》标准是依据建设部建标[1999]159号文下达的任务而制定的，由建设部IC卡应用领导小组办公室和建设部IC卡应用服务中心牵头组织、编写，于2002年6月由建设部正式批准颁布。因此，希望各地建设行政主管部门、IC卡应用管理服务机构、应用单位和系统集成商和产品供应商要对《建设事业IC卡应用技术》的执行和落实予以高度重视，选择符合国家标准（尚无国家标准的，以国际标准为准）、适合“一卡多用”、安全可靠、先进实用、易于升级换代并满足有关兼容性的技术类型和相关产品。

7. 建设事业 IC 卡的应用成效

一是各地建设行政主管部门和应用单位对此项工作已更加重视,作为行业信息化建设并为市民做实事的重要组成部分;二是全国性建设事业 IC 卡应用市场已经基本培育起来,预计今后几年里是应用发展的高潮;三是各种行政法规政策的体系基本建立,市场已相对规范;四是相关标准已经出台,为技术与产品的选择提供了保障和依据;五是许多系统集成商和产品供应商对建设事业 IC 卡的应用市场发展和前景更加充满信心。

二、建设事业 IC 卡应用中存在的不足

虽然建设事业 IC 卡的应用经过几年的发展,在许多领域特别是在公共交通、供水等方面有了较快的发展和成长空间,但我们也应清醒地看到,我们与其他应用行业在许多方面有一定的差距。一是由于系统建设前期缺乏总体规划,各方工作协调支持力度不够,一些地方的应用系统建设发展缓慢,影响应用系统合理、健康和全面的发展;二是建设资金缺口较大,组织和运营方式选择单一,导致地方对 IC 卡应用系统的建设与管理力不从心;三是应用单位技术力量薄弱,缺乏超前培训相应人才的计划,应用受到限制;四是技术规范的制定工作相对滞后,忽视系统安全技术和产品把关的重要性,系统的扩展性、兼容性不够;五是重复建设、投资周期长、工程缺乏有效的第三方监督的现象依然存在,有待改进。

三、建设事业 IC 卡应用工作的下一步思路

根据建设事业 IC 卡应用市场发展的特点,结合当前各城市实际应用现状,按照国家金卡办的总体规划和有关要求,我们提出下一步建设事业 IC 卡发展与应用工作的思路是:统筹规划,统一标准,面向市场,重在应用,一卡多用,统一发卡,安全可靠,加强监管。

1. 加快《建设事业 IC 卡应用技术》行业标准宣传和贯彻的力度和工作步伐,使建设事业 IC 卡应用工作有章可循,有法可依。同时根据标准的规定,进一步规范市场,制定行之有效的市场监管办法。

2. 在具备条件的不同城市进行异城通用试点

四、有关标准的宣贯工作

部颁标准《建设事业 IC 卡应用技术》已经出台,该标准的出台,对贯彻国家金卡办提出的“五统一”精神,建设部提出的“一卡多用”、“统一发卡”原则及同城、异域的互通互联等方面将产生积极的推动作用。对于标准颁布后的宣贯、推广工作,我们将主要开展两方面的工作,一是标准培训工作,二是产品质量检测工作。

1. 关于标准培训工作

我们正在组织相关专家和技术人员及厂商起草、整理、归纳标准的引用标准、释义和开展培训教材的编写工作,制定培训计划、大纲和课程安排等。

关于即将开展的标准培训需要明确几个问题:一是培训的对象主要是各地建设行业行政主管部门(建设厅、建委、公用局等)、应用单位(各公交公司、自来水公司、燃气公司)和有关设备生产厂商的相关领导、技术与管理人员;二是培训的形式我们将采用以省或大区为范围,分业务领域地开展有针对性的培训工作;三是采用邀请专家集中授课的方式进行授课和

现场答疑。

2. 关于质量检测工作

我们目前正在对企业情况做摸底、统计、调研，并根据《建设事业IC卡应用技术》行标和相关国标与信息产业部IC卡质量监督检验中心、银行卡检测中心共同制定产品检测大纲、检测流程和具体实施管理办法；

IC卡技术与产品已在金融、商贸、交通、电信、医疗卫生、社会保险、旅游、人口管理、身份鉴别、安全控制、劳动就业、税收管理、组织机构代码、银行账户管理、公共事业收费管理等领域得到广泛应用，并取得了显著的社会效益和经济效益。我们将学习其他应用行业的经验，进一步拓展建设事业IC卡应用市场的健康持续发展，力争使建设事业IC卡应用推广工作迈上新的台阶。

提高水平、规范市场、为行业企业服务

建设部IC卡应用服务中心

一、建设事业IC卡应用特点及存在问题

1. 建设事业IC卡的应用特点

根据国家对“金卡工程”提出的“统一规划、统一标准、统一制造、统一发卡、统一管理”的要求。建设部制定了一系列方针、政策和技术标准，通过狠抓应用、搞好服务，使各地的建设事业IC卡应用取得了较大成效，形成了以下应用特点：

（1）实现了公共交通领域的“一卡多用”。如上海已经在公交、地铁、出租车、轻轨、轮渡等行业实现了一卡通。

（2）处于探讨的双界面CPU卡已经在建设领域得到了具体应用。如大连市已经发行了双界面CPU卡。

（3）异地互通已初步实现。以上海为中心，辐射到周边城市（无锡等），正在建立异地互通系统。

2. 建设事业IC卡应用中存在的主要问题

建设事业IC卡应用和推广工作在全国各地建设行政主管部门的领导下，在系统集成商和产品制造商的大力推广下，取得了一定的成效。但是从整体的市场管理上，缺乏统一规划和管理，盲目上马，低层次重复开发和应用等问题还相当突出。主要表现在：

（1）安全性问题：全国建设系统的IC卡应用在公共交通、燃气、自来水、路桥收费、物业管理等缺乏必要的安全管理机制，卡片的选型、机具的技术安全性完全按照生产厂家或系统集成商所提供软硬件来实施推广应用，行业的应用单位只能在被动的并且不能掌握核心技术的情况下盲目上马，行业应用单位的安全不能得到有效的保障。

（2）统一性问题：由于各地区建设事业IC卡应用在系统建设和机具购置等采用不同厂商的产品和软件，因而技术水平应用的深度都参差不齐，建设事业IC卡应用的规范和标准虽然已经发布，但在生产厂家中为了保护自身利益和追求最大的经济效益的驱使下，没有得到很好的贯彻的落实。

（3）规范性问题：由于行业标准滞后，建设事业IC卡应用单位的应用产品相当混乱，个别地区甚至在IC卡应用过程中，采用落后的技术来实现行业的预收费项目，严重损害应用单位的利益，同时给IC卡行业应用单位在产品选型、招投标过程中带来麻烦，难以实现“一卡多用、统一发卡”，避免IC卡重复收费的原则。

二、建设部IC卡应用服务中心的工作

针对以上问题，为了加强我国建设事业IC卡应用工作的管理，促进建设事业IC卡应用工作健康、规范、有序、安全、高效的发展，根据国务院关于加强IC卡应用管理工作的要求，

建设部先后成立和组建了建设部 IC 卡应用领导小组办公室(简称部 IC 办)及建设部 IC 卡应用服务中心(简称服务中心)等部门,以加强建设行业的 IC 卡应用工作的指导和服务。

服务中心近年来主要开展了以下工作:

1. 标准制定工作。在建设部标准管理部门的大力支持下,配合建设部 IC 卡应用管理领导小组办公室开展了部颁标准《建设事业 IC 卡应用技术》的编制工作,经过广大厂商、应用单位和有关专家两年的共同努力,此标准已经颁布。

2. 研发工作。先后组织研发出自主版权的密钥管理系统、城市综合管理系统、CPU 卡水表、COS、公交车载机、手持 POS 机等软硬件产品,其中密钥管理系统和城市综合管理系统均通过了建设部组织的专家评审,COS 通过了人民银行检测中心的检测。

3. 加强管理、规范市场。根据部颁标准,结合应用行业的实际需求,先后与国家信息产业部 IC 卡质量监督检验中心、银行卡检测中心合作,开展了质量检测的前期准备工作。

4. 密钥管理系统技术服务工作。经过不懈的努力,目前已在北京、上海、广州、大连、沈阳、成都、鞍山、无锡、江西等省市的"一卡多用"系统中安装了上述密钥管理系统,目前运行正常。上述城市共安装安全认证卡约 8 万张。

5. 宣传工作。先后印发了《文件汇编》、《产品汇编》等资料,承担了"全国建设事业 IC 卡应用模式和技术发展研讨会"的组织工作,承办了建设部建设事业 IC 卡应用政府网站的制作工作,对行业应用起到了一定作用。

服务中心下一步主要工作是:

1. 针对供水、燃气、供热等行业的 IC 卡应用,进一步完善建设事业 IC 卡密钥管理系统,向各地 IC 卡应用系统提供可靠的密钥系统和安全模块,做好密钥系统的技术服务;

2. 做好建设部有关 IC 卡应用的规划、政策、法规和相关技术标准的宣传、培训工作,使业内人士充分了解上述内容,保证建设事业 IC 卡应用健康有序地发展;

3. 根据国家和建设部有关技术标准,组织制订检测规范,开展产品质量测评和认证工作;

4. 组织研发相关技术、产品,为各地 IC 卡应用单位实施 IC 卡应用系统提供技术咨询、技术服务和支持。

三、对建设事业 IC 卡密钥管理系统使用的说明

建设部建办[1995]65 号《关于建设事业 IC 卡应用管理工作的通知》中明确提出:"为确保各地 IC 卡应用系统,特别是发卡、充值、清算、资金划拨等环节高度的安全性,建设事业 IC 卡应采取必要的安全管理机制,一律采用部 IC 办统一提供的密钥管理系统和机具安全模块"。为此,部 IC 办授权我中心负责安全管理的技术服务工作。在实际工作中我们发现,很多城市对上述密钥系统、安全模块安装、使用的过程缺乏了解,无从下手,直接影响了各地 IC 卡应用工作的顺利开展。针对这种情况,有必要将建设事业 IC 卡密钥管理系统使用有关问题说明如下:

1. 建设事业 IC 卡密钥管理采用二级管理的模式,即部级密钥管理系统和城市级密钥管理系统。

2. 部级密钥管理系统由建设部 IC 卡应用管理领导小组办公室(以下简称部 IC 办)管理,建设部 IC 卡应用服务中心具体执行。该系统主要功能是生成城市发卡机构使用的相关

母卡。

3. 城市级密钥管理系统由城市发卡机构管理和操作，由建设部 IC 卡应用服务中心提供。该系统包括：光盘（密钥管理系统程序），软盘（密钥管理系统技术手册电子版），母卡（包括城市主密钥卡、城市主密钥卡传输卡、消费安全认证母卡、消费安全认证母卡传输卡、主控传输卡、发消费安全认证卡传输卡）。

主要用于生成城市内各有关应用行业的消费安全认证卡、充值安全认证卡、用户卡、交易验证卡。

4. 城市发卡机构在开展 IC 卡应用之前，应首先向建设部 IC 卡应用服务中心提出使用城市级密钥管理系统的申请。

5. 城市发卡机构的发行充值安全认证卡所需的软件可以由建设部 IC 卡应用服务中心提供，或根据部 IC 卡应用服务中心提供的《建设事业 IC 卡密钥管理系统技术要求》和《建设事业 IC 卡城市密钥管理系统二次开发说明书》进行开发。系统开发后要进行对《建设事业 IC 卡密钥管理系统二次开发说明书》的符合性测试，该测试由建设部 IC 卡应用服务中心负责办理。

6. 空白安全认证卡（模块）由部 IC 卡应用服务中心统一提供并管理，城市发卡机构所需的安全认证卡由部 IC 卡应用服务中心写入建设事业 IC 卡标识和建设事业 IC 卡主控密钥。

7. 城市消费安全认证卡（主要用于公共交通、公园、停车场等领域）的生成：城市发卡机构向部 IC 卡应用服务中心领取空白安全认证卡，同时部 IC 卡应用服务中心向城市提供确认该批空白卡合法性的主控密钥传输卡、装有统一消费主密钥的消费安全认证母卡以及母卡认证卡，城市自行生成终端的消费安全认证卡。

8. 城市充值安全认证卡的生成：城市发卡机构向部 IC 卡应用服务中心领取空白安全认证卡，同时部 IC 卡应用服务中心向城市提供确认该批空白卡合法性的主控密钥传输卡，由城市按照建设事业 IC 卡的统一安全要求在城市密钥管理系统中自行生成。

9. 安全认证模块（主要用于供水、燃气、供暖等领域）的提供：此类模块由部 IC 卡应用服务中心根据城市的应用申请直接提供给终端生产厂商，终端生产厂商在产品出厂之前将其封装在产品内部，同时部 IC 卡应用服务中心向城市提供密钥更改卡，供城市更改安全认证模块中的密钥。

10. 建设系统 IC 卡应用项目中，一消费终端对应一卡使用的，在该终端在出厂前加装安全认证模块，在使用前导入密钥。一消费终端对应多卡使用的，在该终端上应能够使用预装密钥的安全认证卡。在项目实施时，安全认证卡（模块）的具体安装形式参见安全认证卡（模块）操作手册。

名词解释

IC 卡：设计用于完成处理和存储功能的电子器件，内部封装一个或多个集成电路的 ID 型-1 型卡（如 ISO 7810、ISO 7811 1～5 部分、ISO 7812 中描述的）。

密钥：控制加密转换操作的符号序列。

终端：为完成交易而在交易点安装的设备，用于同 IC 卡的连接。它包括接口设备，也包括其他部件和接口。

安全认证卡：加装在终端里，内装有密钥，具有能认证持卡人所持卡有效性的 IC 卡。

安全认证模块:以模块形式存在的安全认证卡。
城市发卡机构:经当地建设行政主管部门认可,具有发卡权的单位。
母卡:仅具有密钥导出功能的 IC 卡。
城市主密钥卡:内装有城市消费主密钥的母卡,仅支持分散导出。
城市主密钥卡传输卡:具有认证城市主密钥卡合法性的 IC 卡。
消费安全认证母卡:内装有城市消费主密钥的母卡,仅支持直接导出。
消费安全卡认证母卡传输卡:具有认证消费安全认证母卡合法性的 IC 卡。
主控传输卡:具有认证安全认证卡合法性的 IC 卡。
发消费安全认证卡传输卡:仅在导出城市消费主密钥时起加密作用的 IC 卡。
消费安全认证卡:内装消费主密钥的安全认证卡。
充值安全认证卡:内装充值主密钥的安全认证卡。
交易验证卡:具有验证交易记录合法性的 IC 卡。
密钥更改卡:具有更改交易记录合法性的 IC 卡。
用户卡:一种为方便持卡人进行小额消费而设计的 IC 卡,它支持充值、消费等交易。

中国 IC 卡产业与应用市场探讨

中国信息产业商会 IC 卡专业委员会　潘利华

世界上曾有一位伟人预言当时落后贫穷中的中国，是“一条沉睡中的巨龙”。如今，这条巨龙已经飞翔了半个多世纪，特别是近几年中，世界经济普遍出现低迷徘徊之际，中国经济的高速发展起到了世界经济发展中不可或缺的中流砥柱作用。

IC 卡的发展历史并不久远，全球各地的发展也各不均衡，欧洲发展最早最好，但中国 IC 卡的应用已经让其他国家惊讶，已经有国际相关媒体对中国的 IC 卡市场称之为“腾飞中的东方巨龙”，这固然与中国人追求高新技术的趋势有关，更重要的是中国的历史和文化背景决定了她要依靠 IC 卡这种新型管理手段来进行国家各方面的监控和管理。

一、中国 IC 卡市场状况分析

中国的 IC 卡产业及应用始于 20 世纪 90 年代初，是由江泽民同志提倡的金卡工程发展起来的。至今将近十年的历史。中国的 IC 卡产业及应用从无到有，从小到大，迅速走过了启动阶段。发展的速度是惊人的，这两年来，中国的年发卡量均超亿张，年增长率达到 30%～40%(表 1)，已成为世界 IC 卡应用发展最快的国家之一。目前超过 10 个政府部门和行业推广应用了 IC 卡。

中国 IC 卡市场年发卡量增长情况　　**表 1**

年　份	1996	1996～1997	1998	1999	2000	2001	合　计
总发卡量(百万张)	5	60	80	170	230	322	867
年增长率(%)	—	约 200	约 78	112.5	35.3	40	

注：资料来源：《卡市场》。

中国 IC 卡市场每年的巨大发卡量，很大程度上是由电信卡构成的(表 2)。其中，预付费公用电话 IC 卡又占据主要的份额，移动电话 SIM 卡近几年来发展的速度令人惊奇，这与中国移动电话的飞速发展是密不可分的。而非电信领域，虽然也拥有不少的发卡量，但与中国巨大的市场相比，远远没有达到一个理想的程度，市场的潜力不可估量。

中国 IC 卡市场的主要构成表　　**表 2**

行　业	公用电话	移动电话	社　保	公　交	其　他
累计发卡量(亿)	4.8	1.5	0.3	0.08	1.99
市场份额(%)	55	17	4	1	23

注：以上数据截止时间为 2001 年 12 月底，资料来源：《卡市场》。

在已发出的IC卡中，绝大部分是接触式IC卡，主要应用在预付费公用电话、移动电话、社会保障、银行、交警、校园等。而非接触式IC卡则主要应用在城市公共交通、高速公路收费、门禁、食堂、物业管理等(表3)。非接触以其方便交易、速度快、应用领域广而增长迅速，近几年在非接触式卡启动阶段，年增长率均超过百分之一百。目前市场上，非接触式卡主要的厂商有：中国的华虹、复旦微电子，以及飞利浦、LEGIC、意法半导体、索尼等，其中基于MIFARE的产品在市场上占有绝对的优势，这主要是中国的公交卡大部分选用了ISO14443 A类的技术标准。

中国IC卡市场非接触IC卡年发卡量 **表3**

年　份	1997年以前	1998	1999	2000	2001
非接触卡(万)	100	120	200	500	1200
年增长率(%)	—	约100	66.7	150	140

注：资料来源：《卡市场》。

每年发出的大量IC卡中，存储卡还是占据主要的市场份额。在大部分地方对安全要求不是很高的环境下，简单、价低的存储卡往往是首选产品，而其中又以逻辑加密卡首当其冲。市场逻辑加密卡的需求量每年都呈上升趋势。随着价格成本的一降再降，最底端的存储器卡将呈现出越来越萎缩的状况。CPU卡作为特殊的单片计算机，已经呈现出越来越旺盛的生命力。纵观未来中国IC卡市场，CPU卡将占据一个重要的位置(表4)。加入到CPU卡行列的厂家也将会越来越多。

中国IC卡市场CPU卡年发卡量 **表4**

年　份	1998	1999	2000	2001
CPU卡(万)	1400	2200	4800	6690
年增长率(%)	—	57.1	118.2	39.4

注：资料来源：《卡市场》。

二、中国的IC卡产业状况分析

中国早期的IC卡产业比较单一，也不健全，包括芯片、模块、卡基、机具等大部分都需要进口，随着IC卡在各行各业得到推广应用，相关的配套产业也逐渐发展起来，从事这一产业的厂家也越来越多。从最初卡片的后道工序封装、印刷起步，标志着中国的IC卡产业正式启动建设。截止至今，中国的IC卡产业已初具规模，从芯片的设计，芯片的制造，芯片的测试，模块的封装，卡基的生产，卡片的封装，卡片的印刷，COS的开发，生产设备的制造，读卡机具的生产，应用软件的开发，以及到相关的废料回收，中国都基本上可以满足市场的需要，如果还存在问题的话，只是某些环节上技术方面尚不够成熟。

然而，中国的IC卡产业结构分布尚不够合理，地域差别明显，这与各地的经济发展水平是紧密相关的，总体而言，东部沿海地区产业与应用都好过中部地区，中部地区又相对好过西部地区；南部好过北部地区。而且各个省市的发展状况也是差距很大，珠江三角洲地区的产业主要是在卡片的封装、印刷以及机具的开发上，在已经发出的非电信卡中，很大一部分的市场是由珠江三角洲供应的。在读写设备方面，该地区也集中了众多的企业，其从事的公司数量位居全国第一；而上海则追求产业的完整性，该地区的产业规模也走在全国前列，无论是从芯片的设计、芯片制造、芯片测试、模块封装、卡片封装及印刷、软件开发、机具制造乃至规模应用等，全国其他地区无可比拟；江苏地区主要侧重卡基的生产，现已成为 IC 卡产业重要的片材生产基地；浙江则主要在配套的生产环节上下功夫，为产业提供了大量的配套产品，如卡座等；作为首都的北京，因其特殊的地理位置，在产业的研发、设计、检测等方面独树一帜，该地区集中了国家 IC 卡产业与应用的众多主管机构，也汇集了国内外众多的 IC 卡知名企业，北京在 IC 卡产业中的核心位置是不可动摇的。北京还是 IC 卡信息的集中点，许多的消息从这里发布，很多的信息又汇集到这里。其他地方还没有形成明显的产业特色，或许正在形成的过程中。

目前，中国的 IC 卡产业的成熟度主要集中在生产环节上，无论是卡片的生产还是相关机具的制造，都呈现出一片繁荣的景象。但在这繁荣的后面是产能的过剩，盲目的开发。可喜的是，中国的主管部门已经在宏观调控上出台了一系列的规定，如推行 IC 卡注册管理办法，IC 卡生产许可证制度等政策法规。相关的标准规范也在制定之中。

与生产环节相反，从事高端研发的企业数量偏少，不管是在芯片的设计、COS 的开发等方面，都比较缺乏，国际主要的 IC 卡供应商已经纷纷在中国设立了研发中心，争夺中国的市场已成为其全球市场的一个重要策略。跨国公司已经不满足于金融电信这已不牢固的市场了，逐步向其他领域渗透。相反，中国的企业还在为生存壮大而竞争，由于资金等诸多因素的制约，使其短期内还不足以构成对跨国公司的威胁。而且，中国的企业在高端方面的跟进速度还不够快，市场反应较慢，而且走出国门的意识还不强烈，这些都制约了中国产业的发展。

机具方面，虽然中国可称得上是世界读卡机具生产大国，但离生产强国还有很长的路要走。重复开发，缺乏新意已经成为机具生产环节的现实。许多厂商名义上对外生产机具，但很多的却是通过 OEM 方式进行的，自己并没有生产，这种方式虽然可以在某种程度上减少成本，但却不能从根本上解决及时地跟进市场、不能与其他直接厂商展开竞争的事实。而且，不少的生产企业是小规模生产，小批量的拼装，难以从质量上进行有效的保障。没有雄厚的资金，没有相关的人才储备，是难以做大做好机具的生产的。单是开发模具一项，就需要企业投入不少的费用，否则在市场的跟进这一关就要落后于其他对手。目前，相关的机具价格太高也是一个不争的事实。如何把成本降低，规模化生产是必不可少的一条出路。

三、中国 IC 卡市场的机遇

从以上分析可知，中国的市场仅仅是个开始。首先是卡片的市场容量还有巨大的空间，一个行业的发卡量是其他行业发卡量的几倍，这本身就预示着市场的潜力空间。随着中国几大政府项目的启动，未来的中国 IC 卡市场的增长将是巨大的，如身份证卡项目、全国社会保障卡项目、会计卡项目、有线电视收费卡项目、加油卡项目、税务卡项目等等，其他非政府的项目也存在着巨大的商机，如银行卡、网上银行 PKI 卡等。至 2002 年 6 月末，全国共发行各类银行卡 4.38 亿张，这些银行卡主要是磁条卡，而特别需要指出的是，EMV（Europay、Maser、Visa）组织已决定，从 2005 年起在欧洲已不再对仍使用的磁条卡而导致的多种虚假、伪卡所造成的损失承担相应责任，这意味着从 2005 年起欧洲的银行磁条卡将全部转为 IC 卡。这将对中国目前已达 4 亿多张银行磁卡提出挑战，应该说未来几年中国的银行卡市场将主要是中国的银行 IC 卡市场，这也将给中国的 IC 卡产业带来极大的机遇和挑战。

其次，机具的市场也远没饱和，机具的市场将随着卡片的市场启动而启动，机具的产值也将会是一笔不少的数字。设想一下 8 亿张身份证卡、4 亿多张银行卡所需的几百万机具将带来多大的产值。第三，高端市场仅是开始，面对越来越多项目对卡片的多功能的高需求，高端产品肯定是未来的一个发展方向。第四，应用软件的开发将水涨船高。当然，其他配套产业也将会商机无限。

展望未来，我们可以肯定地说，中国的 IC 卡产业将越走越好。

第二篇

应　　用

第二篇

“一卡通”在数字社区中的应用

中外建设信息有限责任公司　王　辉

一、前言

人类已迈入了21世纪,我们赖以生存的整个社会正面临着新经济时代所带来的种种变革。自1998年美国副总统戈尔提出“数字地球”概念以来,“数字”概念已渗透到各个方面,“数字城市”、“数字社区”、“数字家庭”等也随之发展起来。尤其近几年房地产业的快速发展及人们对住宅的要求不断提高,使“数字社区”的建设提到了议事日程,一些城市已经制定了“数字社区”规划,有些城市还建造了“数字社区”实验工程。那么,什么是“数字社区”? 目前还是仁者见仁,智者见智。我们认为,“数字社区” 就是通过4C(计算机、通信和网络、自动控制、IC卡)技术将管理、服务的提供者与每个住户相联结的社区,数字化社区概念的实现,将使人们生活、居住的社区变得智能化,变得更充实、更丰富多彩。数字社区是联通数字家庭和数字城市的关键节点,是建设“数字中国”的整体工程中不可缺少的环节。

国家在《2000年小康型城乡住宅科技产业工程项目实施方案》中,将建设智能化小康示范住宅列入国家基础建设投资的重要发展方向,并在1997年初开始制定了《小康住宅电气设计(标准)导则》(讨论稿),在“导则”中规定了小康住宅小区电气设计在总体上应满足以下要求:高度的安全性、舒适的生活环境、便利的通讯方式、综合的信息服务、家庭电器智能化等。

根据上述功能要求,数字社区应包括:社区机电设备自动化系统、消防报警(含煤气/天然气泄漏报警)系统、保安监控系统,可视对讲系统、停车场管理系统、三表远程计费系统、社区消费结算系统、信息网络服务系统、社区物业管理系统等等。其中的部分系统是社区实现智能化的硬件设备和保障,但从实际的使用和对用户的便利来讲,其核心应该是数字社区的“一卡通”。即用户通过一张IC卡便可完成通常的资金结算和某些控制操作等。社区“一卡通”的实施将给用户带来极大的方便,也将为社区的租售增加极具吸引力的“热卖点”。

可以预见,数字社区是IC卡应用的一个重要领域,也是拉动IC卡经济发展的新的增长点。

二、应用背景

深圳蛇口海月花园一期工程于2001年竣工,为使社区管理科学化、规范化、智能化,为业主提供更加周到细致的服务,深圳招商地产公司提出在社区新增IC卡项目,要求系统具有以下功能:

1. 采用Philips Mifare 1 IC卡;
2. IC卡既要有银行功能,也能实现社区功能;
3. 具有IC卡门禁系统;

4. 具有 IC 卡停车场收费系统;

5. 具有 IC 卡会所消费系统;

6. 具有社区巴士消费功能;

7. 具有会员积分管理功能;

8. 具有保安巡更管理;

9. 各种产品具有网络功能;

10. 所有数据应通过网络交互;

11. 系统应具有扩展性,为以后几个社区之间的互联互通做准备。

从上述需求看,这是一个典型的数字社区一卡通建设。

所谓"一卡通",就是如何从整体来构建 IC 卡的应用平台,从而将各个独立的应用系统纳入统一管理。一卡通技术涉及各个方面,如网络技术、通信技术、数据库技术、自动控制技术等等,但其核心还是 IC 卡技术和读写机具,可以说 IC 卡和读写机具是一卡通技术的支撑点。

我公司按照建设部数字社区建设的规范要求,在与深圳招商地产公司充分论证的基础上,利用多年积累的 IC 卡技术,以数字社区"一卡通"为切入点,联合工商银行,完成了海月花园数字社区"一卡通"建设,经过 3 个多月的试运行,于 2002 年 9 月正式发卡,取得了显著效果,受到各方面好评。

三、系统结构

1. 系统示意图(图 1)

2. 系统结构图(图 2)

四、系统功能

功能结构图见图 3。

系统软件界面图见图 4。

1. 发卡管理系统

IC 卡的发行由发卡机和 IC 卡发行管理软件来实现,操作一般在控制中心电脑上完成。发卡管理系统用于实现 IC 卡个人信息、消费权限等管理。其中包括人员信息录入、挂失及黑名单管理、续卡和补卡、IC 卡数据查询等功能。

IC 卡没有发行前是空卡,不能使用,必须经过系统发卡才能使用。发行后的 IC 卡便可根据权限用于开门、考勤、消费、进出停车场、图书借阅等操作。一张卡便实现了多种功能,即"一卡通"。

海月花园数字社区 IC 卡分为管理卡和社区卡。管理卡提供给各类 IC 卡终端操作员使用,社区卡提供给业主使用。

社区卡有主卡和副卡之分,每户有一张主卡和多个副卡。主卡由银行发行,再到社区管理中心初始化,这样主卡既可在社区内使用,如门禁、停车场、会所消费等等,也可以在社区外使用,即保留银行卡的功能,真正实现了一卡多用的功能;副卡由社区发行,主要提供给业主的亲属,发行副卡时系统会确认与业主的关系,并将该卡与主卡建立内部联系,副卡的所

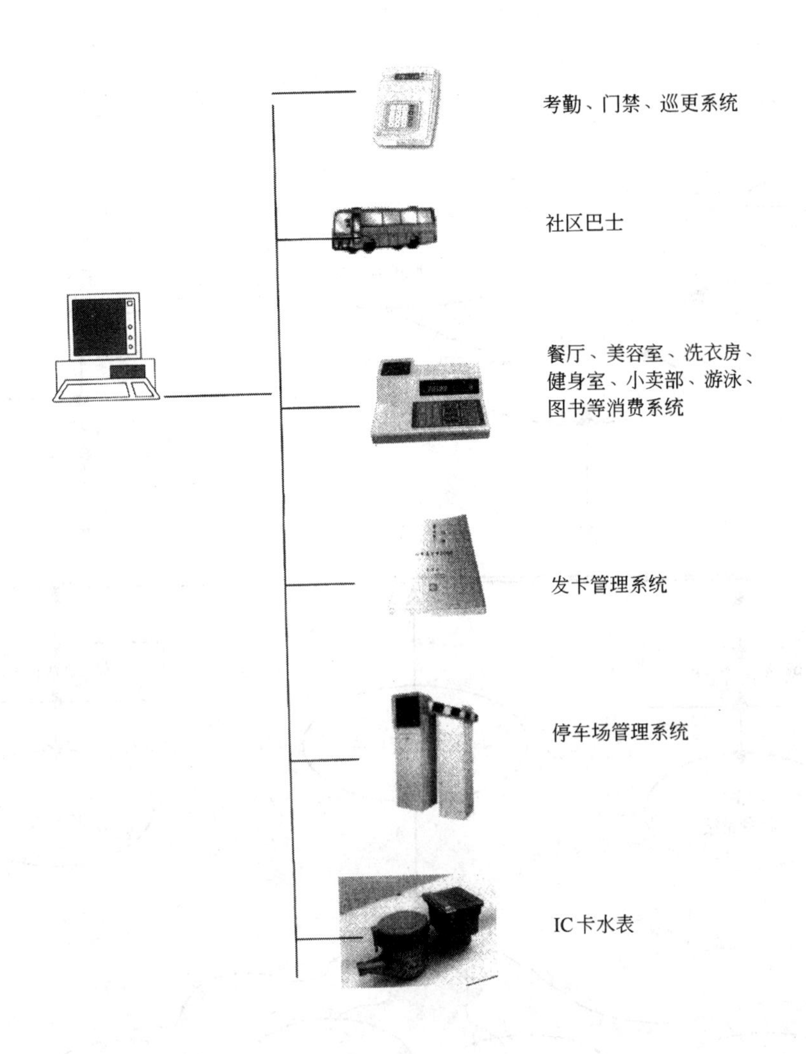

图1 系统示意图

有消费金额都自动登记到主卡的银行账号上,使资金管理非常简洁到位。

由于社区IC卡与银行账号有联系,这就要求对IC卡的管理有非常严格的措施,包括行政管理和技术管理。行政管理要求所有的主卡都必须与银行签订开户协议,卡片损坏或丢失必须在规定的时间内办理。技术管理是从卡片的发行到卡片在各个消费终端使用,建立闭环式的运行环境,卡片上的信息必须进行加密保护,卡片与终端机之间必须进行可靠的认证,对丢失和假冒卡片采用黑名单机制,即时下载到各个终端机,防止非法使用。

2. 社区消费系统

用于社区内商务中心、娱乐中心、餐厅、停车场等收费场所,实现IC卡持有者及外来的非持卡用户的收费,减少不必要的现金流动。

社区消费系统由IC卡消费/收费终端(POS)、管理主机、IC卡读写器、通信网络和管理软件组成。移动POS机(巴士、活动积分等)采用脱机方式,通过数据采集器实现POS机与主机的数据上传和下载,固定POS机(会所消费等)采用联网方式,由管理主机实时汇总各

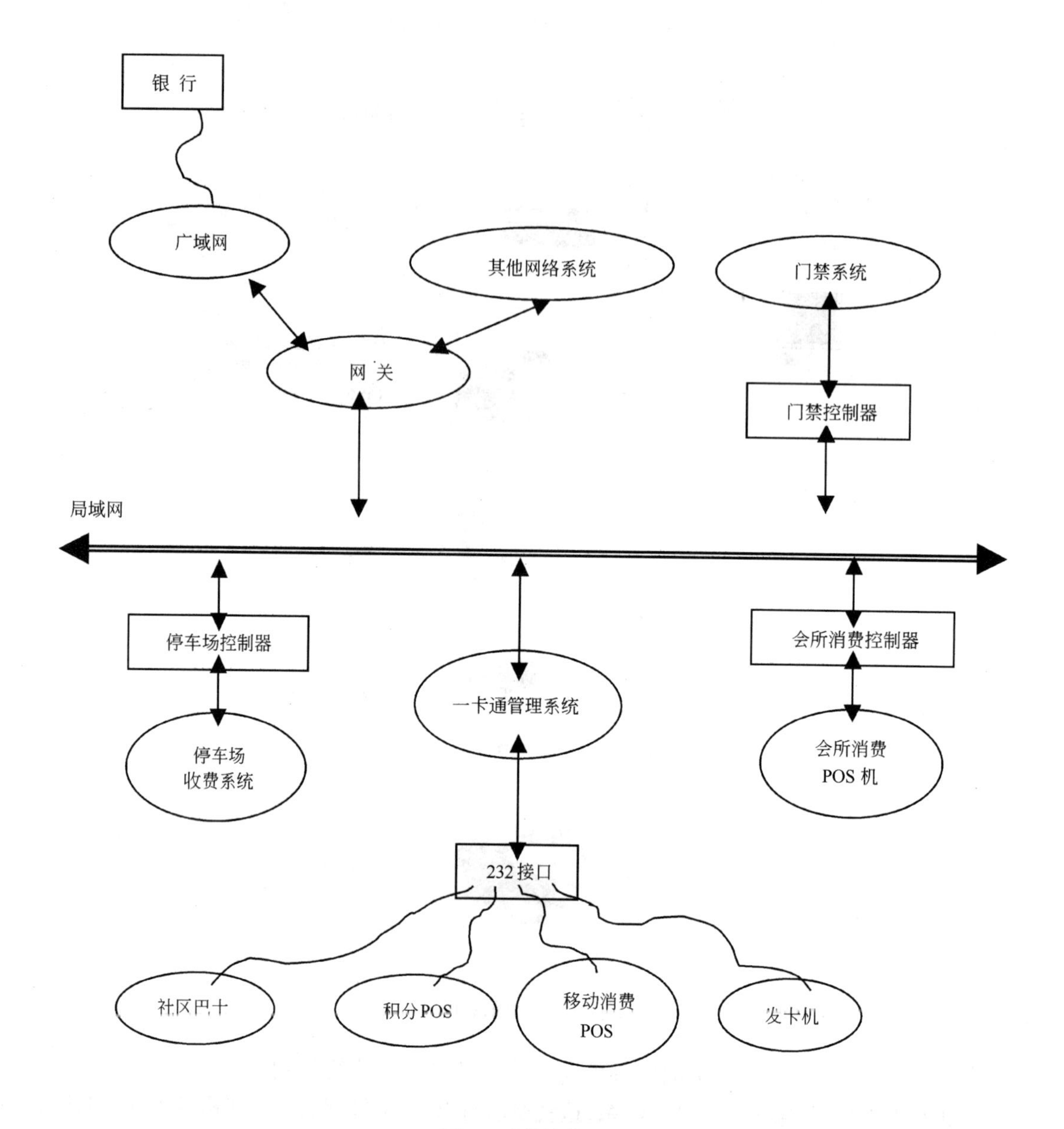

图 2　系统结构图

消费点的消费数据并通过网络下传 POS 中的消费数据。

社区消费系统示意见图 5。

3. IC 卡门禁系统

IC 卡门禁采用了先进的计算机技术、智能卡技术、精密机械制造技术等，并采用 IC 卡作为房门开启的钥匙，提高了房门的安全性和可靠性，是未来门锁控制的发展方向。与普通门锁相比，IC 卡门禁系统具有安全性高、一卡多锁、一锁多卡、一卡多用、存储刷卡记录、非法卡操作报警、遗失补发等特点。

IC 卡门禁系统采用联网工作方式。联网方式可实时监控每个单元门的状态，下发 IC 卡卡号、提取刷卡记录等功能。

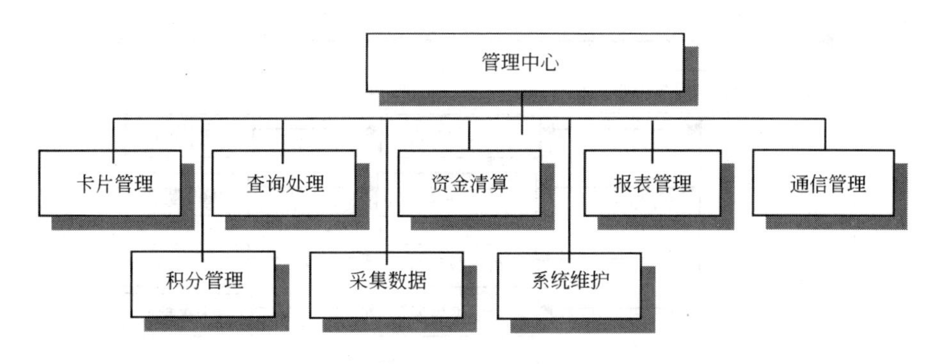

图3　功能结构图

图4　系统软件界面图

门禁系统示意见图6。

4. IC卡家庭管理系统

家庭物业管理系统主要是为小区居民提供以IC卡为依托，针对家庭日常消费和保安的管理系统。家庭IC卡物业管理系统的设计以安全为核心，简便易用为目标，为小区的居民提供安全、周到的服务。家庭IC卡物业管理系统包括IC卡取电、IC卡取水、IC卡取煤气、IC卡支付有线电视费、可视门铃和闭路电视监控等功能。

建立小区家庭IC卡物业管理系统，首先要在小区设立一个收费中心。该中心负责向小

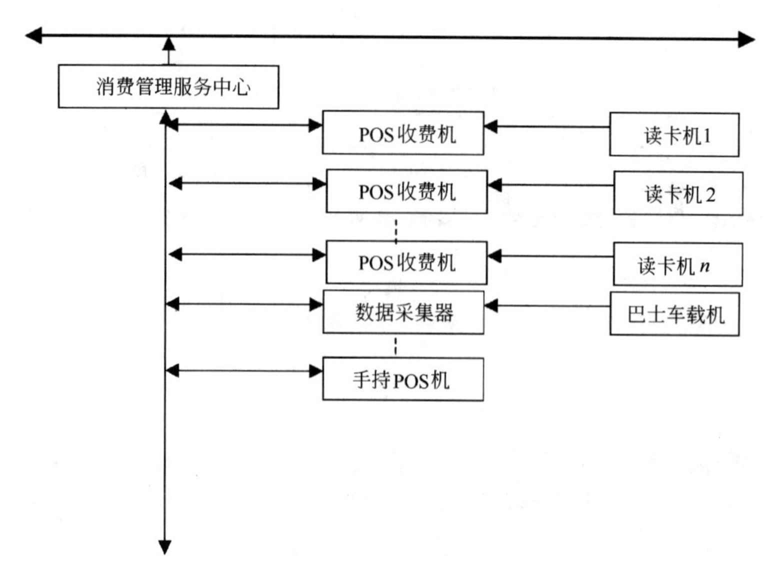

图5　社区消费系统示意

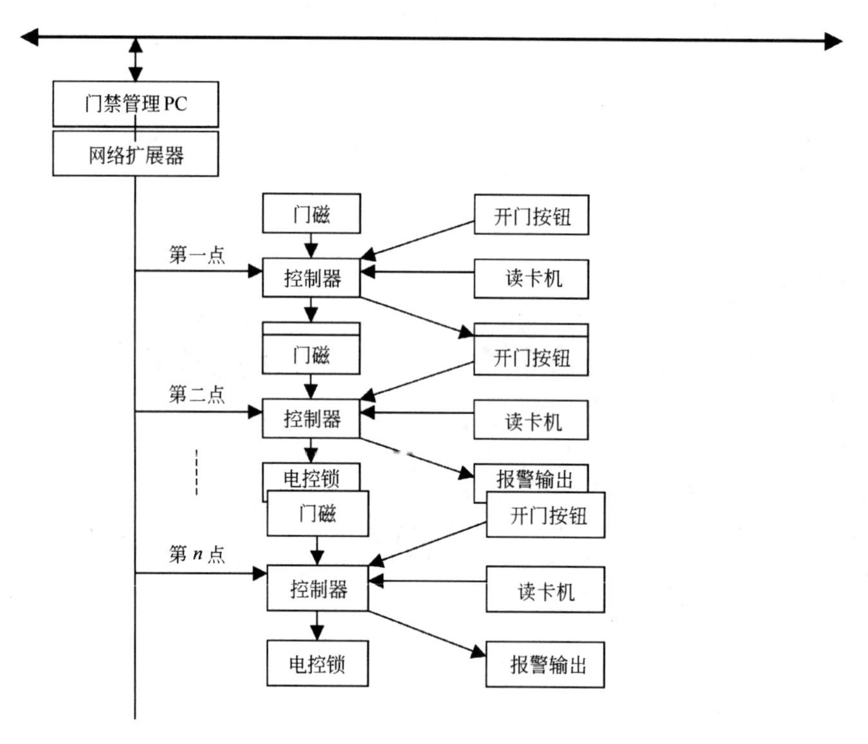

图6　门禁系统示意

区居民发放储值IC卡,用户可根据自己的需求购买一定量的储值卡。当此储值卡中还有余额时,用户就可以使用电、水、燃气和有线电视。否则就不允许使用,必须到收费中心对其IC卡重新充值,才能使用。采用这种方式可带来以下优点:

(1) IC卡取电、IC卡取水、IC卡取煤气、IC卡支付有线电视费用。

(2) 用户可一次多购买一些电费、水费、燃气费和有线电视费,避免了以前的每月单独结算,可节约大量的时间。

(3) 水、电、燃气和有线电视收费管理人员不必亲自到居民家中进行收费,既减轻了收费管理人员的负担,又可以避免出现有坏人假扮收费人员进行违法犯罪活动的可能,使居民感到更加安全。

(4) 可提高小区收费管理的工作效率和自动化程度。

小区居民家中安装 IC 卡控制的数字式电表、数字式水表、数字式燃气表和 IC 卡控制有线电视加扰器。这些表或加扰器都有一个 IC 卡读写控制器。当在该控制器的读写头中插入从小区收费中心购买的 IC 储值卡,如卡中的储值为零,则不能使用电、水、燃气和接收有线电视,用户需到小区收费中心重新充值后,才能使用电、水、燃气和接收有线电视。

IC 卡控制的电表、水表和燃气表实际上是利用 IC 卡控制器中的微处理器读取 IC 卡中的剩余金额,剩余金额为零,电表则控制继电器或水表和燃气表控制阀门,使用户不能使用水、电和燃气。IC 卡控制的有线电视加扰器也是同样的道理,如读取 IC 卡中的剩余金额为零,则对电视信号加扰,用户就不能正常收看电视节目。

5. 巡更子系统

巡逻时,传统签名簿的签到形式容易出现冒签或补签的问题。在查核签到时比较费时费力,对于失盗、失职分析难度较大。随着非接触式 IC 卡的出现,便自然地产生了感应巡更系统。这一系统的推出对社会的安定起到了极其重要的作用。感应式巡更分为在线式巡更和离散式巡更两种。

在线式巡更系统:每个巡更点放置一个读卡机,通过电缆直接连至控制管理中心电脑(原理上和门禁相同)。每个巡更点均设有时钟,储存巡更记录达 3200 条以上。巡更时只要巡更员将巡更牌(感应式 IC 卡)靠近巡更点读卡机便自动记录巡更员编号、时间、地点等信息。控制管理中心随时可以了解巡更员的巡更情况。

该子系统由巡更牌(IC 卡)、巡更点(读卡机)、网络扩展器、电脑系统组成。系统框图如图 7 所示。

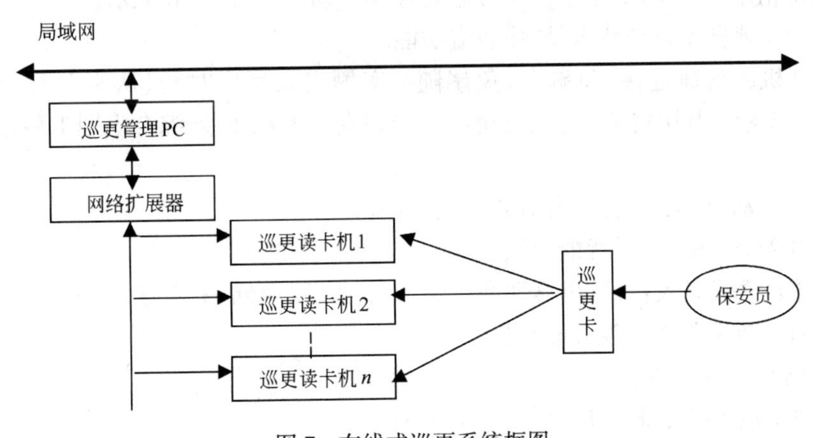

图 7 在线式巡更系统框图

6. 停车场管理子系统

(1) 系统框图,见图 8。

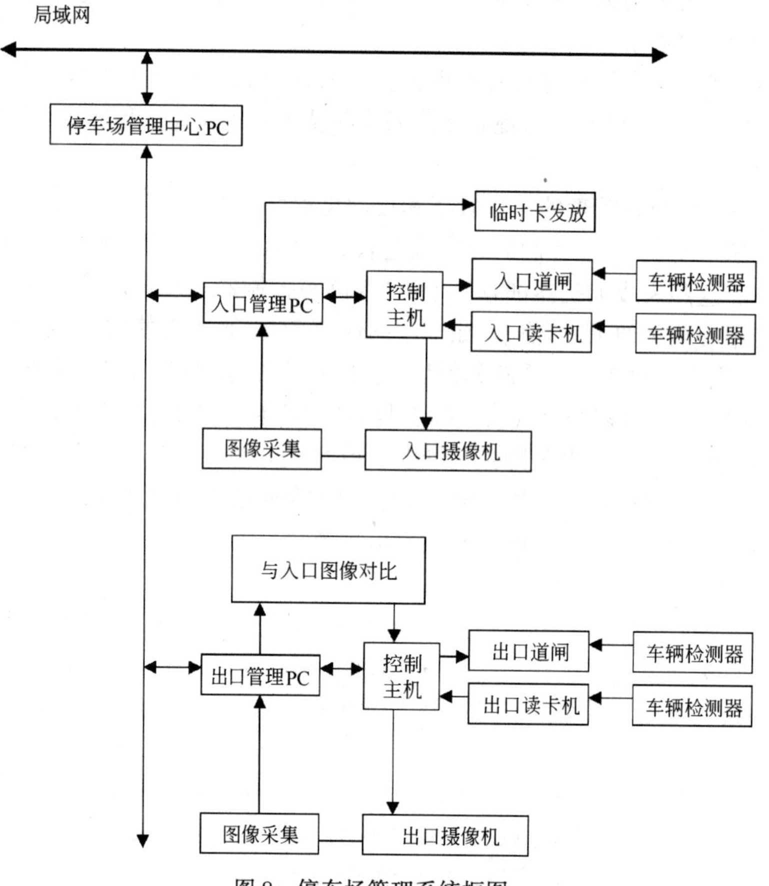

图8　停车场管理系统框图

(2) 系统示意图(图9、图10)。

(3) 系统功能特点:

A. 支持租用式停车,储值卡停车和临时停车自动控制、计费和显示。

B. 采用车牌自动识别技术,增强防盗功能。

C. 栏杆机起落速度快,免砸车、免尾随。车辆出入反应时间(从来车到道闸升至最高)。不大于5秒。其中视觉识别2.5秒,IC卡识别小于0.2秒,综合识别1秒,路闸动作1秒。

D. 可以手动、自动、遥控3种方式控制道闸。

E. 光电隔离传输,抗干扰能力强。

F. 采用优选设备及器件,可靠性高。豪华、美观、噪声低、平衡好、节能。

G. 语音及屏幕指挥调度,满位显示。

H. 车场空位信息显示。

I. 鉴别并拒绝接受非法IC卡。

J. 随机现金核对。

K. 误操作报表统计。

L. 随机各种报表统计。

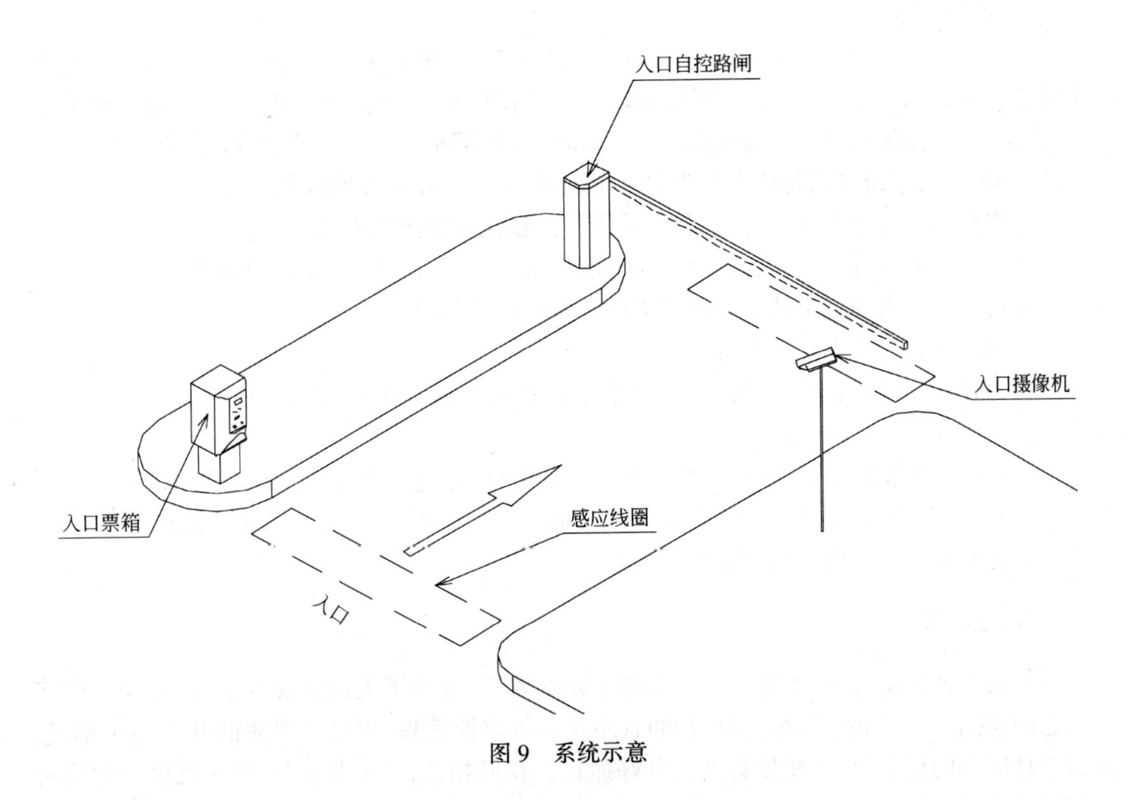

图 9　系统示意

图 10　系统示意

M. 对于多出口多入口的停车场实行网络管理。

N. 开放式系统结构,容易升级和系统增容。

7. 资金结算

社区“一卡通”的一个显著特点，就是最大限度地减少了现金的流量和管理成本。对每个持卡消费者的消费情况，系统都自动记录在数据库里。每隔一定时间，产生资金结算数据，并上传银行，银行处理后将结果返回，系统根据处理结果再进行处理，对不符合消费规定的持卡消费者，系统自动将该卡作为黑名单处理，使该卡没有消费权限。

与银行资金结算有多种方式，我们采用了批量代扣费清算方式。

批量代扣费清算方式是由物业公司将联名卡通过 IC 芯片消费的数据传给银行，银行通过批量代收付费方式批量从客户联名卡的磁条账户中扣收。

采用该方式的优点：

(1) 清算方式简单、便于操作，银行批量代收付费清算是一项比较成熟的资金结算方式，安全、可靠。

(2) 有利于节约成本费用，无须安装其他系统网络传送清算数据，节省费用开支。

(3) 有利于联名卡的推广和宣传，两卡(磁条卡、IC 卡)合一账户使用，客户无须对 IC 芯片预先充值即可使用，真正实现“一卡通”。

五、结束语

在数字社区实施“一卡通”工程，提高了办事效率，减少了人力资源的浪费，避免了诸多人为因素的干预，加强了对人、财、物的有序及有效监控管理，提高了资源的共享利用率，使数字社区走向科学化、智能化管理的良好途径。我们相信，“一卡通”在数字社区一定会有美好的前景。

潇洒一挥路路通

上海公共交通卡股份有限公司

上海交通“一卡通”系统工程(以下简称“一卡通”系统),在上海市政府领导的直接关心支持下,在各协作和运营单位密切配合下,自1999年12月27日试运行以来,通过近三年来对工程项目的扩容和运行管理,“一卡通”系统运行稳定,社会各界反应良好。2001年11月在第三届上海国际工业博览会上,“一卡通”系统被评为“金奖”,市民投票满意率高达99.7%。2002年,“一卡通”系统经专家评审,推荐为上海市科学技术进步一等奖。上海公共交通“一卡通”工程,已取得了初步成功。

目前,“一卡通”系统已拓展进入10大交通领域,装载读卡(POS)机5万多台,开通了地铁一、二号线;轻轨明珠线;市区出租车;单一票价公交线路;8个市区主要轮渡线收费口;试点开通20条多级票价公交线路;开通了沪杭高速公路上海段收费口;“大众”、“强生”货运出租车;停车场收费系统;旅游集散中心票务系统;汽车租赁市场票务系统等。另外,“一卡通”系统正在开发实施两个智能化小区的管理系统和加油站收费系统。

2002年10月1日,上海—无锡两地实现互通交通“一卡通”,即“上海公共交通卡”可在无锡市开通的领域进行消费使用;反之,“无锡公共交通卡”也可在上海市开通的领域进行消费使用,极大地方便了两地市民的出行。这标志着建设部提出的交通一卡“城际通”目标已迈出了坚实、可喜的一步。

现在,上海市民中每4人就拥有一张“公共交通卡”,中央清算系统日交易次数已达182万次,系统日交易测试数据达395万次。“一卡通”系统已深得上海市民的认同并越来越受欢迎,它既产生了极大的社会效益,又获取了一定的经济效益。

一、提高了市民生活品质

“一卡通”系统为上海市民提供了一种“方便、快捷”的交通及相关领域的服务结算方式,实现“绿色消费”,体现了信息化带来的便利。

二、提高了公共交通运营企业的运营效率和经济效益

先进系统的运行要求促进了运营管理服务水平的提高,同时给运营企业创造了良好的经济效益。据不完全统计,上海现有公共交通五大行业一年的票务成本约4964万元,采用“一卡通”系统后只用了2427万元,节省成本50%左右。

三、促进了高新技术产业的发展

上海公共交通“一卡通”工程,完全采用国内具有自主知识产权的技术进行开发建设,“一卡通”系统的启动,带动了芯片技术、软件技术、通讯技术、读卡机具等产业的发展。

四、促进了城市管理水平的提高

“一卡通”系统汇聚大量的公共交通数据信息，它是一种价值极高的信息资源，充分利用信息资源来分析各大公交行业的运营状况和未来的运营走势，为交通行业的结构调整和城市发展提供重要的决策参考，提高城市信息化管理水平。

“一卡通”系统的成功启动运行，不仅体现了上海的综合竞争能力、信息化管理水平，而且实现了“社会需求、政府导向、市场运作”模式的又一次成功。

上海能够顺利实施并运行“一卡通”系统，我们有以下几点体会：

1. 体制创新，是项目顺利实施的前提

“一卡通”项目采用“市场化运作”的创新模式实施建设与运行管理。1999 年时任市委副书记、常务副市长的陈良宇同志提出政府的工程、市场化运作的理念，要求全市各交通行业通力配合，将“一卡通”系统的开通及运行管理作为主要业务工作来抓，同时要求建设单位和运营单位切实搞好技术创新、管理创新。市委常委、副市长韩正多次亲临公司指导工作。市建委为此专门成立了“一卡通”领导小组，建委主任亲任组长，同时，充分发挥政府决策统筹和协调的职能，以经济为纽带，将涉及“一卡通”系统的地铁、公交、出租、轮渡等公司捆绑在一起，以发起式股份制形式组建了上海公共交通卡股份有限公司来承担“一卡通”系统的建设和运行管理。通过资本纽带，“一卡通”系统各运营企业在共同利益下形成合力。机制的创新，既解决了建设“一卡通”系统的资金问题，又使“一卡通”系统运行管理工作真正市场化。

上海市政府为适应 WTO、转变政府职能，在“一卡通”系统建设和推进中，只进行宏观管理与导向，制定“一卡通”系统的有关政策、法规，而在“一卡通”项目的技术方案、管理方法、经营模式等方面均由企业自主决定，把大量、复杂的具体建设、协调、运作、管理等工作采用市场化手段放手让企业自行实施，从而激发了企业活力，加快了“一卡通”系统的进展。

2. 技术创新，是项目顺利实施的基础

“一卡通”系统涉及的技术均为当今高新技术，发展速度极快。在采用何种技术为我所用的问题上，我们始终认为：技术没有最先进的，只有最适应的才是最有效的，只有符合现代企业运行、管理要求的才是最合适的。我们在深入调查研究的基础上，根据上海的实际情况，在项目启动前，花费了大量的精力对系统持续发展需求进行了详细的分析研究，既着重于眼前，又延伸于未来，确定了总体技术方案。同时，着眼于技术为运行管理服务的要求，选择了最适合需求的技术线路，采用了逻辑加密卡、舍去了实时联网运行方案，“公共交通卡”采用不记名、不挂失等管理模式。这样，既加快了“一卡通”系统的进展，适应持卡消费行为和方便运行管理，又降低了“一卡通”系统的建设和运行成本。

3. 机制创新，是项目顺利实施的关键

“一卡通”系统现已覆盖十大交通及相关领域，涉及范围广、影响大。面对如此庞大的系统，规范“一卡通”系统的运作、运行管理、售后服务等需要参与各方共同努力，并需共担“一卡通”系统管理和服务声誉的责任。为此，公司以市场化的手段用合同形式把各相关企业捆绑在一起，明确参与各方相互间有共同的目标，责、权、利互有制约，互有得益，实现“双赢”。在市场环境下，“利益共享”尤为重要，公司在运作“一卡通”系统中倡导“蛋糕理论”：即公司尽量把运作“一卡通”系统所产生的利益“蛋糕”做大，参与各方均能享受，但决不是由公司分配，各参与“一卡通”系统的运营企业只有通过自己的努力，为“一卡通”系统运行管理做出贡献、做好服务工作，才能获取最大的利益“蛋糕”。通过“一卡通”系统的实施及参与各方的共同努力，现“一卡通”系统不仅产生了极大的社会效益，而且获取了一定的经济效益，既为各运营公司节省了纸票，避免了废票、假币的损失，又使企业进入良性循环的轨道。

4. 管理创新，是项目顺利实施的保证

公司以“依法立规、分级管理、风险共担、利益共享”为原则，制定了《上海交通“一卡通”营运管理方案》，拟定了《上海市城市公共交通卡管理暂行规定》，制定了《上海市城市公共交通卡清算工作管理规定》、《上海市城市公共交通卡制卡、发行、充资、退卡管理规定》和《购卡使用须知》等文件来规范实施“一卡通”系统的运行管理。“一卡通”系统是一项非常复杂的系统工程，管理的好坏将直接影响到系统的发展。为此，公司强调将“一卡通”系统的营运管理和维护融入各营运企业主要业务工作之中，同时加强对营运企业业务骨干的培训，使之规范系统管理。为使“一卡通”系统建设和运行统一步骤、规范操作，公司建立了项目联席会议、系统运行晨会、扩容管理例会等制度，及时商讨、协调、解决系统在运行和扩容中所出现的问题。为加强“一卡通”系统质量管理，公司采用竞争机制、优胜劣汰，同时每年召开“质量工作会议”，严格要求各产品供应商实行产品售后服务承诺制度，进入“一卡通”系统的各类产品实行“三证准入”制度（产品合格证、技检测试合格证、项目准入证），不断提高产品质量，确保系统稳定运行。

五、以“市场”为中心，不断满足社会需求，是项目拓展的动力

围绕市场需求这个中心，“为市民服务、为运营企业服务”的经营方针是快速拓展“一卡通”系统的原动力。要使“一卡通”系统快速拓展，除了紧紧围绕并不断满足市场需求外，“双为服务”必不可少。在市场环境中，谁服务好、谁信誉好，谁将获取市场、占领市场。为加快建设步伐，公司经营班子亲自走访“一卡通”系统拓展领域的相关部门、企业，共同探讨“一卡通”系统的拓展方案；技术人员深入运营公司现场，解决有关技术问题并进行现场指导；公司营销人员亲临代理点现场，协助工作人员规范服务窗口，解答市民咨询热点问题；公司建立热线咨询电话和公众信息网站；推出“退一、奖二”措施；帮助解决地铁员工使用 IC 卡等等。通过“双为服务”，加强了公司的亲和力，加速了“一卡通”系统的进展。

六、牢牢抓住一支集技术与管理为一体的复合型人才队伍，使项目可持续发展

市场的竞争，实为人才的竞争，谁拥有人才，谁就有主动权。由于“一卡通”项目属高新技术，涉及面广，专业分类多，又由于上海城市公共交通流量远远大于其他国家与地区，日平均流量达 600 多万人次，故项目开发难度非常高，它需要许多专业素质好、掌握各种边缘学科理论的综合性人才共同努力，通过边摸索边开发，才能完成本项目。市建委为高质量地完成项目，在全市召集了 IC 卡的专家，共同攻坚，科技人员在时间紧、任务重、技术难度高的情况下，发扬拼搏精神，不辞劳苦、艰苦创业，用自己的聪明才智攻克了一个又一个难关，同时，对系统运行进行了全面的规划、开发、管理，制定了一系列科学规范要求，确保了“一卡通”系统稳定运行和持续发展。通过对“一卡通”系统的不断拓展及实施人员培训等目标，公司建立了一支思想过硬，作风正派，有事业心、责任心，善于打硬仗的复合型人才队伍。也正因为有这么一支队伍，“一卡通”系统才能在很短的时间内拓展至 10 大交通及相关领域。

随着上海的经济建设、城市建设的高速发展，“一卡通”系统将围绕市民用卡“方便”为目标来不断拓展其应用领域。公司拟定位为：运用高新技术，在城市信息服务领域中，为市民提供一种“方便”的支付手段、为社会各团体提供“信息”咨询服务，适应市场化运作的新型企业。自2002年起，公司拟用3～5年时间实施四大战略目标：

1．品牌战略——围绕“上海公共交通卡”使用“方便”为目标来创建品牌。

2．市场战略——围绕上海市的城市建设不断拓展“公共交通卡”的应用领域。拟开拓长途客运票务系统、长江客运票务系统、水煤气收费系统、汽车加油系统、旅游景点（场所）门票系统等；完善市区停车场收费系统、住宅小区门禁系统、高速公路收费系统及机场收费系统等；在实现“双赢”的原则下，不断开拓上海与周边城市互通“一卡通”系统，形成“区域通”。

售卡目标：第一目标500万张、第二目标800万张、第三目标1000万张。

3．人才战略——通过“一卡通”系统的不断拓展及实施人员培训等目标，建立起一支思想过硬，作风正派，有事业心、责任心，善于打硬仗的复合型（既懂技术又会经营管理）员工队伍。

4．管理战略——形成超前的管理意识、科学的管理内容、先进的管理手段、严格的管理程序、创新的管理机制、适应的管理体制。通过管理战略的实施，使公司经营管理逐步与国际水平接轨。

随着交通“一卡通”系统的拓展，使“上海公共交通卡”成为与银行卡配套、功能互补、方便市民出行、为市民生活提供“方便”服务的一张具有支付功能的IC卡。

建设事业 IC 卡在江西省的应用及拓展

江西省建设厅　付　洪

为加强和规范我省建设事业 IC 卡应用管理及推广工作，促进我省建设事业 IC 卡应用管理工作健康有序的发展，根据建设部有关要求，省建设厅于 2000 年 3 月组建了 IC 卡应用领导小组及办公室，确定我省建设事业 IC 卡应用采取省级管理模式，并向全省各地市建设行政主管部门下发通知，明确要求对全省建设系统内的 IC 卡应用实行全省统一管理和监督，并要求各地建设主管部门成立相应机构，落实管理人员，切实加强和规范对本辖区本系统内 IC 卡应用的管理工作。

一、建立全省统一的 IC 卡应用管理模式

1．鉴于我省建设事业 IC 卡应用采取省级管理模式的要求，为保证建设事业 IC 卡在全省推广的安全性、可靠性，必须使用全省统一的密钥系统。经建设部批准，由“江西省建设厅 IC 卡应用服务中心”向建设部 IC 卡办领取安全密钥系统，并负责全省密钥的统一管理和授权使用。

2．为加强对全省建设事业 IC 卡应用工作的统一归口管理和监督，规范应用市场的管理，使 IC 卡应用管理工作有章可循，省建设厅会同省标准局组织建设部 IC 卡办、省信息产业厅、省科委、省公安厅、省工行等多家相关厅局及国内有关技术专家审定，制定了《江西省建设行业集成电路(IC 卡)应用系统规范》(以下简称《规范》)，《规范》包括卡片规范、终端规范、应用规范和安全规范四部分，2001 年 5 月 9 日已通过国家标准局审批，由省标准局于 2001 年 5 月 30 日正式颁布实施，《规范》的出台填补了我省空白，对推进我省建设事业 IC 卡应用工作沿着安全、规范、有序的轨道健康发展起着极大的促进作用，同时对全国建设事业 IC 卡有关技术标准和应用规范的制订，加快标准体系的建立和完善，有很好的借鉴作用。

3．坚持“统一规划、统一标准、统一制造、统一发卡、统一管理”的“五统一”原则，并采用政府组织、市场运作的模式，在全省范围内的应用实行“统一规划，分步实施”，从抓试点城市和试点项目入手，取得经验，总结推广，在全省范围内逐步实现“一卡多用，多城通用”的目标，积极稳妥地推动我省建设事业 IC 卡应用推广工作。

二、IC 卡在我省公交、水、煤气方面的应用

省建设厅 IC 卡应用领导小组通过对国内 IC 卡应用较为成熟的项目进行考察，并结合江西省各城市的具体情况，制定了全省建设事业 IC 试点项目计划，南昌市实行公共交通、水、气“一卡通”；九江市、赣州市以城市公共交通为主，同时选择有条件、有积极性的城市开展水、气等收费卡进行小规模试点。

2001 年 12 月南昌市公交一卡通已顺利试点成功，正积极准备向全省其他城市推广。

三、IC 卡在我省房产管理系统中的应用

近几年来,我省以停止住房实物分配,逐步实施住房分配货币化为目标的城镇住房制度改革已取得初步成效,房地产市场呈现出良好的发展态势。随着二级市场的开放,依托现有住房上市交易,房地产市场进一步活跃。各种所有制房屋买卖、租赁、抵押、典当、拍卖等进入房地产交易市场,将对现有的房屋权属登记管理提出更高的要求,以维护房地产交易市场秩序,保障房地产市场正常运行和权利人的合法权益。而现有的、传统的权属管理手段相对滞后,存在诸多弊端,很难适应信息倍增、日趋复杂所带来的变化,使得政府在宏观决策和正确引导市场,提高管理水平和公共服务质量上困难重重。在这种情况下,江西省建设厅通过对全省房产管理模式的研究与探讨,对建设事业 IC 卡在房产管理中的应用做了一个全新的尝试,研制开发了“江西省建设与房产应用信息管理 IC 卡系统”,并于 2001 年 10 月在九江市房产管理局进行了试点,获得社会各界好评,下面就对此应用作一个简单介绍。

江西省建设与房产应用信息管理(IC 卡)系统是以成熟的计算机网络为基础,以 IC 卡技术为核心,以建设部的密钥管理系统为安全保障,以房产管理为应用对象,是集房产业务管理、房产相关部门信息处理于一体,以房产管理数据处理网络为基础支持环境,面向全省的计算机网络信息系统。其网络结构为三级广域网,即各市、县级各组建一个核心局域网,再与省建设厅信息服务中心的局域网连接成一个省级广域网。市、县两级局域网定时将业务数据通过拨号联网、ISDN、DDN 等方式上传省建设厅信息服务中心,汇总成完整统一的信息资源,建立我省房地产信息网站,最终与建设部“住宅与房地产信息网站”联网,实现资源共享和对信息有效的开发利用。

系统从组成结构上看,可分为服务器、客户机和 IC 卡等三部分。

服务器则包括主服务器、备用服务器,提供房产业务处理和办公自动化等服务并负责房地产登记、交易数据的存储、处理和查询。

客户机则包括业务应用终端、办公应用终端和信息服务终端。

可以说网络是该系统的基础架构,服务器是系统管理中枢,客户机是工作窗口,IC 卡则是整个系统的灵魂核心。

系统中 IC 卡分为两大类,一类为政府管理卡,政府管理卡又分为操作员卡和管理卡,另一类为用户卡,用户卡又分为房产服务卡和房产预售卡。

第一类政府管理卡,其功能为:配合用户卡进入操作系统,处理相关业务。根据房产行政管理部门的管理人员工作内容与管理权限的不同,采用“权限等级管理制度”将政府管理卡设置不同的级别权限,一般业务操作人员发放操作员卡,一般管理人员发放一般管理卡,高级主管人员发放高级管理卡,并对每张卡实行代码编号,管理层次越高其拥有的卡管理权限越大,持有人进入系统的信息层面也将越宽,最终形成一个金字塔形级别管理体系。引入权限等级管理制度,有利于主管领导对各个部门的具体工作站点的工作情况信息做到客观详尽的了解和数据采集,因此无疑将大大加强行政主管部门的规范化管理程度。

第二类用户卡,用来记录房屋基本属性(包括街道、门牌号、面积、户型、建筑情况等)、产权信息(包括产权所有人、土地使用权信息、施工许可证、竣工验收资料等)及包括买卖、转让、抵押、租赁、赠予、继承、分割等在内的各类交易信息,它既是房屋的“身份证”,也是一个房屋交易活动的电子记录本。在进行任何房屋交易活动时,交易双方可通过 IC 卡中存储的

信息对房屋的权属关系、历史记录进行确认和查询。

系统从功能结构上看由房产业务管理子系统及房产相关部门信息处理子系统组成。

1. 房产业务管理子系统

(1) 实现房产业务处理、统计报表、内部审计功能。系统将房产管理的所有业务包括交易、产权产籍管理、预售许可证管理、租赁管理、抵押管理、档案管理等融于一体,统一纳入电脑网络的控制之下,实现办公自动化,系统在操作过程中依靠“权限等级管理制度”,采用“双卡准入制”即只有将房产操作员卡和用户卡同时插入系统读卡器,才能调取该用户的房产资料,且只能进该操作员卡对应权限的操作模块,无权查看和修改用户卡其他信息,保证了房产数据库中资料的真实性、完整性与安全可靠性。

此外通过强大的计算机网络系统 ,房产管理部门能够及时地获得详实、可靠、动态的数据,方便的对各项房产数据进行归纳处理,形成完整的电子统计报表,及时的对房地产市场发展做出正确的判断和预测。

(2) 为房产用户提供安全、快捷的服务。系统为每个房产用户建立房产电子档案,依靠“双卡准入制”,保证了用户资料的真实性、完整性与安全可靠性,用户在信息查询过程中,只要通过房产用户卡,即可在系统查询机上方便地进行包括房产资料、购房知识、政策法规等大量信息查询,充分体现了个人房产资料的知情权、隐私权,不但能为用户在交易、抵押、租赁、办证等过程中提供方便快捷的服务,规避各种房产陷阱,而且用户可以对业务办理过程进行了解、监督,从而提高政府职能部门的办事效率,加大政府办公的透明度,真正为用户做到“一卡在手,房产无忧”。

2. 房产相关部门信息处理子系统功能

网络系统的开放性和扩充性,以及 IC 卡所具备的存储信息可在计算机网络上安全地读取、写入、传输的特点,为系统应用的进一步拓展,建立与工商、银行、税务、中介、统计的链接提供了良好的技术基础和保障。系统采用成熟的“卡网技术”,以 IC 卡为传输媒介,建立各应用查询子系统,各职能部门可以使用同一张 IC 卡处理业务,从而建立起开放、高效的房屋信息共享网络系统,保证业务处理的科学性、严肃性和公开性。充分利用社会资源,发挥各自行业优势,实现专业化合作,从而规范管理行为,提升管理水平,堵塞管理漏洞,提高社会化管理效能。

(1) 银行查询子系统。过去,银行在办理个人住房抵押贷款时手续烦琐,效率低下,引发客户不满。如今,办理个人住房抵押贷款时,房管部门将申请人房屋所有基本信息写入 IC 卡,银行通过该 IC 卡进入“银行查询子系统”,调用申请人的房屋信息,查验抵押物权属状况和价值大小,是否已设定抵押、租赁,产权是否明晰等相关资料。既简化了烦琐的贷款过程,又可有效遏制经济诈骗犯罪。

(2) 工商查询子系统。以往,在企业工商注册过程中,工商部门为核实营业场所真伪往往要实地察看,工作量大。现在,借助系统功能,在企业工商注册过程中,房管部门将申请人房屋租赁信息写入房产 IC 卡,工商部门通过该 IC 卡进入 “工商查询子系统”,调用申请人的房屋信息及是否已租赁、租赁期限等相关资料,从根本上杜绝企业法人在商业活动中因房屋虚假租赁、虚假营业场所而造成的经济纠纷或经济欺诈。

(3) 中介查询子系统。借助系统,房管部门可充分利用信息资源丰富、权威的优势,对房屋中介服务统一管理,通过建立“中介查询子系统”为广大的房地产开发商、中介商及公众提供房地产信息查询,使该系统成为房产信息查询、发布的平台,解决目前房屋二级市场地下交易,有令不行,逃避税收等问题。

目前该房产IC卡管理系统在九江市已试点成功,省建设厅正积极组织在全省范围内推广使用,建设事业IC卡在我省房产管理中的应用,对于提升我省房管部门乃至整个建设系统的管理水平和信息化建设水平,实现业务公开,管理规范,提高工作效率,极具现实意义。从宏观的角度,可改善城市综合服务功能,有助于信息资源的开发,加强政府宏观调控力度。对公众而言,提供了极大的便利并有助于促进素质和文明程度的提高。随着该系统的建立,房地产市场和管理行为进一步规范,通过加强宣传,因势利导,促使公众进一步转变消费观念,进一步激活二级市场,加快实现居住水平的提高和改善,必将带动相关产业和消费市场的发展,扩大就业门路,拉动经济增长,增加国家财政收入。

交通一卡通“南京模式”运行特征及问题的思考

南京公用事业IC卡有限公司　朱　明

南京城市交通AFC系统从2001年1月1日起运行，近两年的实践总结出一些独有的特征，也暴露出一些问题，本文总结了五个方面的特征，剖析四个方面的问题，与同行探讨，望专家指点。

一、项目概述

2001年6月中旬，建设部科技司组织专家对南京的“城市公交智能卡自动收费系统”项目技术成果进行鉴定，对运作模式的鉴定结论为：“南京城市交通智能卡自动收费系统”项目的建设遵循了建设部“统一规划、统一建设、统一发卡、统一管理”的建设要求，在南京市政府的领导下，适应城市公用事业改革和发展的需要，创建了由统一的结算中心与相关公用事业企业共同投资开发建设、经营维护管理的全新商业模式，成功地解决了建设投资与系统持续发展的问题，实现了技术创新与体制创新的结合。

南京城市交通自动化收费系统(AFC)，为科技发展所需，应公交体制改革而生。1998年起，南京公交由单一的公交总公司独家经营变为公交总公司、中北巴士公司和雅高巴士公司三家共同经营，使城市公共交通企业得到了快速的发展，城区公交已全部实行无人售票，投币1元(空调车2元)，月票通用，在基本解决了乘车难的同时，大大提高城市的精神文明程度。

按照建设部“统一规划、统一标准、统一管理、统一发卡、一卡多用”的原则，南京公交行业的主管部门——市政公用局从1998年10月起成立由下属7个公用企业组成的金卡工程领导小组。并确定了“集中统一、分步实施、稳步推开”的开发思路，即从公交IC卡项目入手，逐步扩展到其他公用事业领域，实现一卡多用。该项目为市政公用系统信息化建设的重要组成部分之一。

南京公交AFC系统从2000年11月10日开始售卡，2001年1月1日起开始全面运行，开通之日前一次性发卡60万张，装配车载机2500台，截止到2002年9月底，共发售卡片91万张，其中成人月票卡56万张，学生月票卡20万张，普票卡15万张，日均交易量180万笔，最高日交易量207万笔，刷卡量占公交营收笔数的70%，公交车装机量达3140余台，全市共设有售卡充值点40个(其中综合业务点5个)，分布在公交、银行和超市等地，售卡充值人员120余名。

系统开通近两年以来，其运行方式有以下几个方面的特征。

二、运行特征

1. 建设一个经济实体

南京项目的建设，按照“行政性引导，市场化运作，最优化整合”的指导思想，成立了一个多方投资的实体,即现在的南京公用事业 IC 卡有限公司。按照既定的思路,从 1998 年底开始,由市政公用局金卡工程办公室牵头,进行项目前期调研考察。1999 年 9 月份,以南京公用控股(集团)有限公司为发起单位,南京一德高科有限公司、公交总公司、中北巴士公司和雅高巴士公司共同投资成立了南京公用事业 IC 卡有限公司,对该项目负责具体的投、建、运、管。控股公司处于相对控股位置,利用其高效的指挥能力,对工程的整体进程进行协调,确保了项目的正常进行。

2. 结成一个合作伙伴

南京项目使用的 IC 卡,符合 ISO 14443—TYPEB 的标准,同时,卡上附着了华夏银行南京分行的磁条,可作为银行卡使用。公交 IC 卡与银行的合作,为国内项目之首例,在此之前,国内项目最多只是在卡面上做广告而已,没有太多可以借鉴地方,为此,双方在谈判过程中,对其技术上的可行性进行了很深入地论证,实践证明技术上是可行的,目前双方正在大力推广自助充值机的普及使用。

正是因为银行的加入,客观上要求按照银行重要空白凭证来管理卡片,因此售卡充值的主要工作环节由银行承担,如银行负责服务网点卡片、资金的早送晚收,IC 卡公司并没有为分布全市网点的这个方面的工作投入过多精力,节省了不小的开支。

3. 创新了一种票制

南京公交实施 IC 卡收费后,实行两种票制,即 IC 月票卡每月 40 元(学生 20 元),可乘 120 次;IC 普票卡每次计扣 0.9 元(空调车翻番),全市的无人售票车均可使用月票、普票。随着南京公交车数量的增加和运营线路的延长,公交企业的千车公里收入从 1998 年的 3240 元,下降到 2001 年的 2982 元,降幅为 7.9%,且呈下降趋势,同时由于月票的福利性促使社会对月票卡的需求不断增加,据估计,2002 年如敞开发售,社会需求将达 30 万张,因此,受卡片发售价格因素影响,以及公交企业不同意扩大发售,南京市面较长时期无法敞开售卡,社会投诉率为此上升,IC 卡公司陷入一种难言的尴尬,因此,社会的指责和公交企业的窘境,使得有关部门对卡片价格以及票制政策进行更深层次的研究。2002 年 4 月份,按照国家计委等 4 部委新近出台的《关于印发＜集成电路卡应用和收费管理办法＞的通知》精神,南京物价部门将 20 元押金调整到新办 30 元,补办收取 30 元工本费(普票卡执行同样收费标准)。2002 年 7 月份,南京召开价格听证会,会议代表以 21∶1 的比例通过票制改革方案,8 月份,政府出台政策,即从 2002 年 12 月 1 日起,改革月票与普票的票制,实行“三卡合一”,成人刷卡每次 0.6 元,学生 0.3 元,空调车双倍收费,按照“一次听证,分步实施”方案,逐步实现卡币并轨。由于舆论宣传做得充分,政策的出台也有较长的适应时间,因此,票制改革进行得比较顺利。

因此,可以说,客观上是有了 IC 卡这个载体,加快了票制改革的进程,2002 年,南京终结了使用 46 年的公交月票。

4. 形成一种运管模式

南京项目的数据流程为:售卡充值通过 ISDL 与结算中心(CCHS)后台联系,充值款直接收至 IC 卡公司账户;刷卡交易量则经过采集点(DCS)后通过 DDN 汇集至公交管理总站(BMS),再汇集至结算中心(CCHS),经过系统认证后计算出分配结果。结算按照交易量分配充值款,结算原则为月票按照“月清月结”,每月 5 日结算本月月票款的 80% 和上月月票款的 20%;普票按照交易量“日清日结”,按实结算。同时,IC 卡公司按照与业主所签订的合同约定，按照结算额的2.5%收取服务费，合同签订期为5年，这个标准在月票时期使公司的运行略有盈余，预计票制改革后，结算服务费仍将有一定的上升空间，这样的结算收费方式也为以后的领域提供了参照模式。

IC卡公司的在册员工为21名，售卡充值员的来源主要为公交原纸卡制月票发售员组成，根据约定，其劳资关系仍留在公交企业，IC卡公司与其签订上岗合同，按月支付劳务费。这样，IC卡公司只负责售卡充值点员的技术与服务的质量，其他的人员问题一概由公交负责，简洁明快，没有包袱。

5. 培养一支研发队伍

南京项目的建设，按照南京市市政公用局“服务一个行业，带动一个产业”的要求，在与供应商谈判时就签订了专用机具的SKD、CKD的合作意向，在整个项目的建设过程中，公用局系统分工协作地投入力量研究软硬件，并特别注意对技术力量的培养，南京项目开通不久，以南京公用系统为主力承揽了山东日照项目的开发，IC卡公司的技术人员配备也采取“一主一辅”的方式，在轮渡项目的实施，以及圈存机等专用机具设备的本地化改造中，IC卡公司担当了主要角色。

6. 架构一个共享平台

作为南京公用行业信息化建设中的一个重要举措，南京公交AFC系统的建设体现了集中统一、分步实施、稳步推开的原则，所谓集中统一，即通过该系统集成的办法将公交、燃气、轮渡、自来水各行业的收费系统集中在一个网络系统，进行整体设计，避免分散实施所导致的重复建设。分步实施即在完成整体设计后，根据各行业特点及其具备的前提条件，成熟一个，推广一个，逐个完成各子系统的开发、运用。稳步推开即指目前主要立足于本系统，重点是公用行业，在运行一段时间，具备一定基础和条件后，逐步向其他公用领域拓展。2001年1月1日开通的AFC系统为一期工程，2002年7月1日，南京轮渡最大的中山码头—浦口线，开始实施AFC系统。由于该项目的社会普及性很强，几乎每个家庭都有一张卡，引得园林部门主动登门要求延伸使用，相邻的马鞍山等城市也非常感兴趣。另外，车载终端也为GPS等其他技术介入预留了接口。

三、运行中存在问题的解决与反思

南京项目建设的步伐较快，一次性发卡和装机车辆为国内之最，特别是交易量/发卡量一直雄踞国内榜首，同时也暴露出运行和服务方面不少事前无法预料的问题，社会舆论的关注也比较大。

1. 价格政策的问题

一是月票卡的限定使用次数过多。南京项目开通时，物价部门批准的月票政策是每月限乘120次。过多的使用次数，降低了月票在市民心理的价格，一般人简单认为，用IC月票卡乘车每次价格就是0.33元(学生仅为0.17元)，当月不用完划不来，因此或者非常普遍地交换使用月票卡，尽管系统规定月票卡在同一辆车在5分钟之内不可连续刷卡，无法多人同车共用一张月票卡，但公交站车上车下换卡使用的现象比比皆是；或者以侵害了消费者权益为由干脆将IC卡公司告上法庭。据统计，由于公交线路的延伸(空调车的增加)和市民换卡使用现象的增加，每月卡实际平均使用次数从开通初期的93次上升到目前的99次，而使用100～120档次的使用比例从19.11%上升到59.03%次。

二是卡片售价与成本倒挂。2000 年末首期发卡时,南京地方物价部门按照国家七部委颁发《关于清理整顿集成电路卡(IC 卡)收费等有关问题的通知》文件的精神,制定了 2000 年发售的月票卡不收费用,2001 年起新办、挂失收取押金 20 元,同时普票卡办卡不收费的政策,这样导致了 2000 年一下发行了 60 万张卡,由于资金的压力,2001 年起,IC 卡公司已无力敞开售卡,截止到 2002 年 4 月底,近一年半的时间,只增发了 12 万张(一半为学生卡),这种做法,导致社会舆论批评不断。

南京项目开通后,接待了全国 20 余家参观交流的城市,同行对于上述问题也都心有余悸,普遍认为每月 120 次过高,不利于公交今后的发展。但是面对南京的既成事实,兰州、合肥的物价部门也就轻车熟路地参照南京出台了当地的票务政策。直到 2002 年 4 月 18 日,南京地方物价部门根据国家四部委文件的精神,将南京 IC 卡片的发售标准由 20 元的押金调整到新售收取 30 元押金,挂失收取 30 元工本费的标准。接下来的公交票制改革政策的出台,使 IC 卡的发展取得了一个比较好的态势,IC 卡公司的售卡积极性大涨,随着南京城区的扩大,公交线路的延伸,新区市民对刷卡的呼声高涨,目前,有关部门正在制定分段收费的政策和技术解决方案,供需问题调整为良性状态。

2. 资金来源的问题

IC 卡公司筹建时的实收资本量,经过实际运作证明了与总投资存在一定的差距,新领域的拓展后劲乏力。从一卡通市场分析来看,上海用实践证明了出租车、地铁领域对通卡项目的社会利益和经济利益的分量。南京目前拥有出租车 8600 辆,股东之一中北公司拥有 1000 余台,可操作性非常强,地铁也将于 2005 年开通,应该讲前景也很好。在南京的供应渠道从单一走向多家后,投资—收益—扩大投资—扩大收益的势态已经出现,问题就是如何有效地解决资金不足的矛盾。而对于追加投资,目前的打算是先进行股份制改造,将股本金从 1500 万元增加到 5000～6000 万元,具备上市的条件,倾向性意见是吸引外部资金的加盟,必要时可以融入国际风险投资基金。

3. 发展合作的问题

银行与南京项目的合作取得了初步的成效,按照合同,初期的发卡规模和银行投入都到了位。但由于发卡量的增长速度非常之快,给双方带来了两种心态,一方面,IC 卡公司根据市场需要敞开售卡,银行磁条卡量将随之放大,IC 卡公司有理由要求银行追加投入;另一方面,银行认为磁条的存款增长速度远未达到期望值,不愿再投入,随即暴露出在社会责任和经济利益不对等的条件下,初级阶段的合作模式已经不适应今后的发展,特别是照搬南京模式的济南项目,华夏银行和公交在为究竟谁是这张卡的主人各执一词,再次提醒南京合作双方不得不审视未来的合作方式。目前双方正在进行新一轮谈判,以求谋取新的利益平衡点。

4. 服务承诺的问题

目前南京公交票制处于月票卡向电子钱包卡的转型期,从服务投诉发展趋势分析,今后服务投诉的焦点将聚集到挂失转值方面来,由于通卡项目潜在的损失决定了在目前技术水平下,南京项目的对电子钱包挂失转值的前提要求是“有效查封”,即只有挂失卡在使用中被 POS 机写上记号后,方可予以转值。尽管在办卡中明确载明和不断反复地宣传,但实践证明庞大的被动消费(纸制月票转为 IC 卡月票)群体对条款的研究与接受差距非常大,预计公交票改后有关这方面的投诉还将上升。

对此可以有两种解决方式,一是简单地将挂失服务取消,像上海、武汉、青岛,深圳等地一样，不提供挂失服务，但此方式有法律上的障碍以及挫伤市民充值积极性。另一种方式就是转值与市民信用挂钩，出现恶意挂失转值给与法律追究。目前 IC 卡公司基本上倾向于第二种方式。

四、结束语

“南京模式”架构了一个通卡平台，而运用也一直处于探索和发展中，公交领域使用近 2 年的时间，逐步摸索出一套投、建、运、管的模式，有理由相信，AFC 系统 2003 年拓展到出租领域，2005 年积极向地铁等领域上拓展，同步实现交通“一卡通”的规划可以实现。

鞍山城市通卡工程建设情况

鞍山城市通卡有限公司　张久祥

“鞍山城市通卡工程”是通过建设一个以公共通讯网络为联结纽带，以计算机系统为信息处理方法的现代化大型数字网络系统平台，为城市公交、煤气、自来水、电业、房产、出租汽车、小额消费等行业提供IC卡发放、充值、清算等服务。通过IC卡作为充值卡支付手段，将收费数据进行统一的清算，一方面方便市民以一卡进行多项收费支付，全市通用，提高整个城市的生活质量和数字化水平；另一方面系统将各行业的运营收付信息，准确清算、划缴，保障各行业利益，提高各行业的工作效率和服务效率，最终为城市的宏观调控及城市建设提供科学的决策支持系统及现代化的管理手段。

一、鞍山城市通卡综合服务系统简介

鞍山城市通卡综合服务系统是一个综合了多个技术领域的系统，它包括：计算机技术、网络通信技术、微电子技术、智能卡技术、软件技术及相应机具的生产制造技术等。从系统工程角度，它是一个客户综合服务系统；从电子商务角度，它是一个电子商务基础软件平台，或者说是一个典型行业的电子商务解决方案；从计算机产品角度，它又是一个计算机技术应用管理系统。鞍山是老牌的工业基地，城市人口140万，有较雄厚的技术、人力资源，我们认为系统构建应该是高起点、迈大步，一定要按照建设部的要求实现“统一发卡，一卡多用”的目标。从城域网的角度是高度实现城市信息化建设的基础平台，实现综合性的城市通卡信息化服务系统。无论从设备技术、软件开发、系统设计等方面都要使该系统成为具有国内一流，在跨行业应用、一卡多用方面具有国际先进水平的城市通卡综合服务系统。现在我们已经完成开发研制阶段，于2002年上半年在鞍山完成了一期工程的建设并已在公交系统正式运营，效果良好，并得到了政府的肯定。二期工程中涉及的接触式或非接触式智能卡煤气表、自来水表的研制在技术上也取得突破，通过反复验证，可以在小区试用。

二、项目的提出和建设

回顾公用事业的发展历史，大致分为两个阶段，第一阶段，公用事业作为为广大老百姓服务的提供者，是不含赢利性质的公益服务，这一阶段公用事业服务处于供不应求阶段；第二阶段，公用事业进入买方市场，自来水、煤气已供大于求，公交公司1100多台车辆，43条营运线路开通，坐车不挤了，但公用事业的企业亏损也加大了。2000年，鞍山市政府决定三年内将逐步取消对城市公用事业的补贴。怎么办，公用事业只有向主动创新服务要效益，由粗放型管理向集约型、科学型管理转变。公交改革实行取消月票，从不计次消费转变为计次消费。根据测算，实行IC卡电子收费，公交总公司每年将增收2000万元。煤气、自来水企业的亏损主要体现在漏失，漏失率高达30%～40%。鞍山公用事业局和自来水公司，煤气公司的决策者清楚的认识到，除了管网的漏失外，其中大部分是人为的漏失，多年来在自来水，煤气行业存在的偷、送、欠问题成为缠绕企业的老大难问题。个别管理者利用职权之便，把自来水煤气作为交易手段，或奉送，或关照。部分经营者偷水、偷气，部分用水用气单位或居民拖欠水费、煤气费不交，鞍山自来水、煤气的拖欠率达到6%～10%。已经严重的影响了自来水、煤气行业的正常经营管理。用法制、用人治都不能从根本上解决问题。只能采取科技手段，改变传统的收费方式，实行电子收费。从2000年开始，在建设部的指导帮助下，鞍山公用事业局在全国第一个提出了建设城市通卡计算机收费系统平台。并于2000年7月正式组建鞍山城市通卡公司，开始运作此项工程。制定出了可行性建设发展规划。一期工程为公共交通电子收费系统；二期和三期工程将实行自来水、煤气等电子收费系统。经过一年的准备运作，一期工程——公交IC卡收费系统已于2002年8月正式发卡运行，已发卡10万张。二期工程所需的自来水、煤气智能卡水表、煤气表已研制成功，将在小区安装试点。实现真正意义上的一卡多用，一卡通用。鞍山市民持一张逻辑加密卡就可以乘坐公交车、出租车，一户家庭持一张IC卡不出家门就可完成自来水和煤气的缴费。

三、本项目内容及重点解决的问题

1. 项目内容

城市通卡综合服务系统，对消费者来说是通过使用1～2张IC卡就能完成对所有相关行业的消费过程。对管理者来说是根据系统提供的各类数据，实现对本系统、本部门的自动化、科学化的无纸的办公管理。对通卡公司来说是通过计算机鞍山城域网系统实现对消费者的数据的采集、数据通信、数据分析处理，实现统计、分类、清算及相关费用。与此同时，自动完成对各职能部门的考核和划拨，向相关管理部门提交各类数据。整个城域网络由一个主系统和若干子系统组成，主系统为城域网的中心，设在通卡公司。每个子系统属于局域网，分别设在相关行业中。中间环节是物理意义上分立于系统之外的各类机具、计量表（如：公交系统的车载机、煤气公司的煤气表、自来水公司的水表等），对车载机来说是分布于公交的汽电车、出租车内，对各类表具，安装在居民家庭及各企事业单位。市区相应各处设售卡充值点和采集点，以联机方式与系统进行数据交换，网点的行政归属是各行业公司，联机运营属通卡公司。系统总功能示意图如图1所示。各部分功能说明如下：

主系统功能：数据接收、数据处理、结算、数据下传，如图2。

子系统功能：下载通卡公司数据、接收下级数据、数据处理、下传数据。

售卡充值点功能：售卡、充值、数据上传。

数据采集点功能：数据采集、数据上传。

2. 阶段实施计划

一期：2001～2002年

完成通卡中心建设，公交IC卡系统全面启动，如图3。

二期：2002～2003年

应用煤气、自来水行业非卡式表（主要指民用户）IC卡收费系统，工业户IC卡智能表收费系统；为出租车实现IC卡智能收费系统做前期准备和试运行；利用煤气、自来水收费管修所再建成40个消费终端，发卡50万张，实现公用事业一卡多用。

三期：2003～2004年

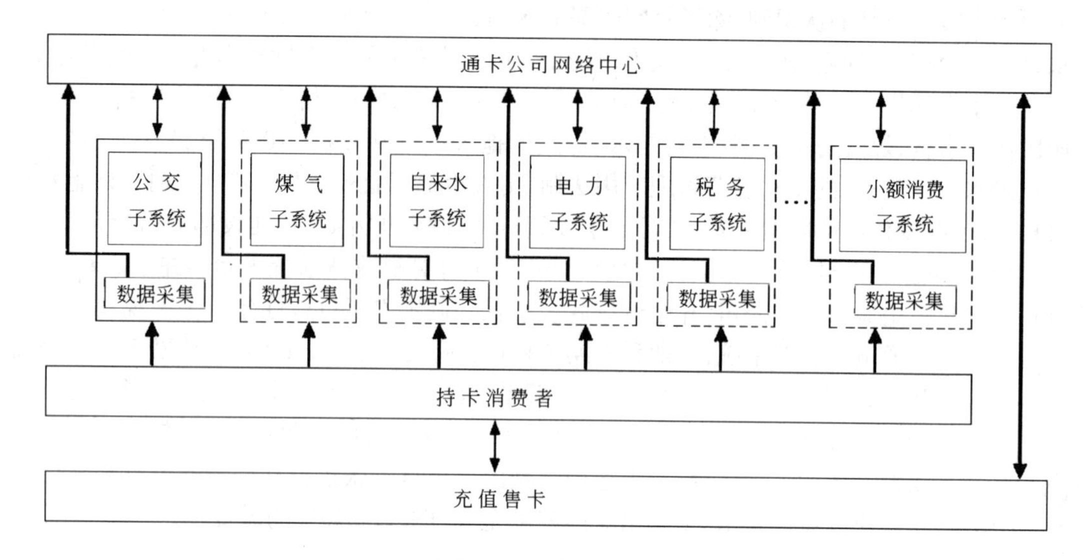

图1　总功能示意图

将电力、热力、税务、工商、园林、物业、超市、小额收费等行业吸纳进来，统一规划、统一实施IC卡智能收费系统；发卡量达到100万张以上，实现城市一卡多用。

3．重点应解决的问题

我们对本项目的方案已经过了详细地论证，并通过一期工程的具体实施，成功应用，取得了经验。逻辑加密卡在公交系统的应用，为跨行业实现一卡通打下了基础；二期工程中涉及的煤气，自来水表的研制和生产在技术上也取得突破。在二期、三期仍需解决的问题有：

(1) 网络构建角度。由于要构建城域网，在一期基础上要做大的扩充，信息总量及信息的流通的急剧增加，容易造成的城域网瓶颈问题。因此在评估原有系统，选择扩充或替代设备，通信方式的再选择方面要经过严格计算，从前瞻性角度为今后继续扩充留有充分的余地。

(2) 各类计量表，如煤气表、自来水表的研制开发及选购，要达到部颁标准和国家标准，各项技术指标要达到国内先进水平。车载机、煤气表、水表的选择要注意抗干扰、安全可靠、智能程度高并适应南方热，北方冬季寒冷、温度低等特点。

(3) 对应用软件的开发和研制要达到或高于银行系统的水平，确保国内领先。功能全面、可靠性高、扩展功能强、界面友好、数学模型科学合理。

(4) 如何实现软件、硬件之间无缝的系统集成是系统成败、优劣的关键，因此对系统各项指标的单项和综合指标测试，检验要标准化。

(5) 由于系统涵盖多个行业，所以要解决系统对多个行业的兼容性，充分考虑到各个行业的特别需求且保证各个行业应用的独立性和安全性。

四、项目的发展前景

一期工程公交IC卡运行后，我们将适时启动二期工程，即自来水、煤气电子收费系统，实现鞍山“城市通卡”的跨行业一卡多用功能。从业务上讲，IC卡收费系统主要分充值、消费两条线：第一，市民在售卡充值点租用IC卡，向卡内充值；第二，市民在脱机消费场所通过

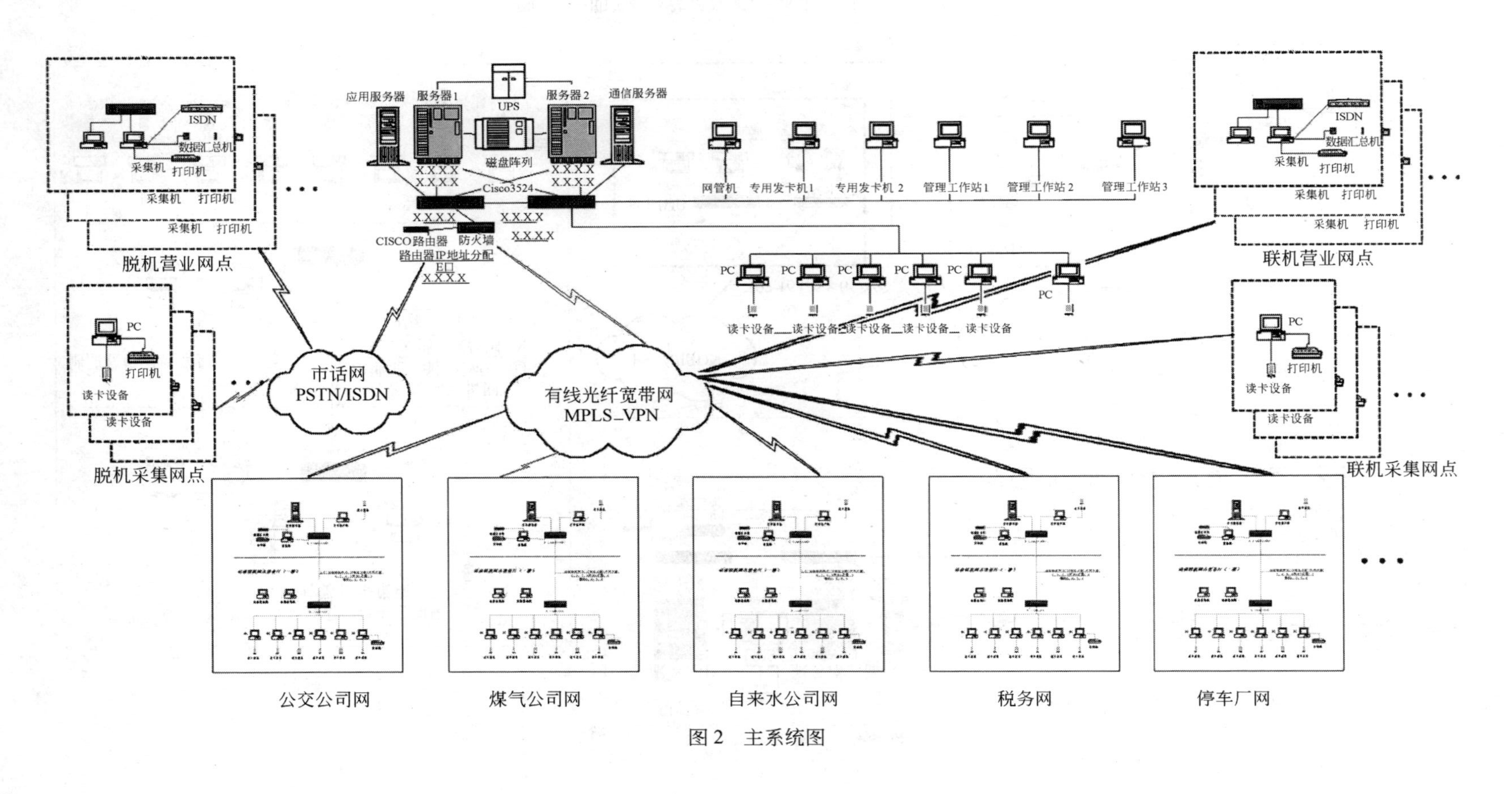
应用服务器
服务器1
UPS
服务器2
通信服务器
磁盘阵列
X.X.X.X
Cisco3524
CISCO路由器
防火墙
路由器IP地址分配
E口
网管机
专用发卡机1
专用发卡机2
管理工作站1
管理工作站2
管理工作站3
PC
读卡设备
ISDN
数据汇总机
采集机
打印机
脱机营业网点
脱机采集网点
联机营业网点
联机采集网点
市话网
PSTN/ISDN
有线光纤宽带网
MPLS_VPN
公交公司网
煤气公司网
自来水公司网
税务网
停车厂网

图2 主系统图

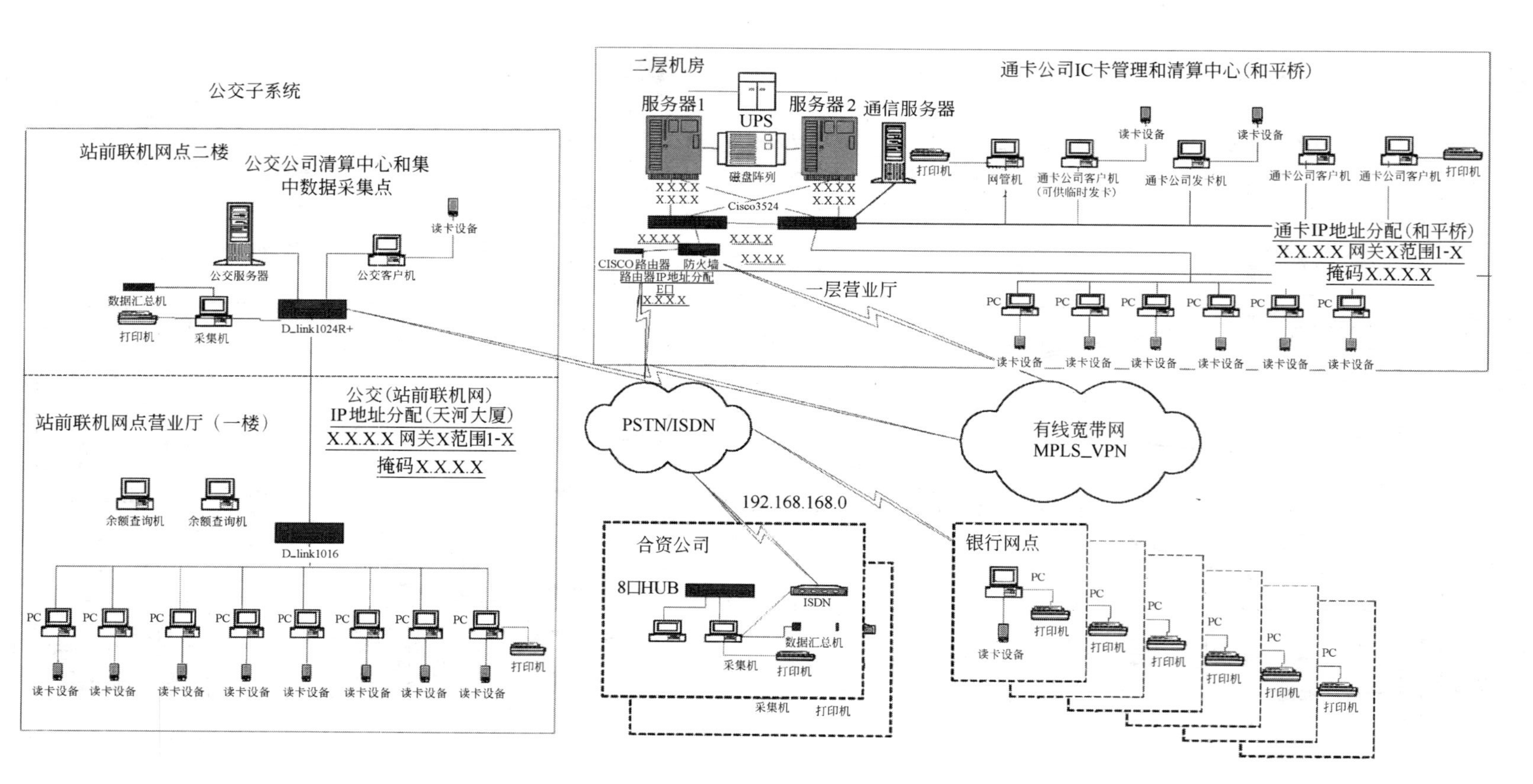

图 3　一期工程系统示意图(基本主系统 + 公交子系统)

使用 IC 卡进行消费，享受服务。通卡公司作为管理中心，负责全市一卡通项目的资金清算，卡片初始化，系统管理和财务划拨。

目前国内许多城市实行了“公交一卡通”，也已着手运作跨行业的“一卡多用”工程，这充分说明了 IC 卡适用于多业主、跨行业、集中管理收费的需求。

鞍山“城市通卡工程”的意义在于它将囊括公交、煤气、自来水、出租车、园林、小区物业管理、小额消费等多行业的应用，它符合国内、国际建设数字化城市的时代特点。是提高企业经济效益，减少内漏外漏，减轻政府财政负担的重要手段。二期工程上马以后，将通过改造用户的煤气表、水表为 IC 卡智能表，实现市民持 IC 卡既可乘坐公交车、出租车，又可在自己家里完成自来水、煤气的缴费。该项目总体规划 9000 万元，一期公交 IC 卡投资 1000 万元，二期 5000 万元，三期 3000 万元，工程全部投入运营后，公交公司每年增收 1500 万元，自来水、煤气将减少 10％漏失，年增收 1500 万元，2～3 年即可收回全部投资。以后再延伸到出租汽车及其他小额消费方面。届时，通卡公司将具有一个科学有效、功能完善、完全可靠的大型城市电子商务网络系统平台，下设约 100 个消费充值终端，多个运行稳定、适应行业特点的子系统，通过这个平台共网运行，完成 IC 卡的发行、充值、数据采集、整理、汇总、保存、账务清分等功能，鞍山市民持 1～2 张 IC 卡，就可以在任意消费点消费，真正实现城市一卡多用的功能。公交 IC 卡发行后，预计将发行 15～20 万张，未来加上自来水和煤气收费功能，发卡将会达到 50 万张。鞍山 140 万人口，平均每家就会有 1～2 张城市通卡，到那时“数字化生活”的景象将展现在我们面前。

附：系统软、硬件配置

主服务器：IBMRS6000 双机热备份。

通信服务器：IBM 服务器。

应用服务器：IBM 服务器。

主交换机：CISCO3524 x 2。

防火墙：天融信 NG-FW2000。

通信网络：有线光纤宽带网：MPLS-VPN 和电话网：PSTN/ISDN。

数据库：ORACLE8i 大型数据库。

系统软件：UNIX-AIX，WINDOWS2000。

应用软件：鞍山通卡收费管理系统。

安全系统：建设部 IC 卡密钥管理系统。

南京地铁 AFC 系统建设思路的研究

东南大学交通学院 张 宁 南京地铁有限责任公司 房 坚 王 健

南京地铁南北线一期工程项目经国务院批准立项，于2000年开工建设，预计2005年正式开通运营，是南京市重点工程，省、市领导对这项工程非常重视，由市政府亲自领导建设。南北线一期工程总长21公里，建成后实际客运能力将达到101万人次/每天，是南京城市客流交通的重要通道，票务运营采用基于非接触式智能IC卡的自动售检票系统（AFC），地铁AFC系统性能的好坏直接影响到城市公共交通系统的形象，影响到城市畅通工程的顺利实施。鉴于城市公共交通实现一卡通是城市交通管理现代化的发展趋势，为确保将来顺利实施城市交通一卡通，为将来逐步拓展IC卡一卡多用功能创造条件，南京地铁指挥部组织相关人员和单位展开“城市交通一卡多用基础”课题的研究，以形成南京地铁AFC系统建设的指导思想。

一、一卡多用的意义

一卡多用指利用智能卡技术（如IC卡、非接触式IC卡等），通过一种支付方式对多种应用服务付费，如公共交通、银行业务、零售等，或一种应用服务但包含多个服务提供商，如公共交通，包括地铁，巴士等公司。实际上就是将多种应用集中于一张卡上，以减少持卡人携带卡的数量，从而实现“一卡通”。智能卡在多应用方面包含两个子类：多用途卡与金融卡。这些卡的核心功能是卡具有一个或多个储值区域用来作为电子钱包。多用途卡可以含有一个或多个电子钱包，并且也具有其他一些重要的功能如身份标识、信息存储等；金融卡仅具有电子钱包功能，用来存钱并用于各种商业消费，如购物等。多用途卡应是交通行业应用IC卡的发展方向。

一卡多用可以在政府，金融机构，交通，电信，医疗，教育，零售业、市政等部门中实施。一卡多用是对系统用户而言，允许不同制造商制造的卡及机具进入系统，但用户持一张卡即可实现所有应用。

收费技术的发展，特别是智能卡技术的逐渐普及城市管理信息化的要求，使得以公共交通应用为基础、支持个人信息管理及小额支付的城市交通一卡多用成为城市交通综合管理的发展趋势，城市交通一卡多用可带来的巨大社会效益和潜在的市场增值。

1. 利用IC卡存储量较大，保密性较强的特性，通过整体合理的规划，在一张卡上实现多个应用，将各个行业的应用信息安排在IC卡的不同存贮区，使它们之间既能共享相同的信息，又有各自独立的空间去存放专用的信息，可以有效地分摊系统的发行和营运费用，降低成本，减少重复投资；

2. 推广城市交通一卡多用将会提高城市公共服务设施的服务质量和服务水平，提高参与一卡多用的企、事业单位的管理能力，符合建设现代化信息城市的目的。推广城市交通一卡多用，必然要对有关行业的服务手段、信息处理手段进行现代化的改革，而且必须建立健全一系列新的高效服务内容，建立一系列信息收集、传输、处理、结算、统计等技术手段，这些都必将极大地提高社会服务的效益和效率，从而提高服务质量，信息处理能力的加强，又必然增强社会的管理能力，这些都是建设现代化城市所必需的；

3．方便市民、减少社会现金流量，便于金融方面的宏观控制。采用IC卡收费后，将可大量减少现金的交易量，缓解市民对零钱的要求，即便于杜绝贪污、假钞等现象，也便于加快车辆周转速度或服务的速度，进而提高运营效率；

4．乘客通过使用单一的车票实现无缝交通出行，用作公共交通的智能卡可拓展用来为停车、电话、零售、出租车、甚至网上购物付费以及某些部门的信息管理，极大地方便了乘客出行，同时也扩大了公共交通用户市场，缓解日益增长的交通拥挤的压力；

5．增强了对整个城市的乘客交通流信息采集、分析的能力，通过实时的统计，可迅速采取措施匹配公共交通出行趋势，为进行宏观调控，制定政策等提供了快速可靠的资料，可进一步缓解交通拥挤。

二、南京地铁AFC系统的建设指导思想

正是由于一卡多用能带来巨大的效益，以及为避免重复开发、盲目发卡，建设部早在1999年就下发文件明确规定：建设事业IC卡应用应按照“一卡多用”的原则实施，因此南京地铁AFC系统的建设将建立在一卡多用的基础之上，为将来真正实现南京城市交通一卡通贡献力量。由于我国在城市交通一卡通领域起步较晚，在多应用参与情况下缺乏统一规划和指导，客观上对实现一卡多用需要解决的关键问题往往认识不足，特别是对一卡多用的概念理解上都存在很大的误区，造成很多地方基于IC卡的收费系统盲目上马、各自为政的混乱局面，既浪费了大量资金进行重复建设，也使用户群众感到极大的不便，有些地方在这种混乱的情况下只能靠行政命令强行推行新的统一的IC卡，使很多IC卡应用部门的IC卡系统被废弃，甚至有的是刚刚建设完运营没多长时间。为了寻求适合南京实际情况的公共交通电子收费技术与方案，降低投资风险并带来可观的市场增值，南京地铁指挥部组织课题组在地铁AFC系统建设初期就开始对建设城市交通一卡通的一些关键要素，如组织制度、条文规范、技术、经济、管理运营以及用户等方面进行详细的调查研究，希望提出有利于各应用（包括地铁、公交巴士、小额消费等）健康发展的一卡通实施指导方针、规划建议，并促成一卡通系统标准的形成。

最近几年，在世界各地一卡多用项目得到了迅速发展，既有交通部门发起的项目又有银行部门或电信部门发起并组织实施的工程。综合这些项目可以看出一卡多用运作模式不外乎以下几种：

1．由几个主要的交通运营商自动联合发起并组织，典型的例子是香港；

2．由政府部门出面组织一卡通运营公司，主要交通运营商参与，典型例子是上海、巴黎；

3．由银行或电信部门发起并组织，典型例子是瑞士；

4．由系统集成商、私营企业联合发起，其他应用参与，典型例子是悉尼。由于公共交通并不是完全市场化运作，我国目前现状表明应采用第2种方式，即在政府的支持下实施一卡多用，并且应该形成大交通体系框架，以便在整个城市的交通出行上实现统一调度、综合管

理。

由于目前南京市还没有一个在政府支持下、包含各种潜在应用参与、多方充分协商的一卡通组织，南京地铁在建设AFC系统的前期，在一卡多用的前提下，即对采用的卡和系统进行了充分的研究，保证将来一卡多用平台能够以南京地铁AFC系统为基础，其结论稍后论述，课题组今后的研究重点是进行充分的规划与研究，内容涵盖一卡多用环境下的组织制度、技术标准、商业运营模式、用户市场调查等，包括与可能的应用进行充分的协商，否则会为今后的一卡通运营带来隐患。

三、地铁AFC系统技术选型

按卡与外界数据传送形式IC卡可分为：接触式卡、非接触式卡、双界面卡、混合卡。由于一卡多用中应用各有各的特点，因此对系统和卡的要求也不尽相同，在跟银行联名的各业务中，安全性要求比较高，往往要求采用接触式CPU卡，并需要对交易进行在线确认；而在公交、地铁等公共交通领域往往强调刷卡的快捷性，所以大多采用非接触式IC卡。而根据IC卡中所镶嵌的集成电路的不同可以分成三类：存储卡、逻辑加密卡、CPU卡。存储卡缺乏安全保障机制，逻辑加密卡是存储卡与CPU卡的中间过渡产品，CPU卡是发展方向；逻辑加密卡利用特定的逻辑函数关系来防止非授权人员对数据的读取或修改，卡的加密方式是在芯片设计过程中通过电路实现的，一旦芯片制造完成，其加密形式也就固定下来，不容易对其进行修改；而CPU卡通过内置的中央处理器完成对数据的保护和管理，通过内置的芯片操作系统COS，发行商可以方便地修改文件系统以及加密算法等等，这些是逻辑加密卡无法做到的。因此CPU卡比逻辑加密卡安全性更高，更适合在有更高的安全性要求的多应用环境下使用；逻辑加密卡功能单一，卡内数据按扇区为单位进行管理，数据组织的方式比较呆板，新应用加入不方便；而CPU卡片内的数据按文件管理，实现各种功能的方式更灵活、更有效，因此其适用的范围更广，更适合做"一卡通"的信息载体。

根据以上分析，为了便于今后拓展多应用，地铁AFC系统对卡技术总体要求是采用CPU卡。当然仅仅这一点是不够的，地铁AFC系统以一卡多用为前提，而一卡多用覆盖的社会范围非常广泛，系统中任何一个方面出现问题，都会造成极坏的社会影响，特别是面向广大用户的卡及读写机具是应用部门对公众的一个形象宣传窗口，其性能的好坏直接影响到公众使用的积极性、一卡多用的可持续发展。因此，南京地铁AFC系统技术选型及将来的运营坚持以下一些原则：

1. 对卡的要求是卡发行量充足、卡不易受损、卡充值方便、卡交易速度快(250ms左右)、出错率低等。这样在地铁AFC系统基础上发展南京城市交通一卡通，公众的积极性才会高涨；

2. 运营机制上对卡收取保证金，将保证金作为备用金，在特殊情况下顾客可以使用。这样方便了市民，更容易调动市民使用热情；

3. 技术支持有保障，包括卡和机具的升级及卡片的大批量供货，以及适应形势发展的需要而进行的系统改造，因此要求采用主流产品，并且建设过程中培养一批本地研发人员；

4. 符合建设部相关规范、规定；

5. 卡的存储容量应足够大，以便于多应用环境下的信息存储，以前常用的1K位显然是不够用的。

四、结论

对于一卡多用的需求应是大型建设事业 IC 卡应用规划的重点,一卡多用的系统平台建立在南京地铁 AFC 系统的基础之上是可行的,地铁 AFC 系统采用 CPU 卡充分满足了便于今后拓展多应用的关键要求,南京地铁 AFC 系统前期及正在开展的技术选型、一卡多用规划研究将为今后南京城市交通一卡通的顺利实施奠定坚实的基础。

参 考 文 献

[1] 陆永宁. IC 卡应用系统. 南京:东南大学出版社,2000.5

[2] Jorge Ferrari, Robert Mackinnon, Susan Poh, Lakshman Yatawara. Smart Cards: A Case Study. IBM Corporation, Oct.1998

杭州市公交 IC 卡电子收费系统

杭州市公共交通总公司　金宝顺

为杜绝公交月票的假冒行为，为公司运营提供科学的管理手段，杭州市公共交通总公司在 2001 年 9 月 1 日进行的"简化月票票种，取消原市区、市郊月票分类，统一并轨为公交成人、学生通用月(期)票" 月票票制改革，在此基础上，自 2001 年 10 月 1 日起，逐步在公共汽、电车上使用 IC 卡乘车，于 2001 年 11 月 1 日起，停止纸质月票的使用(除老年票外)，实行公交 IC 乘车卡电子收费系统。系统至今已试运行一年多时间，整体运行基本稳定，车载 POS 机装车量已达到 3000 台，发卡量已到 60 多万张，日交易量接近 100 万人次，现仍以每月 1 万多张的速度递增。

一、杭州公交 IC 卡电子收费系统构成及特色

杭州公交 IC 卡电子收费系统具体由以下五部分组成：

1. 乘客卡(非接触 IC 卡)

为将方便和优惠留给乘客，我公司现向社会以不同的优惠条件发售两类三种，分别为：

(1) 优惠卡。此类卡优惠幅度较大，须按月(季、期)使用，过月(季、期)卡内余额作废。可乘坐除浏览线、假日线、专线、中巴线以外的所有公交线路。适合每天乘坐公交车的乘客。

A. 成人优惠月(季)卡(A 卡)，免照，每月起价为 50 元/张(每季起价为 150 元/张)，当月(季)不够使用时，可根据需要加费充值，充值金额逢 5 元加档，卡内金额当月(季)有效，过月(季)作废。乘坐时按各线客票价格(同线"K"车按普通车)的 50% 扣取。该卡可提前一月(季)充值。

B. 学生优惠月(期)卡(B 卡)，贴照，每月起价为 25 元/张，每期起价为 150 元/张。当月(期)不够使用时，可根据需要加费充值，充值金额逢 3 元加档，卡内金额当月(期)有效，过月(期)作废。乘坐时按各线客票价格(同线"K"车按普通车)的 25% 扣取。该卡可提前 1 月(期)充值。该卡只限本人当月(期)使用，上车须出示验证，每学年审核 1 次。

(2) 普通卡(D 卡)，免照。可多人同时乘车刷卡，可跨年、月使用，可乘坐所有已安装车载收费机的公交汽、电车线路。每次充值最低限额为 30 元，最高为限额 500 元，充值 100 元(含)以上，赠送充值额度的 10% 的金额，乘坐时按各线客票价格扣取。

(3) 各种优惠卡内设有电子钱包区，乘客可根据需要进行充值，充值金额和使用方法、乘坐范围与普通卡(D 卡)相同。

2. 车载收费机

此设备是装在公交汽、电车的收费终端，由它来完成对乘客卡扣款的功能。目前我公司采用的车载收费机具有以下特点：车载机和稳压电源封装在一起，外形整洁、漂亮，安装方便，抗干扰性强，电压稳压范围较广；车载机正面采用液晶显示，背面采用数码显示，对不同

类型的卡具有不同的语音和声响提示;可存储6万多条收费记录和4000条黑名单记录;优惠卡在同一车载机上在5分钟内不能第2次优惠刷卡;在发生票务纠纷时,可通过车载机上的按键查询。至今,我公司已在2700多台车上安装此设备。

3. 数据采集器

目前我公司采用的数据采集器具有容量大、速度快、造价低、自动化程度高的特点。针对接触式采集和红外数据采集的方式,我公司采用红外数据采集的方式,其优点是完全密封,不受环境影响,而且在我们的要求下,厂商也将通讯速度提高到57600bps,数据采集速度也较快。一个采集器至少可采30台POS机的当日营运数据,数据的采集自动进行,智能化程度高,数据采集时自动完成车载收费机内黑名单数据的更新、漏采数据的补采和POS机内时钟的校对。

4. 售卡充值系统

针对乘客的需求和方便乘客就近充值,我公司设有1个中心充值点、8个公交充值点、22个银行充值点。售卡充值系统采用联机和脱机两种方式。联机方式是计算机通过网络实时和后台数据库相连,主要用于IC卡的挂失、补卡、换卡、转换卡类型等一些需要实时和后台数据库相连的一些操作,有时也用于售卡和充值。脱机方式则通过终端机、CPU母卡、操作员卡来完成售卡、充值、年检等操作。操作人员将乘客卡放在终端机的前端,执行相应的功能来对乘客卡进行售卡或充值,并扣减操作员卡的金额。每充值一张公交IC卡,票据打印机自动打印两份充值小票,并备有报销凭证,有利于查验和控制。在每天售卡充值任务结束时,操作人员通过电话线将数据传送至中心通讯服务器,通过数据汇总系统录入数据库。联机售卡充值系统的优点是可靠性高,可实现多种功能,缺点是必须实时联网,若网络出现故障,则该系统不能运行,而且读写卡的时间较长。脱机售卡充值系统的优点是不受场地的限制,灵活机动,终端的体积小,携带方便,不受网络的限制,售卡充值速度快;缺点是对全天连续不间断的充值情况下,机器故障率较高,稳定性较差。针对此情况,我公司和系统集成商联系,准备换用新型的脱机充值机,预计故障率会降低,稳定性也会有较大的提高。

针对杭州公交原有35万张纸质月票向IC卡的过渡时期,我公司采用了分步走的方式:在2001年9月16日发售学生优惠月卡,2001年10月1日起,纸质学生月票停止使用;2001年9月23日起发售普通卡;2002年10月16日,发售成人优惠月卡,2001年11月1日,纸质成人月票停止使用。对20多万成人优惠月卡,又采取预先售卡充值再发行的方式,因此得以在半个多月的时间内完成20多万张成人优惠月卡的替换工作。

5. 后台管理系统

后台管理系统是整个公交IC卡电子收费系统的核心系统,系统的选型至关重要,考虑到杭州公交大的发行量、大的日交易量和系统的稳定性,我公司采用了2台IBM RS6000 H85的小型机作双机热备,网络操作系统采用AIX,后台数据库采用ORACLE,中心和数据采集点之间租用电信光纤相连。

后台管理系统的软件模块主要有:IC卡的初始化子系统、数据汇总子系统、乘客服务子系统(挂失、查询、补卡、转卡等)、财务子系统等。

在数据汇总的方式中,我公司采用了二级管理的模式,即数据采集后,分公司把采器集中的数据倒入计算机中,不进行入库和数据汇总结算工作,直接将数据传送至IC卡中心进行入库和汇总结算工作,这样保证了数据的惟一性和安全性,减少设备配置,对设备的维护得到保证。

为方便公交IC卡的推行，我公司尽最大可能的考虑了乘客的利益，因此，在系统设计中，我们设置了乘客服务子系统，设置了挂失转卡的功能，乘客若丢失公交IC卡，可以凭乘客登记单和身份证，到IC卡中心进行挂失补卡，并把原卡内的金额转入新卡中，使乘客的损失降低到最低限度。这一面增加了公司很大精力(包括乘客信息单的输入、乘客信息的查询、挂失转卡人员的配置)，但为使乘客方便，这点辛苦也值得。

6．实行公交IC卡的社会效益和经济效益

乘客欢迎使用IC卡，是因为IC卡给广大乘客带来了有目共睹的方便和实惠。

(1) 提高公共交通的服务档次，符合建设现代化城市的目标；

(2) 方便市民，减少兑零钞的麻烦和成人月票需出示的麻烦，成人IC卡上不贴照片，方便调剂使用；

(3) 提高车辆运行效率，节省乘车时间，采用非接触式IC卡，完成一次收费过程仅需0.3秒，加快了上车速度；

(4) IC卡美观大方，可放在包内、皮夹内刷卡，携带方便，不易破损，可长久保存；

(5) IC卡具有较大的内存空间，可预留为其他领域开发利用，实现一卡多用的新管理模式；

(6) 非接触IC卡替代月票，优惠收费，既保留月票原来的方便性，而且又具有一定的优惠性和安全性(可挂失)；

(7) 及时掌握客流情况，科学合理的调度以创造更大的效益；

(8) 收费及统计全面自动化管理，有效堵塞漏洞，杜绝可能发生的票款流失及假票现象。

二、实行IC卡电子收费系统过程中的几点体会

1．IC卡电子自动收费系统的推行是一个系统工程，在推行中既要考虑企业的利益，也要考虑乘客的利益，同时要得到政府各部门的支持。

2．要向乘客、社会做好宣传工作，要利用新闻单位从正面向广大市民宣传IC卡的使用等知识，正确把握舆论导向。

3．做好内部职工的教育工作，一级抓一级，不要由于内部人员的技术、方法不掌握而给乘客造成不必要的麻烦。

4．要有以人为本的思想，方便乘客购买充值，乘客有问题时要耐心解答，要组织庞大的服务讲解队伍。

5．技术把关要严，车载机安装要正确、连接要可靠，并要培养自己维修人员，维护各种设备，特别是车载设备要有严格的管理规章制度。

6．要有一支高素质、高文化的技术骨干队伍。

杭州公交在实行公交IC卡电子收费系统中，从总体来说是基本成功的，但也存在的一些不足之处，如联机售卡系统的可靠性与脱机售卡充值系统的灵活性、快速性不可得兼；为提高售卡速度，乘客信息的输入和售卡系统隔离，在后台进行，造成信息输入的延时和不正确，给挂失补卡造成一定的麻烦；等等。但随我们对系统的深入了解，并采取一定的措施，借鉴其他城市的有效经验，这些不足之处也会慢慢的完善起来，以便更好地为乘客服务。

IC 卡技术在市政公用业务管理系统中的应用

哈尔滨工业大学　邹平华　陈惠鹏　刘　挺　黄建华　方修睦

一、IC 卡在国内市政管理中的应用情况

智能卡(Smart Card)自 1967 年产生以来，给世界的信息化建设带来了一个新的变化。到目前为止，智能卡分为三类：存储器卡、逻辑加密卡、CPU 卡，严格讲，只有 CPU 卡才是真正的智能卡。

自智能卡进入中国以来，已经在中国的市政建设上起到了重要的作用。尤其在智能收费系统方面，众多的水、热、气表的生产厂家先后采用先进了 IC 卡技术，实现了在一定范围内的智能收费体系，到目前为止，大多数智能收费体系基本采用预交费方式；在城市交通方面，诸如：北京、上海、深圳、广州、珠海、大连等一些城市，也建起了一整套的 IC 卡交通收费体系，效果非常好。随着我国市场经济的发展，对 IC 卡在市政公用业务中的应用将有更高、更加迫切的要求，国家科技部和建设部将这一研究列为国家“十五”重点攻关项目是一项重大的决策。

但截止到现在，IC 卡在市政公用业务的应用上存在一定的问题，主要表现在以下几个方面：

1．生产厂家各自为政。例如：生产 IC 卡水表厂家已经有很多，但各个厂家采用的 IC 卡的标准不一致(有用存储卡的、有用逻辑加密卡的、用 CPU 卡的还不太多)；针对不同的卡采用的技术和应用标准不统一，造成各个厂家的终端设备不能互相替代等问题，对于用户来讲，一旦采用某个厂家的系统以后，就将系统的命运与计量表的生产厂家的命运联系在一起，一旦表的生产厂家出现问题，已经建立的系统就很难维护。对于某个行业，决定采用哪家的产品，是个很难决策的问题。

2．IC 卡的终端联网能力比较差。IC 卡终端的生产厂商常常针对与当前的中国市场的具体情况生产出的表大多数只是在现有表的基础上增加了 IC 卡读写功能，而没有从系统的角度考虑问题，没有将终端设备联网。从生产厂家的角度来看，这样的选择没有任何问题，但是对整个市政公用业务的统一管理从技术上造成了障碍。

3．IC 卡的增值业务提供的不够。对于家庭来讲，用户常常会要求清楚地了解每一笔费用的花销情况，既可以保证自身的利益，也便于家庭的经费的总体计算。但目前来讲，无论是手工抄表还是智能抄表都同样存在一个问题，用户无法确切地知道自己每个月的具体费用。随着城市的变化，各种收费标准并不是一成不变的，例如：哈尔滨 2001、2002 年因为供水的紧缺，曾经调整过两次水费。当地政府对费用的调整原因、时间和调整的额度都做过大力的宣传。但 IC 卡表的制造商，技术上只能将预交费用按已有的收费标准换算成用水量或用气量。一旦出现收费标准和计算方法变更时，则无法跟踪。要想让每家每户从目前的

IC卡水表上能够清楚收费变化的具体时间和变化的金额，还是比较困难的事情。

4．行业之间存在壁垒。对于家庭来讲，水表一张卡、电表一张卡、热表一张卡、公交每个人至少一张卡。卡的数量在逐渐增加，IC卡在方便用户的同时，也为用户增加了新的问题。但这个问题涉及面比较广，建议从技术的角度为将来的一张卡（或一卡多用）做一些准备工作。

二、IC卡在市政公用业务管理方面的分类

从市政公用业务来讲，IC的应用非常广泛，诸如：城市村镇规划、住宅与房地产事业、工程建设、勘察设计、公交、出租汽车、轮渡、地铁、自来水、燃气、路桥收费、停车管理、园林等行业。综合而言，我们认为可以将IC卡的应用分为以下几方面：

1．收费业务

公共交通、供水、燃气等市政公用事业涉及使用费用的计算和收取，用IC卡可以实现交费的功能。细分收费业务，诸如：公交、出租、停车场、路桥收费等业务，属于流动收费，即收费设施、或交费的主体不能固定在某个地点，此类的收费必须使用IC卡的电子货币功能，即IC卡上必须存储钱的信息；另外一类，诸如：燃气、自来水、供暖、房屋租赁、小区的物业管理等项业务，一般需要将钱的信息转换为相关的信息，比如：需要将交费金额转换成燃气的体积或自来水的流量等信息，将转换后的信息存储到相关的仪器仪表中（燃气表、水表等），此类业务，IC卡上存储的不是金钱的额度，而是消费信息，此类业务我们可以称之为转账业务。

2．身份认证

国家资源（矿产、土地、能源）以及各项城镇基础设施（供热、供水、供电、通讯、交通）的勘测、规划、设计、管理等的信息数字化以及建立在海量数据基础上的分析和决策功能对推动社会进步具有重大的意义。各项数字化系统的效能会越来越强大、应用面会越来越广泛。一旦数字化信息建立后，信息的安全性、保密性将成为首要的任务，不同的人员可以访问、使用或修改不同的数据，实现不同的功能。因此信息访问身份的认证或数据访问权限的限定，必然是城市信息化一个重要的环节。IC卡可以完成这一使命，将IC卡与“市政公用业务管理系统”中的城市供水和供热等行业相联系。在城市公用设施地理信息系统中发挥作用。

综上所述，可以将IC卡的业务分为三类：转账业务、电子货币业务（电子钱包）、身份认证业务。

三、市政公用业务管理系统的技术方案

针对当前IC卡在市政公用业务方面的应用中存在的问题，即我们对IC卡在市政方面应用的分析和应用业务的分类，我们提出了如下的解决方案：建立城市三级网络管理服务层次，分阶段分步骤实施，最终实现城市“一卡通”（一卡多用）（图1）。

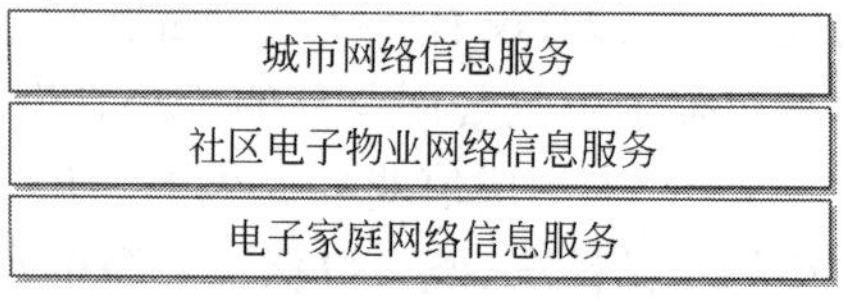

城市网络信息服务
社区电子物业网络信息服务
电子家庭网络信息服务

图1　城建一卡通网络服务图

1．方案的最低层是家庭网络信息服务层

家庭的每一个计量终端（水表、电表）应当成为一个家庭局域网络的一个终端，终端采集的数据通过家庭数据总线送到家庭数据服务器，家庭数据服务器实现家庭内部网与家庭外部网的数据交换，并能够提供相关的数据查询功能和数据下载功能，这与现在流行的e-home

概念思路基本一致，但是 e-home 的想法更超前、更全面，不仅包括计量终端之间的通讯，而且包括家庭各种控制、危险报警、声像的传输控制等多种概念，而要建立这样的一个 e-home 无论从技术难度还是成本上都很大，所以我们应针对与市政有关的计量终端设计一套适合终端之间通讯的价格便宜的通讯规约。

家庭数据服务器从功能讲可以实现用户对自家各种信息的实时了解，还可以通过网络获得由城市或住宅小区提供的增值服务。家庭内部数据中心技术难点在需要制定一套完整的、开放的网络通讯协议，该协议实现与现有的各种计量仪表终端的通讯，从而实现计量仪表的互相替换、互相交流数据。建立家庭数据服务器的另一个原因是能够实现远程的计量算法的升级。比如：实行合理的供热收费是国家一项涉及国家、供热企业和采暖用户利益的重大决策和改革措施。而热量的计量涉及采暖系统的改造、收费政策、计量方法和计量仪表一系列复杂问题。目前各地所采用的收费模式也不同，尚无统一的方法和标准。用 IC 卡热表计量用热量是重要的发展方向之一。一旦改变收费方式必然涉及热表的更换，对用户来讲将又将增加一笔费用，增加推广这一政策实施的难度。而家庭数据中心的存在，将可以实现远程程序下载的功能，城市或社区通过网络广播的形式将新的计量标准通过每个家庭数据服务器传送到每个热表，不需要热表的硬设备的更新，既节约了用户的成本，也使整个城市的收费标准更改的周期缩短，加速城市管理水平的提高。为了保证网络普及率不高的地区也可以实现电子化收费管理，在家庭抄表部分应有一系列的过渡产品存在。例如：采用专业 PDA(Personal Digital Assistant 个人数据助理)实现电子抄表。PDA 具有手写功能，同时具有较大的存储空间，可以作为暂存设备完成将家庭数据中心的数据转移到电子物业的数据服务器上。

2. 方案的中间层是社区电子物业网络信息服务层

实现社区电子物业的管理的主要好处在于社区范围比城市小，便于操作，而且社区内部的工作可以避开行业壁垒，每个行业可以将每个社区作为一个端点，而不再将每家每户作为端点，社区内部可以很快实现“一卡通”或者“一卡多用”。社区的集中管理，可以通过家庭数据服务器实现数据的实时查询、收费标准的在线修改、提醒用户交费、宣传小区的规章制度、广播新闻等基于 IC 卡的增值服务。

3. 方案的最高层是城市网络信息服务层

作为城市来讲，需要进行 IC 卡的统一发行、身份认证、统一管理等工作。因为设置有社区电子物业网络信息服务层，减少了城市统一管理的任务和范围。只需要各社区的服务器与城市服务器之间建立一个统一的数据接口，即可对各行业的数据进行统计分析。但是，数据的传输安全性、加密等业务应由城市网络信息服务提供。现在的问题是，IC 卡的发行也是一个很大的利益点，各个行业不愿意放弃，因此造成 IC 卡发行的不统一，这也是 IC 卡不能“一卡通”的一个主要问题。

四、结论

综上所述，IC 卡在市政公用业务管理系统上的应用前景是十分广阔的，市场是巨大的，但 IC 卡要真正实现“一卡通”或者“一卡多用”需要政府部门、计量表终端制造商、智能小区集成商等单位通力合作才能真正完成，包含管理、技术两方面的问题。从管理角度讲，行业壁垒的存在不是短时间可以解决的，所以要实现市政业务管理“一卡通”，各个生产厂商应该技术上走在前面，要建立一个统一的市场，一个系统开放、产品兼容的市场，只有系统开放、产品兼容才能降低决策的风险，有利于城市 IC 卡系统的普及和推广。而一个产品兼容、系统开放的市场的建立需要统一的标准的建立，《建设事业 IC 卡应用技术》标准的发布为我们实现建设事业“一卡通”提供了良好的基础。

在完成“城市公用业务管理系统”项目的过程中，我们将与建设部各有关部门、国内大型的计量终端生产商、智能小区集成商通力合作，在遵循现有的国家标准的基础上，实现一个具有开放性的、产品兼容的“一卡通”平台，并希望与各个生产厂商合力建成几个示范小区，为 IC 卡尽快在城市实现“一卡通”做出应有的努力。

经济模式下的智能卡“市政一卡通”探索

哈尔滨市建设局　尤新华

2000年国家建设部下发了关于在10个试点城市进行城市数字化建设的指示，从而引起了哈尔滨市委市政府的高度重视。为了更好的落实国家建设部的有关指示，使哈尔滨市的“市政一卡通”工程能够持久地为广大市民服务，市政府组织有关部门成立了“市政一卡通”领导小组，成立了办公室，并对国内外智能卡应用的先进经验进行了广泛的考察，制定了一整套符合哈尔滨市集体情况的、在商业模式下的智能卡应用方案，以下就本方案的构想进行论述。

一、数字存储介质与第三次货币革命

众所周知，货币的产生使人类社会进步到商品经济社会，被称为第一次货币革命。如果说纸币的诞生是促进商品经济发展的第二次货币革命，则随着计算机应用技术的发展、高密度数字存储介质(如磁卡)的诞生而应运而起的电子货币则可称为是给商品经济带来巨大发展的第三次重大革命。这一次革命突出表现在以下几个方面：

1. 同纸币的诞生一样又一次减轻了货币的重量，为商品交换提供了更简便、安全、可靠的消费方式。

2. 实现了前所未有的高速远程货币支付方式，缩短了商品交换所必须的货币认证时间，加快了商品经济的循环与发展速度。

3. 打破了以往那种货币只记录面值的传统方式，提供了其他方面的存储空间，为商品交换提供了灵活的扩展空间。

智能卡作为新一代高密度数字存储介质，除了具有上述特点外，还具有存储密度高、多存储区等特点，因而还可以应用在直观的商品交换以外的医疗、保险、保安等广阔的领域。

二、经济模式下的智能卡应用与商品经济发展

作为高密度数字存储介质中的新的一员，智能卡被广泛地应用于银行现金存取卡、信用卡、电信卡、公共事业费用支付卡、医院挂号卡、校园卡、职员卡、税务卡、身份证、门卡、会员卡等领域。尽管IC卡的应用在世界各国、各地区都得到了不同程度的发展。但由于各行各业间缺乏统筹的规划，许多国家和地区都出现了泛滥的趋势。在方便了广大用户和促进了经济发展的同时，也给用户带来了携带不便的困难。

韩国在智能卡的综合使用和普及方面发展较好。在韩国政府的大力支持下、韩国EPASSBANK株式会社研制了大众统合消费管理系统，将电信卡、公共费用支付卡、交通费用支付卡、医院挂号卡、校园卡、社员卡、税务卡、会员卡等集于一卡，同时引用了商品促销的返点机制，不但为广大市民带来了方便、促进了商品销售行业的发展，也消除了政府每年为

了维持智能卡应用系统所支出的庞大经费。目前仅汉城的1600万人口中就有1200万人持有该公司的IC卡。也就是说:在汉城小学生以上的人均持卡率几乎达到了100%。

三、何为经济模式下的智能卡应用

除了银行、电信等领域以外,智能卡在我国最典型的应用案例为公用事业方面的应用,如:预付费水、电、煤气、供热、公共交通等领域的智能卡应用。然而这类的应用大多为政府出资,以解决收费难和便民为目的的,除了巨额的建设资金外、每年还需要大量的维持经费。

所谓"经济模式下的智能卡应用"是指利用公共事业的影响力扩大发卡的普及率,将智能卡的应用扩大到商业、服务业等普通消费领域,通过商业、服务行业的"返点促销"机制,为系统的维护部门提供一定的经费,这样既促进了商、服业的发展又为政府减轻了负担。

四、何为"返点促销"机制

进入20世纪80年代末期、随着计算机应用事业的发展和商品经济的鼎盛,在传统的货币-商品交换形式之上又出现了一种崭新的货币-商品交换辅助形式即"消费返点"。这种形式是商业会员制的一种变形,希望得到消费返点的消费者首先要成为消费场所(以下简称会员单位)的会员、并领取会员卡,会员在消费行为发生时,会员单位将按照所定的比例将会员消费额的一部分作为返点记录在会员的会员卡上,在此之后的消费过程中,会员可将存储在会员卡上的点数作为现金在会员单位使用,从而达到保持相对固定的客户量和刺激消费的目的。这种形式虽然在它出现的初期阶段曾经风靡一时,但假以时日渐渐失去了它的魅力,其原因为各消费场之间没有协作关系,各消费场所各自发展自己的会员,因此:

1. 造成会员卡泛滥,消费者对于大量储卡产生了厌倦情绪。
2. 各种会员卡中存储的点数只能在原消费场所使用,因此点数分散,不能达到刺激消费的作用。

五、经济模式下的哈尔滨市智能卡"市政一卡通"构想

哈尔滨市智能卡"市政一卡通"拟囊括公共交通、出租车、地铁、轮渡、道桥收费、公园门警、停车场、物业管理、社保医疗、加油加汽、自来水、电、煤气、供热、商业服务、交通罚没的等领域(图1)。由市政府组织有关部门、企业、投资商组成统一的"充值"和"结算" 中心(以下简称充值结算中心),充值结算中心为自主经营的法人,通过商业返点的方式维持、发展"市政一卡通"事业。在消费返点方面确保在上述任何行业的消费返点都能够集中记载,储存的点数在上述任何场所都能消费。在返点比例方面要根据国库收入、公益收入、消费收入等特点制定不同的返点比例(如表1)。

六、哈尔滨市智能卡"市政一卡通"的实施与保障

哈尔滨市智能卡"市政一卡通"构想是包含行业较多的构想,要使此构想能够顺利地得到实施,首先必须在市政府的统一领导下,以坚实的法律作保障,为此,市政府的"市政一卡通"领导小组正协调有关部门起草和制定相关的法律法规。

除此之外、为了最大限度的整合资源、为国家减少不必要的经济损失,还要依靠坚实的

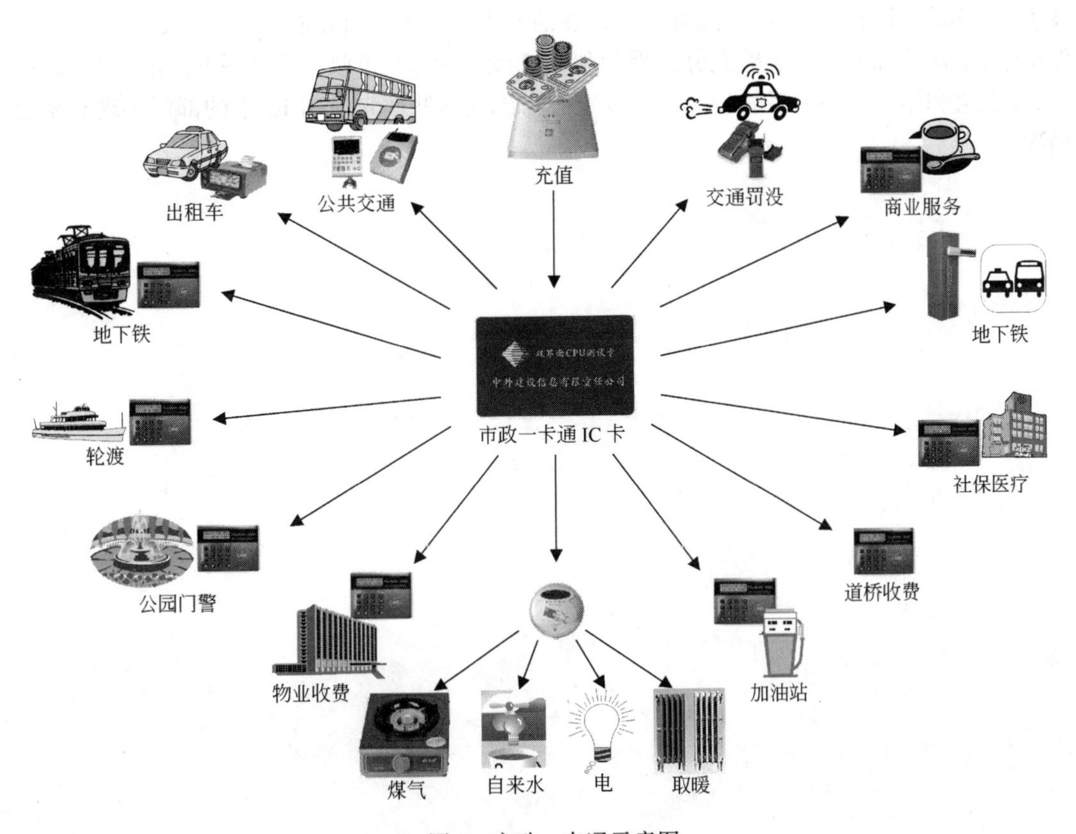

图 1　市政一卡通示意图

返 点 比 例 表　　　　**表 1**

行　　业	消费者返点比例%	结算中心返点比例%
公共交通	3	2
出 租 车	3	2
地　　铁	3	2
轮　　渡	3	2
道桥收费	3	2
公园门警	3	2
停 车 场	3	2
物业管理	3	2
社保医疗	3	2
加油加汽	5	2
自 来 水	3	2
电	3	2
煤　　气	3	2
供　　热	3	2
商业服务	5	2
交通罚没	0	0

技术为保障。目前哈尔滨市已经有若干行业的若干部门先于市政府的统一规划率先使用智能卡,为了使这部分资源能够充分地得到利用,哈尔滨市的“市政一卡通”拟采用双界面智能卡,在充值和结算中心的系统设计时也要充分考虑到这些率先使用IC卡的部门的现有系统情况。

银川市天然气计算机售气管理系统的设计与实现

宁夏银川天然气总公司　杜彦忠　倪　瑞　西北第二民族学院电信系　卢胜利

银川市民用天然气输配工程是自治区和银川市确定的重点建设项目，也是银川市政府承诺2000年为老百姓办的十件实事之一。为方便用户使用、提高销售管理自动化程度、降低管理成本，我们借鉴了国内其他城市的成功经验，采用智能卡技术、数据库技术和计算机网络通讯技术，成功地建成了覆盖全市的天然气计算机售气管理系统，运行两年来，取得了较为理想的经济效益和社会效益。

一、系统需求

按照银川市的城市发展规划，银川市民用天然气入网用户2008年将达到22万户，需要建立遍及全市的天然气销售网络，天然气销售业务应采用计算机系统进行高效精确的管理，天然气销售管理系统应具备用户IC卡的制发、用户档案管理、销售数据统计分析、综合查询、系统维护以及稽查管理等功能。

二、系统总体设计

由于依靠天然气公司自身的力量完成销售网点的建设需要投入大量的人力、物力，同时银行系统拥有遍及全市的营业网点和成熟的销售服务体系，依托银行营业网点代理天然气销售，最为经济和便捷，同时代理天然气销售，银行也可以增加储蓄额。基于以上共识，银川天然气总公司与中国农业银行宁夏分行签署了共建银川市天然气销售网络的协议，由农业银行在银川市设立的营业网点代理销售天然气。各天然气销售网点设置专用POS机作为销售终端，系统后台由通讯接收机和天然气公司的计算机局域网组成，双方通过公用电话网络通讯联络，安装于通讯接收机上的数据接收系统每日定时接收各营业网点天然气销售数据，并由双方财务人员定期进行账务结算。

除数据接收系统外，计算机售气管理系统还设计有IC卡制发、用户档案管理、手抄表用户管理(商业和工业大用户暂未实行IC卡预收费)、交易管理、系统维护、综合查询等子系统，各子系统协同工作，具备了用户管理、IC卡制发、销售数据统计分析、系统管理和参数设置以及综合信息查询等功能。

系统网络结构示意图，见图1。

三、技术特点

银川市天然气计算机售气管理系统采用成熟的client/server结构，选用visual basic、delphi可视化编程软件作为开发工具，服务器选配Windows NT操作系统，采用IBM公司DB2

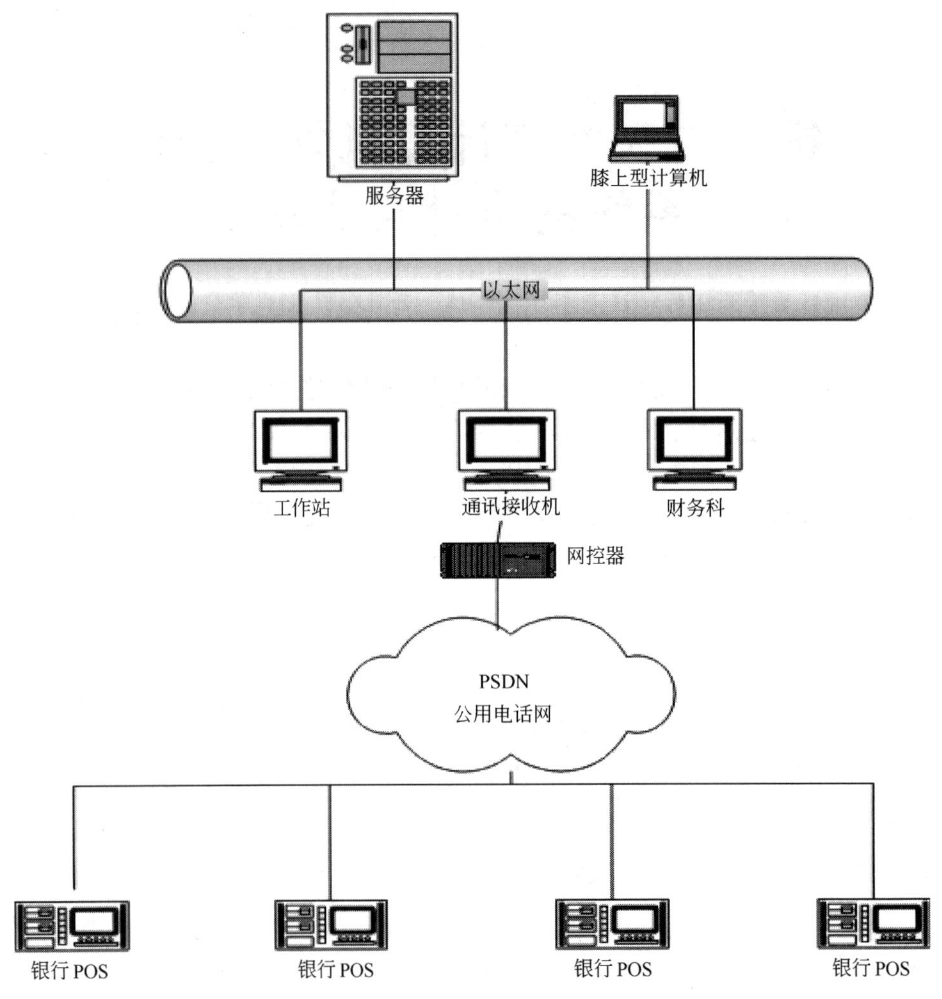

图1　系统网络结构示意图

数据库,应用软件系统部署于各有关业务部门使用。

目前国内其他城市类似系统中多采用modem池作为数据接收设备,普遍存在数据信道易受干扰,传输误码率高等缺点。鉴于此,我们在系统中采用Hypercom公司生产的银行级网控器作为系统的数据接收设备。该设备具有多协议转发,传输数据误码率低等优点,同时我们设计了交易数据包传输格式,该格式由起始段、数据段、命令段、校验位组成,具有较为严格的传输校验功能,保障了数据包传输的稳定可靠。

用户稽查是管道燃气企业销售过程中的一个重要环节,由于不能准确掌握用户使用情况,多数情况下稽查工作不能取得满意的效果。为解决这个问题,我们在系统中特别设计了用户稽查辅助功能,通过分析用户购气信息,筛选出有窃气可能的用户信息(俗称"黑名单"),稽查部门根据系统提供的用户稽查信息进行核查,这样稽查的目的性、方向性比较明确,减少了稽查工作人员投入,实践中也收到了较好的效果。

四、IC卡技术

IC卡在用户计量表具和银川市天然气计算机售气管理系统之间起着传递信息的重要

作用，必须满足数据安全、信息保密、方便管理等多方面的要求。为此设计了用户卡、初始化卡和管理卡，分别用于用户购气、IC卡智能燃气表初始化和采集用户的表具信息。用户卡和初始化卡均采用西门子公司的SLE4442逻辑加密卡，管理卡采用ATMEIL公司的AT6224大容量数据存储卡。在IC卡智能燃气表的控制软件中设计了软件密钥，进行两次密码核对，并具备对阀门开关、窃气、泄露和更换电池等状态信息给予记录的功能。

五、应用成果

银川市天然气计算机售气管理系统自2000年10月正式投入使用以来，系统运行稳定。目前已有数万户市民使用了管道天然气，用户可持卡就近在售气网点购气，非常方便快捷。银川市天然气计算机售气管理系统的投入使用，实现了天然气销售业务的自动化管理，加强了售气业务管理，方便了广大用户使用，取得了令人满意的效果。

IC 卡在工程报建管理领域中的应用

青岛市建设工程服务中心　吕　良　宋岩军　魏红俊

为适应经济发展的需要，加快政府职能转变和行政审批制度改革，一些地市先后成立了工程报建服务大厅。通过集中办公、一站式服务，给报建单位提供了方便，他们不必再往返于各部门办理手续，同时，增强了办公透明度，改善了工作作风。

这种工作模式，在相当程度上减轻了报建单位的负担，但由于窗口间彼此相互独立，缺乏必要的联动和信息的共享，因此仍存在以下问题：

1．报建单位提交资料多，每到一个窗口都要提交厚厚的一摞资料，包括各类表格、附件、证明、通知；

2．报建单位查询难，他们需不断地携带相关的资料到每一个窗口进行查询；

3．工作人员重复性审核多，工作量大，效率低；

4．窗口提供的数据出入较大，缺乏准确性、一致性，给统计工作带来了困难；

5．企业人员变更频繁，报建人员身份辨认难，给窗口工作人员带来了压力和不便。

一、IC 卡在建设领域中的应用情况

目前，IC 卡技术较为成熟，能存储、转载、传递和处理数据，主要具有以下优点：

1．存储方便、安全：不同的卡片可以存储几十到几兆字节不等，与磁卡、磁盘相比抗磁性好，数据不易损坏；

2．体积小而轻，便于携带；

3．良好的保密性能：可对其进行加密、解密，卡内信息加密后不可复制，安全性高；

4．对硬件配置的要求较低：IC 卡安全可靠，对网络的实时性、敏感性要求降低，有利于在网络质量不高的环境中运用；

5．可以在 IC 卡上印刷各种精美的图案。

技术上的成熟使 IC 卡已经得到广泛的应用，如交通管理、医疗、保险、身份证、电话付费等；在城市建设方面，有公交 IC 乘车卡、自来水 IC 卡、煤制气 IC 卡以及电话 IC 卡。目前，建设部发布了行业标准《建设事业 IC 卡应用技术》，旨在加强、规范和指导 IC 卡的应用。作为电子信息技术的组成部分，IC 卡技术和产品，是推进行业信息化的重要手段和应用方向。因此，IC 卡在建设领域中的推广和使用是一种必然的趋势。

二、IC 卡在工程报建领域中的应用与实现

1．结合工程报建流程，引入 IC 卡技术

工程报建手续多，提交资料多，较为繁琐，但通过分析，可以找到一个较为清晰的工作流程。按照这一流程，可将窗口的工作人员有机地联系在一起，彼此制约，彼此联动，以计算

机、网络技术为支撑，将IC卡技术引入工程报建，用IC卡来替代重复性提交的资料、相关的证明等，从而解决提交资料多、报建难等问题。

2．基本思路与开发步骤

基本思路：

一个报建单位一张卡，卡中存有单位的身份信息等数据。通过刷卡，可获取该单位的单位信息、工程概况、工程办理的进展程度等信息。卡既可以是企业的电子身份证，又是进入查询的电子钥匙。

开发步骤：

（1）剔除重复性手续，找出一条清晰的报建流程。

经过对每一个报建环节进行分析，确定需要提交的资料，理顺彼此之间的联系，明确工程报建流程：工程报建→勘察、设计合同备案→招标单位资格审核→施工、监理合同备案→城建档案合同→综合收费→质量监督登记注册、建筑工程安全报监（二者可同时进行）→施工许可证→工程竣工验收备案。在整个报建流程中，前后报建手续既互相联系，又彼此制约。办理前项报建手续时提交的资料，在办理后项手续时，便不需再提交；未经办理前项手续，将无法办理后项手续。报建单位在领取IC卡后，既可持卡按报建流程进行报建，又可查阅工程报建进展情况、已提交资料的详细情况。

（2）进行可行性分析、选择运行平台。

经过可行性分析，可以看出：在工程报建领域中，将IC卡技术应用到工程报建流程中，技术上是可行的。系统可采用客户/服务器工作模式，客户端采用windows98（或win 2000、win NT）操作系统，服务器端采用WINDOWS 2000 SERVER操作系统。

（3）确定IC卡的类别、型号。

从使用方式可分为接触式和非接触式；从功能上分为存储器卡、带加密逻辑存储器卡、和CPU智能卡。考虑到经济成本和使用环境的要求，使用接触式IC卡、RD通用接触式读写器即可。我们采用SLE 4442型，该型号的IC卡带写保护和密码保护功能。

（4）进行系统的可靠性、安全性分析。

基于以下五点，我们认为系统是可靠、安全的。

A．采用WINDOWS 2000 SERVER平台，可保证数据、文件传输的可靠性；

B．数据采集、编辑都统一使用客户/服务器方式，数据的实时性和惟一性有技术上的保障，在数据更新时可通过算法保障数据修改的一致性；

C．IC卡与数据库的一致性及安全性卡上关键数据采用数据加密方式，可有效的防止IC卡的复制。通过软件，监控IC卡信息的读取与写入，任何一部分出现问题都将给予提示，避免错误的发生；

D．采用虚拟局域网（VLAN）服务和防火墙技术。将系统的所有服务器都建立在虚拟子网内，用防火墙与外网隔离，只允许安全的网络协议通过，如HTTP协议等，其他如FTP、TELNET协议限制执行；

E．计算机病毒的防治，主要在服务器上采用硬件和软件进行防范。

（5）完成网络建设。

为了将各个报建窗口通过网络连接起来，需采用交换机、服务器、网卡等硬件设施，构建大厅的局域网。由于报建系统需要同上级主管部门联接以及考虑到我们正在计划实施的网上审批，应采用光纤或 ADSL 上网，需另外购买路由器、防火墙等网络设备（如图 1 所示）。

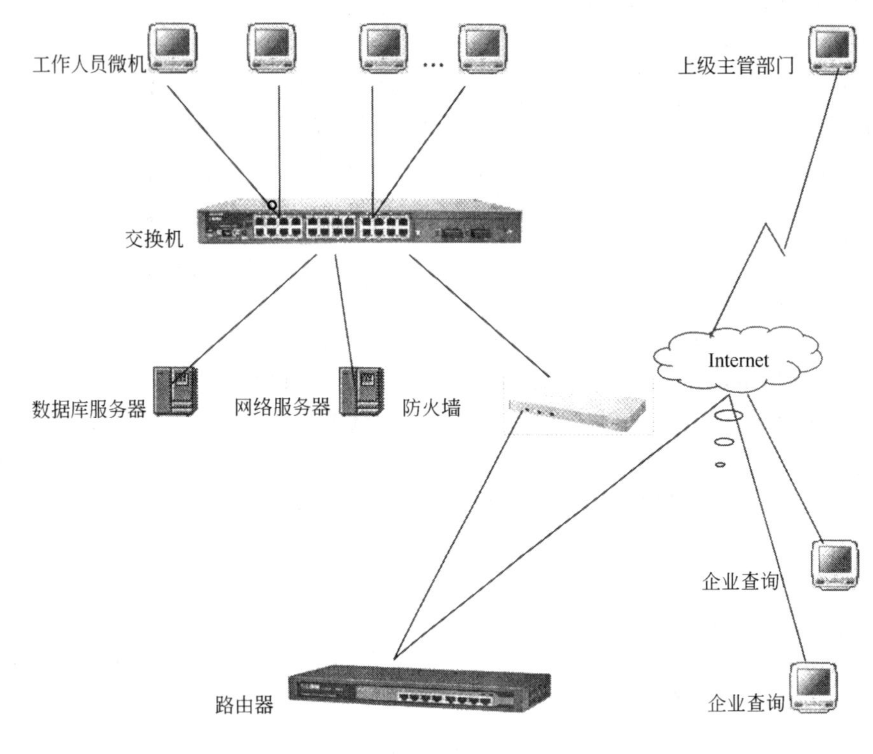

图 1　网络拓扑图

(6) 软件的编写、修改和调试。

项目主要利用网络技术、数据库技术及 IC 卡技术，完成报建系统和工程报建信息库的建立，实现卡式服务。

技术路线：面向对象设计；模块化设计；功能一体化设计。

A. 采用数据库技术，开发客户/服务器的多层数据库。

B. 采用 IC 卡和加密技术，保证数据的保密性和卡中信息的惟一性。

C. 采用 WEB 数据库等技术，实现网上查询与审批。

(7) 项目主要内容：

A. 数据库的建立：包括各业务窗口的数据、规划许可证、施工许可证图像。

B. IC 卡操作，实现对 IC 卡的读写操作。

C. 统计分析，对各类工程报建数据进行统计分析，以 3D 饼图、直方图等多种方式输出。

D. 实现工程报建的查询功能，建设单位通过一张卡，就可读出该单位的所有报建信息；网络服务，实现网上查询、网上报建。

软件完成后，进行调试、修改和使用。

3. 系统在工程报建中的应用

使用 IC 卡后的报建程序可简化为：

(1) 工作人员启动系统并将 IC 卡插入读写器，读取卡中信息，经检验卡的型号、工作人员编码以及登录密码符合要求后,进入系统。窗口工作人员有不同的授权,都可进行全面查询,但只能修改、操作本窗口的工作数据。

(2) 报建单位每到一个窗口,先将 IC 卡插入读写器中,工作人员通过读卡操作,读取信息,进行解密,并与服务器中报建单位的身份数据进行比较,正确后,该单位的全部信息通过网络传递到相应窗口。工作人员结合查询的数据资料,进行审批,并将重要文件扫描,存入数据库。

三、在工程报建领域中应用 IC 卡的意义

工程报建管理领域中,审批环节多,手续繁琐,提交资料多,在该领域中,引入 IC 卡技术,将有效的提高办事效率,提高审批透明度,最大限度地减少办事环节,降低工程报建的复杂性和繁琐性,方便企业办事,具体如下:

1. IC 卡内部有 RAM(或 EPROM、EEPROM),可以存储数据,因此,可减少信息的输入量,降低工作人员的工作量,提高工作效率。

2. IC 卡携带方便,报建单位不再需要携带重复性资料以及其他相关的证明,就可办理报建手续、进行信息查询,可方便报建单位办事,使其有更多的时间考虑今后的发展。

3. IC 卡保密性强,建设领域中,企业人员变更频繁,使用 IC 卡可有效保证单位信息的保密性,只有本单位的人员才能查到本单位的内部信息,如报建工程、工程进展情况。

4. 使用 IC 卡,将大厅各个窗口有机地联结,进行信息共享,可保证信息的一致性和准确性;从另一方面,窗口间相互监督,可形成一种无形的约束机制,进一步实现政务管理的公开化,有效杜绝消极腐败现象的滋生。

四、结论

综上所述,在工程报建管理领域中利用现代化平台,引入 IC 卡技术,使工程报建由一站式向一卡式发展,不仅是政府职能转变和行政审批制度改革的进一步延伸与发展,政府实施电子政务的一个重要体现,具有深远的社会效益和经济效益。

IC 卡燃气表应用探讨

郑州市燃气监测中心　胡绪美　邓立三

一、推广 IC 卡技术的意义

随着世界计算机技术和信息技术的发展，全球的信息时代已来临，各国都在高科技领域制订适合自己的发展道路，我国政府正在致力于国民经济信息化的建设，以“金卡工程”为代表的信息化应用工程使我们加速向全球经济一体化迈进。

作为金卡工程的代表，IC 技术无疑是当今世界最优秀应用技术。它从早期的投币式，过渡到磁卡式，直到现在的 IC 卡式。IC 卡即智能卡，又称集成电路卡，它将一个集成电路芯片镶嵌于塑料基片中，封装成卡的形式，其外形与覆盖磁条的磁卡相似，开发 IC 卡技术的主要目的是实现现金支付和存兑的电子化、减少现金的流通量、实现电子商务、实现公用事业预付费等。IC 卡的概念是 20 世纪 70 年代初提出来的，最初应用于金融、交通、医疗、身份证明等多个行业，它将微电子技术和计算机技术结合在一起，大大提高了人们生活和工作的现代化程度。后来，IC 卡技术的应用逐步拓展，由过去的金融卡发展到今天的非金融卡，如各种事务管理、安全管理、职工考勤、水电气的预付费等，其影响是前所未有的，全球发卡数量超过 10 亿张，我国也已超过 1 亿张。

IC 卡燃气表是近十几年发展起来的新型燃气表，一般由计量传感器电路、微功耗单片机、微功耗阀门、电压测试电路、防窃气电路、流量监测等部分组成。具有精确记数功能、功能卡传输媒介功能、阀门自动处理功能、非法操作处理功能、欠压处理功能、掉电处理功能、数据下载功能、数据显示与声音提示功能等。经过广大 IC 卡生产厂家多年的技术改进和革新，IC 卡技术日益成熟，应用也越来越普及。IC 卡燃气表基本解决了气费收费难的问题，同时，随着时代的进步、居民民主意识的增强、生活水平的提高，也要求改变过去落后的上门抄表收费问题，IC 卡技术的推广应用，从根本上解决了上述问题，兼顾了企业和用户的利益。对燃气企业来说：一是解决了入户抄表难的问题；二是解决了催费收费难的问题；三是解决了企业和用户的纠纷问题。对用户来说：一是消除了抄表人员的打扰和时间预约问题；二是用气自由；三是消除了地方性收费方式的约束限制。既方便了用户，也减轻了企业负担和诸多难题，简化了操作程序，促进了社会发展，提高了人民群众的生活质量，降低了企业的经济成本，IC 卡燃气表是今后的发展方向。

二、IC 燃气表技术状况分析

虽然 IC 卡燃气表具有一系列优点，解决了许多实际问题，但是，IC 卡燃气表的发展并不顺利，一些早期使用 IC 卡燃气表的燃气企业，由于产品质量不过关，给企业带来了巨大的经济损失，计量输差几乎全部由此产生，也使得多数燃气公司对此望而却步，或心有余悸；也造成多数 IC 卡表生产单位步履维艰，四面楚歌。

目前，国内 IC 卡燃气表生产厂家较多，估计将超过 100 家，生产规模大小不一，产品质量参差不齐，技术水平和研究方向也存在较大差异。因此，在选用过程中，燃气企业必须选择适合当地使用的、具有先进技术性能的 IC 卡燃气表，同时必须综合考虑仪表的技术指标、安全性能、售后服务等因素，否则，可能因选型不当，仪表故障率高而造成较大经济损失。

国家建设部为加强 IC 卡技术的应用管理，促进建设事业 IC 卡应用工作健康、规范、有序、安全、高效地发展，归口领导 IC 卡应用试点及推广，制订全国建设事业 IC 卡应用的总体规划和政策法规，特成立建设部 IC 卡应用管理领导小组，对全国建设事业 IC 卡应用工作实行归口管理，建设部 IC 卡应用管理领导小组办公室（简称 IC 卡办）负责日常管理工作。

为加强 IC 卡燃气表的质量管理、统一标准，提高燃气行业经营管理水平，促进燃气收费系统的现代化管理，国家也制定了相应的行业标准，即 CJ/T 112—2000《IC 卡家用模式燃气表》，它是在 GB/T 6968—1997《模式煤气表》的基础上，增加了预付费控制器有关技术要求，并遵循有关电子产品的标准要求。

作为新技术的推广，不同厂家的 IC 卡燃气表技术是存在较大差异的，大家工作的重点都是致力于解决智能卡的安全问题，其方案千差万别，但是，问题的有效解决无疑是产品成熟的主要标志。IC 卡技术 需要解决的主要技术问题：

1. 影响 IC 卡安全的基本问题

(1) 智能卡和接口设备之间的信息交换：这些信息可以被截取分析，从而可被复制或插入假信号；

(2) 伪造智能卡的出现：伪造智能卡与接口设备之间的信息，使接口设备无法判断出是合法的还是伪造的；

(3) 操作人员的作弊行为：私下的泄露密钥和人为非法修改信息等；

(4) 用户的非法攻击：通过各种手段对设备的关键部位进行攻击。

2. 安全措施

(1) 对持卡人、卡、接口设备的合法性互相检验；

(2) 重要数据加密后传送；

(3) 检验数据的完整性；

(4) 卡和接口设备中设置安全区，对于任何不合规范的操作，将自动禁止卡的进一步操作；

(5) 操作人员的责任与道德规范；

(6)设置黑名单。

3. 密钥与认证

对持卡人、卡、接口设备之间的相互认证以及数据的加密，均可采用 DES 和 RSA 两种密码算法中的一种；与加密有关的还有解密和密钥管理（密钥的生成、分配、保管、销毁等）；对传输的信息进行加密，以防被窃取、更改；对存储的信息进行加密保护，使得只有掌握密钥的人才可以读取信息。

为防止信息被篡改、伪造或过后否认，对传输的信息进行加密认证是必要的。

以上讨论的问题是在接口设备完整、成熟、具有强大的抗攻击性能的前提下进行的，设备自身的技术落后、设计缺陷或器件失效等引起的一系列问题除外。

IC 卡燃气表的硬件部分包括：

(1) 基表：燃气流量的原始计量；

(2) 控制阀：通过信号控制阀门的关闭与开启；

(3) 控制器：包括 CPU、读写卡接口、显示、计数等辅助部件，是 IC 卡燃气表的核心设备，具有控制、显示、报警等功能；

(4) IC 卡卡片：记录购气量，传递数据信息；

(5) 销售管理系统：包括计算机、打印机、读写卡器、系统软件、应用软件等，是必不可少的部分，完整的售气管理系统可以实现交费售气管理、数据查询、用户管理等；

(6) IC 卡卡片作为信息载体，通过 IC 卡实现信息传递，使用户现场的 IC 卡燃气表同燃气公司的 IC 卡燃气表销售管理系统建立联系，实现燃气使用的预付费管理，控制器通过对基表的流量信号检测，来控制阀门的动作，以达到燃气用户预付费使用天然气的目的。

以下是典型 IC 卡燃气表工作原理图(图 1)。

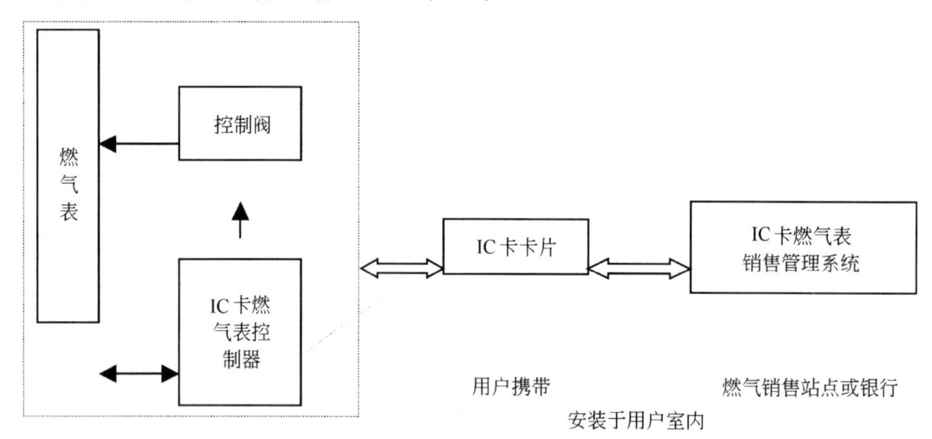

图 1　IC 卡燃气表系统工作原理图

三、实际使用中存在的问题

IC 卡燃气表在我公司使用已有 6 年的时间，到目前为止，IC 卡用户超过到 6 万户。在使用的初期，由于存在一系列问题，如：控制器计数乱码、电磁阀失控、无法输气、传感器存在较大误差、电池失效、元器件故障率高等问题，以及在管理上存在的一些漏洞，使得 IC 卡技术应用之初便出师不利，为公司工程安装和燃气销售带来一定的工作负荷和难度。当然，随着时间的推移，技术的进步，产品质量的提高，售后服务的完善，许多问题大都已解决。目前，我们认为，以下几个问题是当前 IC 卡燃气表中普遍存在的问题。

1. 兼容问题

目前，在全市数万 IC 卡用户中，我们所使用的 IC 卡燃气表有两家，但由于两家的 IC 卡售气系统不兼容，造成日常管理较为混乱，重复设置销售网点，居民用户有时不了解情况，常常感到购气不方便，因此，我们一直建议两家能够实现互相兼容，方便用户。

2. 电池问题

由于 IC 卡燃气表安装位置不好，一般处于高温高湿环境中，一般电池自然漏电严重，常常造成电解液腐蚀电路板和电子元件，影响仪表正常工作，同时也影响用户的正常用气。

3. 阀门问题

阀门是控制仪表的关键部件,但是,阀门的内漏、失灵、功耗大,易引起仪表出现故障,受到外界攻击,使仪表无法正常工作,这是IC卡燃气表的一个薄弱环节。

4. 攻击性问题

由于IC卡表具有预付费的优点,可以免去入户抄表。但是,不排除一些用户会对IC卡表进行尝试攻击,以达到不交费的目的,因此,仪表的抗攻击性能显得尤为重要。我们在对仪表检测时,非常重视对抗攻击性能的测试,保证燃气公司利益不受侵害。

5. 卡片发放管理问题

卡片的制造、发放、管理、服务等一系列工作,关系到燃气企业的经济利益,必须严格管理,尤其对生产卡、清零卡、测试卡等非用户卡的管理,关系到仪表生产厂家和燃气销售单位、仪表检测单位的管理。易存在一定漏洞,需严格管理。

6. 系统安全性问题

IC卡表除了抗攻击性问题的物理安全性之外,还有其他逻辑安全性问题,如工作人员的素质和安全意识,密码密钥管理的安全等。

7. 一卡多用问题

现在,许多城市都在开展"一卡通"、"金卡工程"等工作,就是希望有一张IC卡就可以办完所有的事,因此,不但要做到同一种IC卡表之间能互相使用,还要做到不同厂家IC卡表之间通用,以及水、电、气、暖、公交、电信等等都可以互相通用,真正实现"一卡通"。

四、发展趋势与我们的对策

目前,IC卡表在我国的应用还处于初级阶段,但是,随着国家"金卡工程"的全面开展,IC卡应用领域迅速扩大,各行各业独自发卡的情况越来越多,彼此自成系统互不通用(包括卡和读写卡器),同时持卡人手中的各种卡也越来越多,产生诸多不便,也造成大量资源浪费,因此,未来的发展趋势将是"一卡多用",像计算机一样普及到千家万户,统一协议,资源共享,互通互联。

当然,一卡多用要涉及不同部门、不同行业之间的合作和利益分配问题,因此协调与管理更加重要,实现一卡多用、一卡通用一定要通过国家IC卡办和各级地方政府主管部门的积极参与和领导,组织协调这一宏伟的系统工程,到那时,IC卡燃气表才会真正得到飞速发展。

针对我们燃气行业,IC卡燃气表的使用时间还不太长,今后还有更长的路要走,我们必须扬长避短,不断开拓进取,加快科技进步和技术革新,对目前存在的各种问题,进行分析研究,制定长远规划,坚定不移地支持IC卡新技术、新工艺的应用推广工作。我们不能因为暂时的困难和挫折就放弃对先进科技的追求,不能因为现在的缺陷而阻止IC卡技术的发展。IC卡表是当前的新生事物,是技术进步的具体体现,当然,此类仪表尽管还存在这样那样的缺点、问题,但是,并不影响它的普及应用,相信在未来的时间里,IC卡燃气表会克服其缺陷,像普通家用煤气表一样,进入千家万户。

卡式水表及应用浅谈

北京市自来水集团京兆水表有限责任公司　何满汉

随着城市供水事业的不断发展和查表到户工程的不断推进，以及国家"金卡工程"的不断发展，卡式水表也随之诞生了。目前社会上广泛流行的卡式水表有：非智能型存储卡和逻辑加密卡水表，个别厂家也开发研制了智能卡水表。而这些产品通常被人们通称为" IC卡水表"。为改变传统的查表收费方式，一些城市供水企业已开始研究小规模试用并逐步推广应用各种形式的" IC卡水表"。

本文根据目前卡式水表现状，以及我公司多年研制" IC卡水表"的经验，就" IC卡水表"作一浅谈，仅供参考。

一、问题的提出

随着改革开放和社会主义市场经济的不断发展，国家"金卡工程"的不断推进，传统的用水观念发生了很大改变，同时也对供水企业的服务质量提出了更高的要求。如何实现既不扰民，又能保证查表到户和供水企业能按时、准确回收水费，为用户提供更完善的服务，成了各供水企业亟待解决的问题。于是供水企业和商家都想到了卡式水表。

应用卡式水表所要达到的目的是：建立安全、可靠、准确、方便用户的城市供水收费系统。而要达此目的，决非单靠卡式水表就能解决的，这就要求我们对IC卡和卡式水表系统的概念有深入的了解。目前应用的IC卡包括：非智能型存储卡、逻辑加密卡、智能卡；卡式表系统从功能上划分包括：密钥管理系统、开户发卡系统、卡表终端子系统、用户信息管理子系统和运营管理子系统等五个子系统。

二、金卡工程简介

"金卡工程"是1993年提出的，是以计算机、通信等现代化科学技术为基础，通过计算机网络系统，并以银行卡为介质，用电子信息转账形式实现货币流通，跨系统和跨地区的社会系统工程。

国家对"金卡工程"的实施，明确提出要以"高起点、高标准、规范化、国际化"为指导方针，坚持"产业结合，近远期结合"的原则，强调"统筹兼顾、重点突破、逐步推广、整体普及"。国务院办公会议批准的"金卡工程总体方案"中明确强调：我国的金融交易卡"从防伪及技术发展考虑，以IC卡为主。"的指导思想，同时强调"鉴于智能卡的优越性，应注意向智能卡方向引导"，"争取较多的业务项目应用智能卡，并做好向智能卡全面过渡的准备。"

随着"金卡工程"的逐步实施，影响和改变着各行各业及人们的传统观念，未来将是"一卡在手，走遍天下"。

三、IC 卡知识

非智能型存储卡、逻辑加密卡、智能卡，这三种卡虽然统称为 IC 卡。但在技术成分、安全性、可靠性、可维护性、可兼容性、可扩展性及金融系统的可支持性上有着本质上的区别和差异。

1. 存储卡和逻辑加密卡属非智能 IC 卡技术与智能卡技术相比较存在较大的技术隐患

(1) 非智能 IC 卡安全性较差。甚至没有任何安全保护，卡内数据与卡式水表内的数据很容易被篡改和伪造。

非智能 IC 卡表无法解决研制单位和使用单位的安全脱钩技术问题。使用单位的卡表安全从技术上无法脱离对研制单位的依赖(即：研制单位根本不能把钥匙完全彻底地交给使用单位)这将有可能给应用部门的经济利益造成极大的威胁。

由于上述原因，最终可能造成水费的严重流失，使设备形同虚设。

(2) 非智能 IC 卡读写可靠性较差。其自身无法判断卡内的数据的读写和存储是否正确，在用户插拔卡不规范或其他不确定因素下可能造成数据混乱，造成不必要的用户纠纷和较大量的维护工作。

(3) 非智能 IC 卡可兼容性和可扩展性差。其技术平台是限于某个半导体厂商的特定型号的半导体芯片技术，同一厂商的不同型号的芯片技术也互不兼容，不同厂商的芯片技术更是互不兼容。这就使得非智能 IC 卡表技术只能局限于某个半导体厂商的特定型号的半导体芯片技术。而从当前国际 IC 卡技术发展趋势看，非智能 IC 卡技术产品的生产已趋于萎缩，一旦该厂商停止生产该种产品，将给应用单位造成严重的经济损失。

2. 智能卡

智能卡是一种智能型的 IC 卡，又称 CPU 卡或微处理器卡、智慧卡。

智能卡芯片具有微型计算机软硬件配置，如：CPU、RAM、ROM、EEPROM、COS 操作系统，同时还具有用于信息安全保护的加密器、随机数发生器及物理攻击自毁电路。而非智能 IC 卡的芯片上只有一个简单的存储器逻辑电路。因此，从可靠性和安全性而言，智能卡具有天生的优势。

智能卡芯片内的物理资源由储存在 ROM 内的芯片操作系统(COS)来进行统一管理和调度，我们可以根据具体的应用要求设计卡片的应用规则和规范，建立卡片的安全系统，并通过芯片操作系统实现智能卡的具体应用功能。因而，智能卡具有灵活性较强的、开放式的应用设计平台。智能卡芯片操作系统包括四大功能：

(1) 卡片与外界通讯管理—负责外界卡终端和卡片的通讯协议处理、通讯检错处理和纠错处理，保证卡片读写传输数据正确可靠；

(2) 信息存储文件管理—为用户提供灵活、方便、多种格式的信息存储文件管理，以适应多种应用需求；

(3) 信息使用安全管理——使应用单位可以根据自身应用需求对卡内信息进行灵活的权限分割、权限设置和权限认证设计，从而建立信息防火墙，抵御外界逻辑攻击；

(4) 命令解释执行管理——为应用设计能实现提供驱动管道。

国内外目前有大量的智能卡技术标准和应用规范，包括国际通用标 ISO7816、欧洲 EMV 标准、中国人民银行金融卡标准、中国建设部 IC 卡应用技术规范等。这些技术标准和应用规范为智能卡推广和应用的通用性、兼容性、可扩展性提供了必要的技术保证和依据。因此，智能卡在我国及世界已逐步成为主流被广泛应用，如：中国人民银行金融卡、国家金税工程—增值税发票防伪税控系统、海关总署加工贸易异地备案报关智能卡管理系统、北京市智能卡电表预付费系统、北京市交通违规处理智能卡管理系统等。

3. TM 卡

TM 卡是美国达拉斯（DALLAS）公司生产的产品，其工作原理与 IC 卡没有本质其别，只是外形和读卡机具的不同。有存储卡、逻辑加密卡。存储卡和逻辑加密卡在饭店门锁上应用较多，其他行业也有应用。由于目前世界上只有美国达拉斯（DALLAS）公司生产这一产品，尚无国际通用标准，应用单位必须依靠该公司的技术平台，进行应用开发，应此在应用上有较大的局限性。我国金融机构尚未对 TM 卡进行认证，而我国金融机构已对 10～12 家 IC 卡中的智能卡产品进行了认证，并已在我国被广泛推广应用。

四、卡式水表系统

卡式水表的技术应用是一项基于卡应用技术平台建立起来的科学技术系统的应用，是一项系统工程。

在卡式水表应用过程中首先应考虑系统的最终目的，包括系统规模、安全性、可靠性、可维护性、可扩展性、通用性和兼容性。依据上述条件认真选择卡的类型。最后是选择经济适用的表具。

1. 应用系统的建立和选型

卡式水表应用系统从功能上分为五个子系统：密钥管理系统、开户发卡和售水管理子系统、卡表终端子系统、用户信息管理系统和运营管理系统。

城市卡式水表应用系统包括：计算机、服务器、卡、POS 机、卡表、通信网络（DDN/X.25/F.R）及设备应用系统程序软件等。

物业小区卡式水表应用系统包括：计算机、POS 机、卡和卡表等。

由于各地供水行业的具体情况的不同，为避免盲目上项目带来不必要的经济损失，在应用卡式水表和系统建立时，主要应注意以下工作：

（1）可行性研究和论证；

（2）进行业务管理调研分析，规范业务管理模式，制订应用标准和技术规范，提出技术总体方案；

（3）建立供水企业内部信息系统，为项目实施提供后台管理技术平台；

（4）商榷与代理银行的合作模式和技术接口；

（5）确定试点地区和方案，提出试点管理规范；

（6）建立供水企业内部密钥管理系统，生成总控密钥，发行总控卡；配置应用种子密钥并生成密钥母卡；

（7）进行前期试点实施工作，总结试点经验，不断完善系统和管理规范；

（8）根据试点实施情况和技术成熟情况，决定试点推广工作安排。

在项目选型时应注意到：

（1）选择符合多项国内外技术标准和应用规范，特别是国际通用标准 ISO7816、欧洲 EMV 标准、中国人民银行金融卡标准、建设部 IC 卡应用技术规范，并符合统一规划要求，支持统一技术平台，从而保证系统安全可靠、通用性和兼容性强，易于推广、扩展和升级(应特别注意物业小区系统向城市系统的升级)；

(2) 整个系统应始终只受控于供水企业，具有极高的安全性，从而保证供水企业和用户的利益不受损害；

(3) 采用银行交易标准技术，保证购水数据安全可靠，支持多种售水模式和一卡多表、一卡多用，方便用户，提高服务水平；

(4) 便于供水企业加强运营管理，提高管理水平，并为科学决策提供依据；

(5) 系统维护方便，以及后期应用维护费用低。

2. 卡式水表的选型

卡式水表的构成主要分为以下几部分：基表、数据传感器、控制阀门、控制器(包括：控制电路、液晶显示屏、卡座、电池)等。在卡式水表(以下简称：机具)选型的过程中主要应从以下几方面考虑：

(1) 机具所采用的卡型是否符合系统要求和相关技术标准和应用规范；

(2) 基表是否计量准确、可靠；

(3) 数据传感器的数据传输是否可靠，基表和控制器之间数据是否准确无误；

(4) 阀门和基表造成的水头损失不应过大，要符合相关标准和技术规范；

(5) 阀门开合是否可靠；

(6) 控制电路和机具整体的抗干扰性、抗攻击性和抗入侵性是否良好；

(7) 发生不规范插拔卡时是否会发生据数丢失，或造成数据混乱；

(8) 能否配合系统的升级和扩展；

(9) 机具的整体功耗是否小；

(10) 机具的可维护性是否良好。

五、卡式表具的发展趋势展望

随着国家“金卡工程”和“一卡通”的不断推进，各行各业对 IC 卡，特别是“智能卡”的认识也不断深入。由于“智能卡”有着先天的优势，具有较强大的功能和安全性、可靠性、可扩展性、通用性、兼容性。因此已被更广泛地应用，并成为主流。而其他形式的 IC 卡，因其本身的局限性(如：安全性较差、可靠性较差、可兼容性和可扩展性差、以及应用单位始终不能完全摆脱对生产厂家的依赖，容易造成垄断、并将给从实验区向大规模应用升级造成困难，甚至造成不必要的经济损失)，已呈现出萎缩的趋势。可以相信通过各行各业的不懈努力，以及政府的协调，在不远的将来我们会看到市民手持一张“智能卡”完成各种金融交易和交纳各种费用。

参 考 文 献

[1] 《IC 卡的技术与应用》，电子工业出版社

[2] 《智能卡水表预付费系统城市解决总体方案》，北京市自来水集团有限责任公司水表厂

[3] 《 IC 卡冷水水表》，北京市自来水集团有限责任公司水表厂企业标准

探索建设事业IC卡可持续性发展的途径

武汉市公共交通票务管理有限公司　刘世杰

武汉市公交IC卡三年来在建设部建办[1999]65号文的指导下，其总体规划应用于公交行业，逐步扩大到本市的小额消费领域，其技术类型和相关产品均符合国家标准（或国际标准），在管理上按照国家对金卡工程提出的“五个统一”的原则，根据本地的实际应用需求，在安全、可靠、稳定的前提下，编制适合本行业需求的系统应用软件，已形成一定规模的公交IC卡收费系统。

一、武汉公交非接触式IC卡收费系统稳步发展，初显成效

1．实施一卡通目标，一个机构两块牌子

公共交通实行非接触式IC卡收费，是武汉公交推出无人售票以后，应用高科技对公交服务方式进行的重大改革，市政府有关部门从组织机构、设备选型、服务措施和发展策略上都作了认真的部署，保证了整个系统稳步发展，取得了初步成效。IC卡收费系统的实施是一个多项高新技术应用一体化的系统工程，技术性强，涉及诸多因素和相关部门。为实施公交非接触式IC卡收费管理工程，由市公用局牵头，于1999年4月，负责整个IC卡项目的实施和应用。其职能是策划、设计、制作、发卡、结算、管理、监督，即实行：统一规划、统一标准、统一制造、统一发卡、统一管理，实施行业归口管理与监督。为今后更好的经营和管理该系统，由公汽总公司、电车公司、出租公司、轮渡公司参股，于同年9月成立了武汉市公共票务管理有限公司（公汽总公司45%、电车30%、轮渡15%、出租10%）。“票务管理中心”与“票务管理公司”是两块牌子一套班子。“管理中心”是按建设部金卡工程“五个统一”的要求行使政府管理职能，而“票务管理有限公司”则负责IC卡整体系统硬件的招标、选型，软件编程的必备功能设定，建成后系统的整体管理，售卡、充值与公交企业的结算，实施为市民服务的具体各项工作。

2．开发应用先进科技，确保整体系统功能完备

我们依据多年对公交营运管理的经验，结合我国城市公交营运管理的实际情况，由武汉市公用电子工程公司专门研制并生产了城市公交非接触式IC卡收费管理系统。该系统采用非接触式IC卡及其相应的读写设备，大型数据库及公交营运管理系统软件完成对公交营运的售票、验票、运营数据收集处理，在中信银行的合作和支持下，与银行联网完成结算等工作，在硬件方面采用了90年代最先进的非接触式IC卡技术，其中涉及非接触式IC卡读写控制技术、非接触式IC卡芯片封装及制卡技术、读写天线设计技术、数据加密技术、数据库管理技术、数据传输技术及车载电源技术等。

在软件方面采用微软公司的Windows NT Server 4.0作为运行平台，用双服务器配置冗余磁盘阵列为系统提供完全、可靠的运行环境，采用微软公司的Windows SQL Server 7.0

作为后台数据库的管理系统，不仅具有安全便捷的数据管理能力和高效的数据处理能力，还具有强大的数据复制能力（包括与异种数据库互连），方便与银行等单位交换数据，系统采用Inprise公司的Delphi5.0作为前台开发工具，界面友好，编程快捷，与SQL Server连接平滑，系统所有工作站采用微软公司最新的Windows98作为运行平台。

系统技术上采用射频技术与IC卡技术相结合，非接触式智能卡MIFARE标准，1024 bytes/384位，RF信号频率13.56MHz，读写速度小于100ms/次，天线使用绕制。车载收费机读写时间：<0.5秒；使用环境-20～65℃；储存环境-30～80℃；平均功耗<8W；输入电压5～40V，并有过压保护；工作频率13.56MHZ；读写有效距离<10cm；读写最大值为800（元），精度0.1（元）；存储记录3000条详细记录；数据传输采用接触式IC卡，符合ISO7816标准；掉电仍能在至少3个月内保持数据完整，标准RS232通信接口便于数据采集；8位超高亮LED显示。

安全管理硬件及卡的通讯采用三重DES加密，密钥管理通过多重安全加密认证，经省市技术监督部门鉴定和检验符合国际标准、国家标准、行业标准，其系统扩展性和安全性有充分保证。这个系统开通后，我们又和中信实业银行联网，与各公交企业实行网上结算，使整个系统功能更加完善。两年来的运行结果证明：目前该系统完全能适应武汉市公交的使用环境。

3. 力求投入最少，力争效果最佳

现在机构是一套班子，两块牌子。行使公交IC卡行业管理职能，该项目的实施按现代化企业运作：四家公交单位。首期投入股资68万元，由票务管理公司在中信银行的支持下给予项目授信贷款700万元开始实施。到项目中期公用局拨款590万元。经过两年多来的建设和稳步发展，初显成效：全市共有208条公共汽（电）车线路，4748辆公交车，7条轮渡航线安装了非接触式IC卡收费机。建成63个车队数据处理、资金结算的电脑终端，建成51个销售充值点，建成管理中心整体电脑数据接收、统计、储存系统。工程总投资1800万元（硬件购置1700万，软件设计费7%），目前每月结算金额1500万，收2%的管理费。

二、目前尚存的问题和解决问题的方法

1. 目前尚存的问题

目前，武汉市以公交IC卡为主体，公用系统小卡种小系统已建成几个：煤气、自来水、路旁停车。应该吸取几年前银行业各商业银行自行发卡，分割使用而造成的资源极大浪费，使用效率不高、群众不方便、维护管理成本居高不下，目前无法继续支撑的教训，应该学习目前银行业以银联为中心，整合资源、统一卡种、一卡多用的有效做法。如果统一起来，政府进行宏观管理微观上需以甲、乙方的关系，或者以合股的形式一块一块地整合，实现公用事业IC卡"一卡多用"，要做好这项工作有一定的难度，需要一段时间完成。今年底武汉市出租车上马了IC卡系统，也是公交IC卡管理公司与各出租车公司按自愿的原则，双方签订协议逐步完成，目前这项工作正在进行中。

2. 跨行业发展必须自律自强

本月底公交IC卡进入饮食行业小额消费、超市小额购物、进公园游玩，引起与中行武汉营业部的商议，两方都感觉到进入了金融管理的空白。自我严格的管理是我们现在的首要工作，要参照金融管理的有关法规、相关的资金管理制度，公用IC卡企业要建立一套全新的

企业规范和管理制度，确保资金运行的安全和信誉。

三、建设事业IC卡可持续发展必须引入经营理念

1. 按市场经济规律实施企业化运作

建设事业IC卡项目在每个城市都有可发展的基础，都关系到市民的衣食住行，市民对IC卡项目实施的反映，比我们原来预期的要好很多。方便、快捷、减少假币造成的损失，使IC卡发展迅速增长。但企业运作要整体考虑，投入、产出的比例关系和周期，开拓和挖掘效益的溢出点，主观的控制好其经营规模和经营方法，要根据其应用模式，研究其相关政策和确定其经营方法，要使社会效益和经济效益在发展中同步增长。

2. 建设事业IC卡的应用模式与经营策略相匹配

"一卡多用"是两个效益同步增长的最大值。公用IC卡在前期本行业的投入是最大值，其边际效益在于扩大使用范围，产出的最大值在边际效益。按市场经济规律有序的发展，充分的利用本行业内已有的资源，整合外延可利用资源，才能使公用事业IC卡可持续发展，社会效益和企业经济效益同步增长，才能使该项目在良性循环中发展。

3. 成功的案例

2001年6月12日国内参考消息刊登驻香港记者赵丹平的文章，题为《小巧神奇的"八达通"》，其中说："八达通"并不单纯把它看作是一项收费系统，而是以公交为基础，作为覆盖整个城市的服务网络来经营的。2001年5月底发卡740万张，日使用量600万次，日均交易额4200万港元，估计存储资金达20多亿港元，清算服务的收费标准为2%～6%，其社会效益和企业效益都达到最佳状态，时隔一年多，一定是比去年更好。

4. 以企业为主体以服务为根本按产业化抓发展

建设事业IC卡的广度可延伸到全国每个城市，其深度牵系每个市民的日常生活。建设事业的企业，国有资产是强大的基础，也是发展IC卡项目的优质资源。每个城市公用事业在建设部的统一领导下，按总原则、总规划逐步发展，对全国来说是一个新型的产业，市民每月必须消费的资金在消费前有一部份会存储在建设事业IC卡中，全国估计会达到100亿以上，甚至更多。如果在国家法规允许的情况下，建设部组织成立建设事业IC卡基金会，可将一部份基金安全、可靠地用于国家各项建设事业的需要中，国外很多行业的基金财团，实际上都是由此形成，建设事业IC卡基金的运作增值会成为该产业一个新的效益增长点。如果目前国家法规允许，一笔不小的资金进入各城市的银行业，对国家的建设发展也会起到很大的作用。我国市民出门带上几张卡，无需带现金的日子几经不远了。如果像发达国家一样，市民出门不需带现金，用几种卡就能完成所有消费，国家银行会增加几千亿的资金流转或储备。

建设事业IC卡应用模式应成为一定区域性的社会化小额消费的服务网络，必须作为一个服务性、企业化的产业来研究制定相关政策和总的发展规划。通过这项产业的发展，可以将全国市民每月必须的可支配收入在消费前集中到各地银行业，与国家、与企业、与市民都有利。

在建设部统一的指导下，通过几年的努力，全国已初具规模的建设事业IC卡系统，要珍惜已投的资源，要开拓，要发展，一要做精，即：按国家或国际标准，引用先进技术，安全、稳定地做好自身工作，建立一套新的管理法规和制度，使用一批高水平的管理人才。二要做强，

即:必须按“五个统一”、“一卡多用”的总原则,做好本行业的各个领域。三要做大,在做好本行业的同时,树立经营理念,将建设事业 IC 卡项目做成国家的一个具有特色的产业,形成全国各区域的社会化的小额消费服务网络,使高新科技的应用转换成先进的生产力,服务于市民,推动社会效益、经济效益,物质文明、精神文明同步提高。利国利民的建设事业 IC 卡一定可持续的发展。

上海市公共交通一卡通系统的建设与发展

上海华虹计通智能卡系统有限公司　徐明

一、引言

上海作为拥有1600万人口的特大型城市,使用公共交通是市民日常出行的主要手段。目前公共交通日平均流量达680多万人次。随着计算机网络技术和智能卡技术的不断发展,为了方便广大市民的出行,提高城市公共交通的服务水平和管理水平,上海市于1999年提出了实施"公共交通一卡通"系统工程的设想。上海公共交通一卡通系统的目标是用三年左右的时间,实现公交、地铁、轮渡、轻轨和出租五大公共交通行业的一卡通用,并建成统一的发卡系统和中央清算系统及相关的计算机网络系统,实现"一卡在手,路路通行"。本文将结合上海公共交通一卡通系统三年多以来建设和运营的实践,介绍公共交通一卡通系统的设计思路、业务流程和运营管理,并简单介绍上海公共交通卡的现状与发展。

二、系统的技术实现

1. 系统的总体架构

上海城市公共交通一卡通系统以中央清算系统为中心,连接公交、地铁、轮渡、轻轨、出租等分系统形成了一个覆盖全市的基于卡业务的计算机网络系统。因而在整个系统的设计结构中,必须条理分明地分成为五个层面,以适应复杂的管理要求。

第一层为中央清算系统;

第二层为公交、地铁、轮渡、轻轨、出租的分系统结算中心或营运公司结算中心;

第三层为各分系统的基层站点(数据采集点)应用系统;

第四层为所有的POS机具(IC卡读写机具);

第五层为消费媒体,即公共交通非接触式IC卡。

图1给出了上海城市公共交通一卡通系统的系统总体框图。

2. 系统的基本设计指标

根据上海市公共交通的现状和未来几年的发展预测,贯彻"实用、可靠、先进、经济"的方针,以应用为导向,推进管理上台阶,按照急用先上,分步到位的原则进行建设;从实际情况出发,以发展需求为依据,总体规划,分步实施,确保系统高度集成、总体优化、安全可靠、稳步推进。在系统进行总体设计时确定的系统基本技术指标为:

(1) 系统容量:中央清算系统在三年后应至少可以存储500万个卡片账户,每天的交易量为500万笔,五年后可以扩展到1000万个卡片账户,每天的交易数量达到600万笔;每笔交易的数据长度为200字节;

(2) 处理能力:中央清算系统可以在5小时内完成500万笔交易的清算,并可扩充到

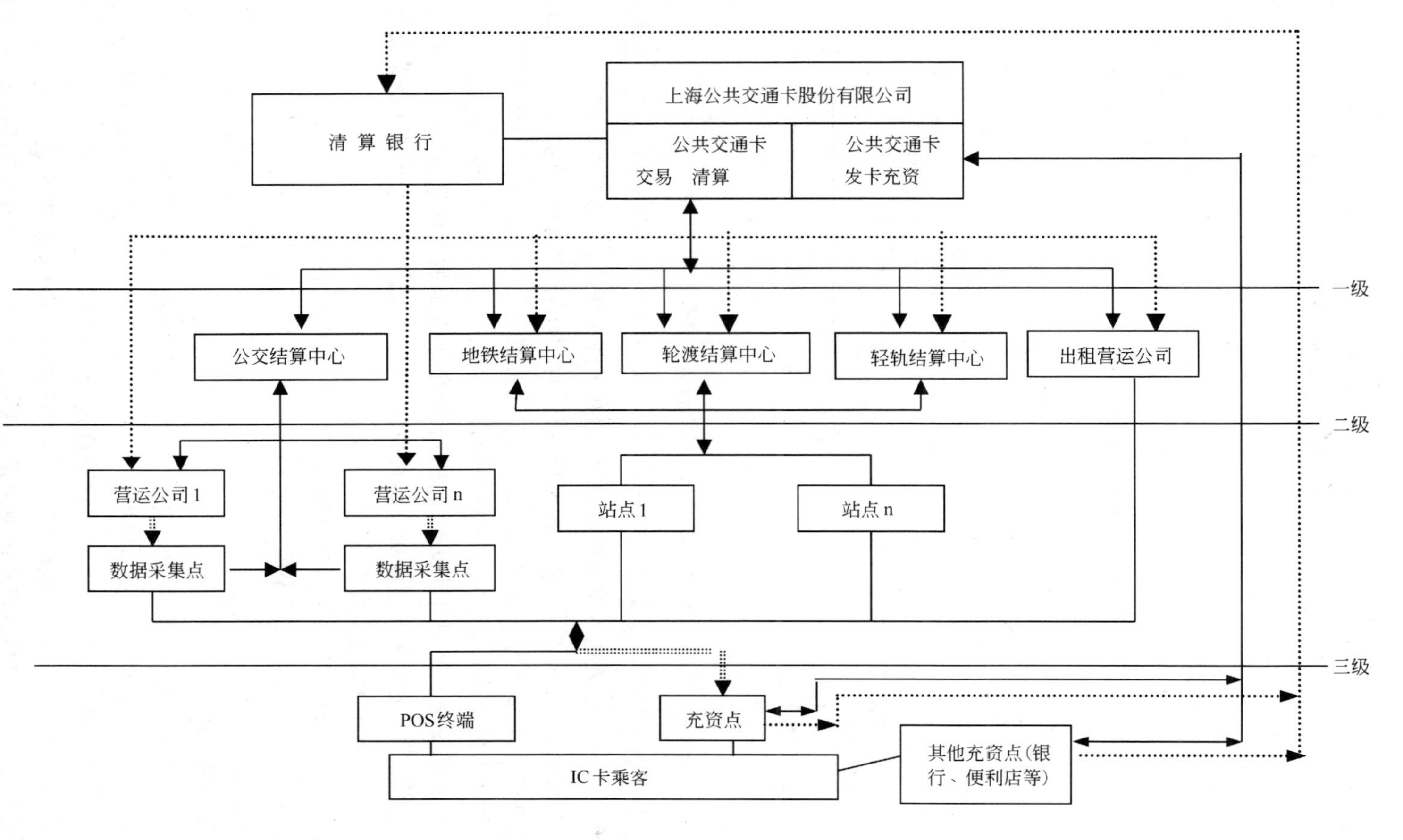

图1　上海城市公共交通IC卡一卡通工程总体方案图
(其中实线为信息流向,虚线为资金流向、双虚线为隶属关系)

600万笔的交易处理能力;

(3) IC卡的相关指标:典型交易时间:完成一次典型的IC卡消费交易的时间小于300毫秒;

使用距离:正常情况下,在距离天线0~80mm的范围内可以正常进行交易;

使用寿命:IC卡的写/擦周期不小于10万次,数据保存时间不小于10年;

3. 主要功能介绍

(1) 发卡中心

发卡中心负责卡片的初始化,包括创建卡片文件结构,更新卡片密钥,加载初始数据等。上海城市交通一卡通系统的发卡中心设在上海东方交通卡股份公司内,由多台先进的自动发卡设备组成。发卡系统的基本功能模块如图2所示。

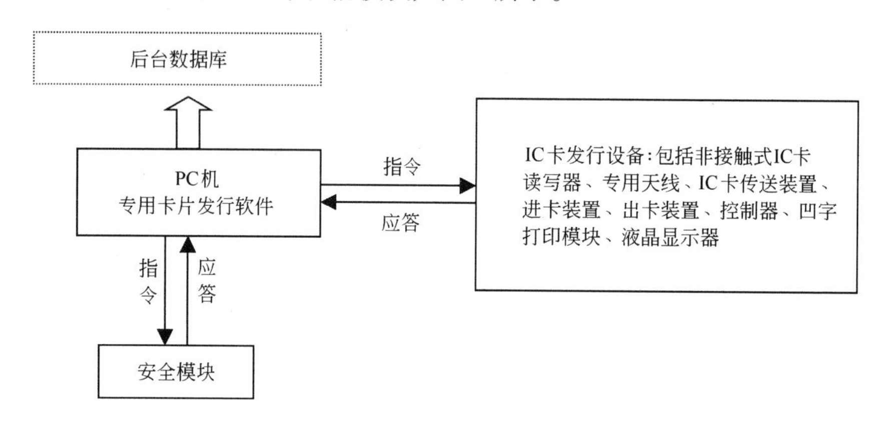

图2　IC卡发行系统的基本构成

IC卡发行设备是高度自动化的专用设备,通过PC机(发卡工作站)发送指令控制其动作,首先将卡片从进卡装置送入发卡机内,并停留在天线区域内,然后对卡片进行读写;读写完成后将卡片送至凹字打印模块,将卡片的编号打印在卡片表面,打印成功后卡片将被送至正常出卡装置;如果在发卡过程中发生错误,则卡片将被送至废卡盒,通过程序即可自动完成正常卡片和坏卡的自动分检。发卡过程中所有的密钥都将通过安全模块进行运算,保证发卡过程中的密钥安全。使用自动发卡设备大大降低了发卡的工作量,减少了人为造成发卡错误的可能性,发卡速度快而且成功率非常高,目前整个发卡中心每天可以完成数万张卡的初始化工作,完全可以满足上海的发卡需求量。

由于发卡系统将对卡片的密钥进行更新,因此对发卡中心的安全监管是非常重要的。上海一卡通系统的发卡中心采用先进的门禁管理系统和实时监视系统,最大限度地保证了发卡中心的安全。

(2) 清算中心和结算中心

清算中心是对整个系统的交易数据进行清分的管理中心。由于上海城市交通一卡通系统是一个跨行业、多应用的系统,交易发生在不同的营运公司,统一的中央清算中心必须对所有的交易数据进行清分处理,将运营收益结算到对应的营运公司。清算中心还负责维护所有的卡片账户,从一张卡片完成初始化开始,即在中央清算系统中建立了一个独立的账户,此后这张卡片的所有交易数据都将被记录和跟踪。清算中心是整个系统的大脑,其处理能力和处理效率将直接决定了整个系统的最终规模。

结算中心是联系清算中心和各营运点的纽带。结算中心负责对收到的交易数据进行处理，并转发到清算中心进行清算，同时结算中心从清算中心下载系统运行参数并将参数传送到各营运点。结算中心本身还负责统计分析收到的所有交易记录，并产生对应行业的交易报表。结算中心是行业管理所必须的，许多行业运行参数（如车费表等）是在结算中心产生并下发到各营运点的。使用结算中心和清算中心两级中心的设计是符合上海公共交通运营特点的，这种设计保证了行业管理部门可以及时的获得各种行业运营信息，提供行业运营的数据报表和分析报表，充分发挥行业管理部门在整个系统运营中的管理功能，同时大大降低了清算中心的通信压力，提高了通信的可靠性和效率。

(3) 交易数据采集和转发

交易数据的采集和转发的实时性和准确性是整个系统正常运营的基本保证。针对上海公共交通卡系统跨行业应用的特点，各行业的交易数据的采集方式也多种多样，既需要保证数据的可靠性，又要符合行业的运行特点。例如公交行业是采用易于携带的红外采集装置或大容量的 IC 卡进行采集，一般每天采集一次，然后通过站点采集机利用 PSTN 发送到公交结算中心；地铁、轻轨则是通过车站计算机采集车站内所有设备的交易数据，通常交易发生后 5 分钟以内交易数据即可传送到车站计算机，并定时通过地铁内的专用通信线路传送到地铁结算中心；轮渡站点的各种设备连接成局域网，并接入站点计算机，可以实现交易数据的实时传送到站点计算机，并由站点计算机定时通过 ISDN 传送到轮渡结算中心；出租行业也是使用 IC 卡进行数据采集，当达到一定交易笔数后必须进行数据采集，并到附近的数据采集点将 IC 卡内的交易数据导入采集点的计算机。

(4) 充值售卡点

充值售卡点负责销售（启用）交通卡和对交通卡进行充值. 充值点在进行交易前必须首先鉴别操作员身份，并向清算中心签到，鉴别充值点的身份和权限，然后才能进行正常的交易。并根据中央清算中心的授权，定时向中央清算中心发送交易数据，交易过程中的安全控制和密钥运算同样通过安全模块来完成，安全模块的使用必须通过了操作员身份认证后才能进行。充值点设备的基本功能模块如图 3 所示。

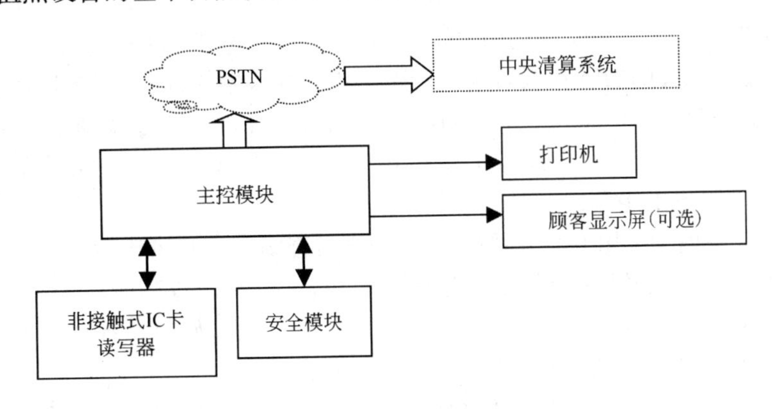

图 3　充值点设备的基本构成

此外，在上海交通卡系统中，还通过与银行的合作，开通了信用卡（借记卡）自动转账系统，持有信用卡（借记卡）的用户可以通过自助式设备将信用卡（借记卡）账户中的资金转存到交通卡中，整个过程只需要 1 分钟左右，使用非常方便。

(5) 消费设备

由于上海交通卡系统是多应用的系统,因此各种消费设备的实现方式也有比较大的区别,但所有的设备都遵从同样的交易流程,从而保证了整个系统内的IC卡交易处理的统一。所有的消费设备均采用带有DES协处理器的高速PSAM卡作为安全模块,从而保证了的交易过程和密钥运算的安全。尽管各种消费设备有比较大的区别,但其功能模块基本相同,如图4所示。

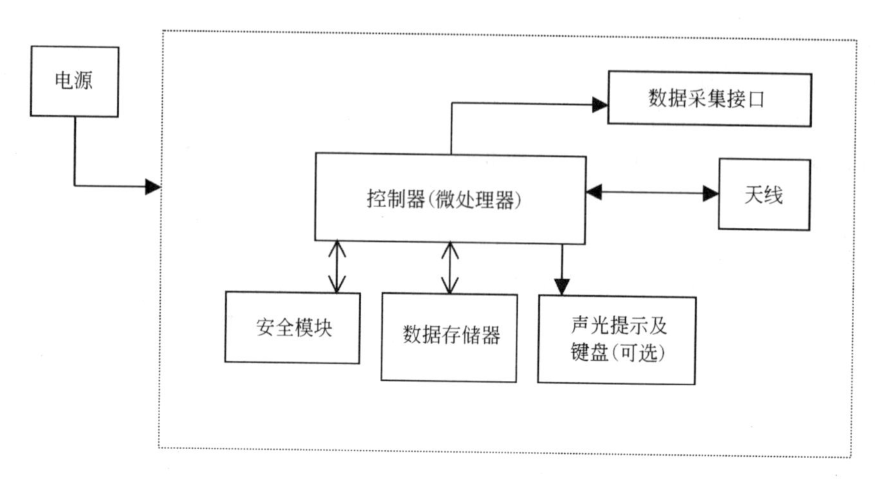

图4　消费设备的基本构成

三、系统的运营管理

1. 系统的安全管理

公共交通一卡通系统虽然是小金额的消费系统,但由于数量大、分布广,管理难度非常大,系统的安全控制措施是非常重要的。上海的系统从设计的开始阶段就对系统安全十分重视,多次邀请各方面的专家共同出谋划策,上海公共交通一卡通系统采取的安全控制措施主要包括:

(1) 完善的卡片安全管理.由于上海的系统中采用的是拥有自主知识产权的IC卡芯片和接口芯片,射频部分的加密和双向认证采用了特别的机制,提高了射频通信的安全性;卡内的密钥采用"一扇区一密,一卡一密"的机制,使用卡片的唯一性数据对主密钥进行密钥分散,采用国际流行的3DES算法,符合建设部城市公用事业IC卡应用的安全规范,极大的提高了整个系统的防攻击能力;

(2) 所有设备内均采用安全模块(SAM卡)进行密钥分散和密钥运算,所有敏感数据和中间结果均存放在安全模块内部,无法进行跟踪,保证了设备的安全;

(3) 每条交易记录均使用TAC机制保证数据的完整性,使交易数据不可篡改、不可伪造,清算中心使用硬件加密机进行TAC校验;

(4) 中央清算中心和分系统结算中心之间的所有的数据交换均使用MAC认证,采用硬件加密机进行MAC的生成和校验,即保证了处理速度又提高了系统的安全性;

(5) 系统黑名单机制可以在24小时使可疑卡片被禁止使用。

2. 系统运行的可靠性保证

随着系统应用的推进,保证系统运行的可靠性将成为运营管理的主要任务。特别是当达到一定的发卡量和交易量后，如果发生系统崩溃的事故，后果将十分严重，而且会对整个系统的推广造成毁灭性的打击。上海公共交通一卡通系统的设计采用了多种手段保证系统的可靠性，主要的措施包括：

(1) 中央清算系统在每一个环节都实现热备份的运行机制，包括通讯线路，路由器，交换机，UPS，硬件加密机和主机系统。由 3 台 HP－N4000 的主机组成的主机系统采用专业的实时热备份软件保证 24 小时不停机运行；

(2) 采用专业公司的成熟的通信中间件软件产品保证通信数据的可靠性和完整性；

(3) 使用多种数据备份机制保证交易数据的完整保存。有利用磁带阵列（AUTORAID）进行数据备份的，有利用应用系统进行交易数据的备份的，也有利用 ORACLE 数据库进行在线备份的。多种的备份方法确保了数据的完整性，增加了系统的可靠性；

(4) 系统内所有的软硬件产品在投入生产环境之前均进行了严格完整的测试，同时建立了完善的维护保障体系，保证系统内各种设备的稳定运行。

3．行业的运行管理

对于一个跨行业的多应用系统来说，做好整个系统的协调管理工作是非常复杂和困难的工作。上海仅用了不到两年的时间，完成了从开始建设公共交通卡系统，到实现 5 个不同的公共交通行业的接入的工程，不能不说是一个奇迹。上海的交通卡系统是中国大陆第一个，也是目前唯一一个在公共交通领域已经实现了多行业多应用的系统，其中行业的管理经验是值得其他城市借鉴的。归纳起来，主要包括以下几点：

(1) 系统设计时充分考虑不同行业的不同运营需求。在需求分析阶段，设计人员用大量的时间和精力与运营管理部门的管理人员进行沟通，尽可能地满足运营需要。人机界面的设计也充分考虑了易用性的问题；

(2) 在涉及需要对原有系统进行改造时，尽可能保持兼容或平稳过渡，方便用户的使用和运营管理；

(3) 充分发挥各行业主管部门的积极性，在行业管理上仍然采用原有的管理层次和管理流程。上海交通卡系统的建设和扩容过程中，上海东方交通卡公司始终与各行业的主管部门保持着密切的联系，协调各项工作的顺利推进。

四、上海公共交通一卡通系统的现状和未来

1．目前的系统规模

上海公共交通一卡通工程经过 3 年多的建设和两年多的运营，已在全市形成了相当的规模，基本覆盖了全市主要的公共交通工具，系统的稳定性和可靠性有了很大的提高。目前已在市区超过 8000 辆公交车，地铁一号线、二号线全线（自动换乘），8 条轮渡线路，超过 32000 辆出租车和明珠线轻轨实现了公共交通卡的应用，2001 年初提前实现了连通五大公共交通行业的既定目标。目前，公共交通卡已成功应用到包括高速公路收费、停车场收费、汽车租赁、住宅小区收费及门禁等许多相关领域，远远超出了系统设计时设定的目标。目前已累计发卡超过 430 万张，并建立了 1500 多个售卡充资点(包括代理售卡点)。公共交通卡已为广大市民接受，成为许多市民出行的付费工具。每日的交易量已达到 100 万笔以上。

2．未来的建设规划

城市公共交通一卡通工程是关系到千万人日常生活的重大工程，目前的上海公共交通

卡已深入到市民生活的方方面面。2002 年 9 月，上海的公共交通卡与无锡交通卡成功实现了跨地区的联运，这也是国内首次实现跨地区的交通卡联运，上海公共交通卡系统的建设和推广工作又一次走在了全国前列。

由于上海公共交通卡系统从设计时就充分考虑了未来应用的扩展，在卡片结构设计、安全体系、系统架构设计和数据库设计中都保留了未来其他应用或系统接入的可能，从技术上保证了未来新的应用可以灵活的接入整个交通卡系统。通过今年系统进行的几次大数据量模拟实验，已证明系统的性能完全满足甚至超过了设计指标。

上海的公共交通卡系统建设现已进入了良性的循环，其应用范围不断扩大，发卡量、使用量和市民的认可程度不断提高。目前，推进公共交通卡的应用不仅是公共交通行业的共识，而且也受到了其他服务行业的关注，公共交通卡为市民提供了巨大的便利。

在上海的公共交通建设中，轨道交通将成为今后几年的重要发展方向。在未来建设和开通的轨道交通线路中，都将可以使用上海公共交通卡作为付费媒介，并最终实现交叉线路的自动换乘。同时，上海公共交通卡的应用还在高速公路收费领域拥有广阔的应用空间。未来的公共交通卡不仅可以为市民的出行提供快捷便利的支付手段，还将在市民的日常生活中发挥越来越大的作用。

五、结束语

上海城市公共交通一卡通工程是国内第一个有如此广泛应用，且完全依靠国内技术力量开发建立的系统。通过本项目的成功实施，提高了上海市社会公共交通事业的服务管理水平，向市民提供了更加便捷的交通服务结算方式，与上海作为国际大都市的形象相吻合，是上海市信息化建设取得的重要成果。上海公共交通一卡通系统的建设与成功运行，对今后我国其他大中城市实行城市交通电子结算系统提供了借鉴作用。

大力推进城市信息化建设

金邦达集团　刘彪

现代社会衡量一个国家或地区发展的重要标准就是信息化程度。城市信息化是与城市规划、管理、生产、生活息息相关的，城市所有行业、部门、单位和居民都可以随时随地借助城市信息化网络获取所需要的信息和服务。城市信息化主要体现在政府信息化、企业信息化、社会公共领域信息化、城市社区家庭信息化四个领域。它是一个技术和市场复杂的数字化建设工程，所以城市信息化又称为"数字化城市"。"数字化城市"的规划是以城市空间地理信息系统为基础，重点在于建设两个平台，一个是政府综合应用平台，一个是电子商务平台；以及建立三个中心，一个是安全中心，一个是认证中心，另一个是数据中心。

党的十五届五中全会提出："大力推进国民经济和社会信息化，是覆盖现代化建设全局的战略举措。以信息化带动工业化，发挥后发优势，实现社会生产力的跨越式发展"。这是国家对信息化建设的总方针，也是政府大力提倡和推进行业信息化建设的目的所在。

从1999年起，国内先后有28个城市开展了城市信息化建设。据了解，大部分城市都把城市信息化和本市经济结合起来，按照国民经济和社会发展的客观需要，通过政府先行，带动信息化发展，通过运用信息技术改造和提升传统产业，以信息化带动工业化和现代化，加快企业信息化建设，已经在城市信息化建设道路上取得了初步的成绩。

在城市信息化建设中，社会公共领域信息化及城市社区家庭信息化是广大市民最直接、最容易感受、享受到的，其中主要包括城市一卡通系统、社会保障服务信息系统、医疗信息服务系统、科技教育信息系统、旅游娱乐信息系统、社区信息化服务系统等等，这些都是与广大市民生活和切身利益直接相关的，同时也为市政府在规划和调整公共设施的分布等工作提供依据。智能卡作为信息化管理的载体，在城市信息化中起着非常重要的作用，是推进社会公共领域信息化，特别是城市的公用事业信息化的重要手段和应用方向。

近年来，许多城市确定了以智能卡为基础的城市政府信息系统、社会保障信息系统、交通管理信息系统、电子商务交易系统、远程教育系统以及智能小区等方面的信息化示范工程和重点工程建设项目，并体现出了各城市的特色。例如，上海在全国率先提出建设"信息港"，正在开展IP宽带网络、电子商务、社会保障卡、交通一卡通、金融卡联网、城市信息化指标体系等多项信息化试点工程；济南市把贴近老百姓生活的IC卡当作首要任务来抓，目前用水、用气、乘车等均采用IC卡，将IC卡当作重点来大力开发；大连市的信息化建设取得了长足进展，其已建成了东北地区的城市电子商务支付网关和地区性金融认证登记注册中心，开发了"城市一卡通"、劳动保险信息系统、医疗保险信息系统及远程医疗系统等项目。

"城市一卡通"是建设事业普及性极强的IC卡应用模式，通过实现一卡多用、信息共享来提高整个城市的生活水平。其运用了当今最先进的网络技术和通讯技术，建成了跨行业、跨部门的清算体系和管理体系，真正做到提高管理效率，让科技为民服务。

“城市一卡通”首先必须实现公交一卡通，也就是用IC卡电子收费来替代无人售票及其他售票方式，用计算机网络及先进的通讯技术进行信息处理，来加强管理、提高效率、方便市民，为城市信息化建设奠定良好的基础。现国内有近80个城市实现了公交一卡通，并且覆盖了地铁、轻轨、出租车等城市交通行业。如何真正实现城市一卡通是城市交通信息化的关键问题，金邦达公司多次参与国内城市信息化建设，积累了一些经验教训来与大家共享。

一、政府牵头成立独立股份制企业

公用事业局是公交公司、煤气公司、自来水公司、出租车公司的主管部门，由公用事业局牵头成立城市通卡公司，下面各家企业参股。城市通卡公司实行独立核算、自负盈亏，前期资金通过贷款的形式来运转，以后逐年还清。这即解决了公司运转的资金问题，又从原来政府行为转变成企业行为。以赢利为目标，企业经营，增强了竞争意识及服务意识，适应能力加强，有利于管理，且因为股权的关系，各用户企业愿意与通卡公司合作。城市通卡赢利，各参股企业共同分享。并可以对通卡公司的经营管理进行监督或提出建议。

二、统筹规划避免重复投资

城市通卡公司建立惟一的一卡通管理结算中心，统一负责资金清算和卡片的管理。建立了包括公交、煤气、自来水、电、出租车、小区管理等在内的多个IC卡运用系统，具有很强的扩充性。可与社保、工商、税务等系统同时运行，因此其可以为以后业务的拓展留有空间。

三、加大宣传力度

城市通卡公司在项目启动初期，就开始了大规模的宣传工作，让人民提前了解公交IC卡有什么功能如何使用，使得还未发卡就经常有很多市民来通卡公司要求购买IC卡。为避免以后在IC卡运用过程中由于使用不当坏卡率高。而产生的各种负面影响。

四、与银行联合增加实力

城市通卡与银行合作，不仅仅是真正意义上的城市一卡通，而且使持卡人同时拥有银行账户，具有银行支付功能。并且因为带有VISA和银联标志，此卡可以在今后国内带有银联标志的柜员机上进行账户查询及存取款业务，并且可在当地银行的圈存机上进行转账、可以在银行特约商户进行刷卡消费，使得此卡更加方便了市民。与此同时，该卡在与银行的合作中，卡片广告宣传费用又有一笔不小的收入。

因此运营城市一卡通的成功，不仅可以使整个城市管理水平上一个档次，而且可以增加许多商机及就业机会。鞍山城市通卡公司的运作是一个较成功的实例。

金邦达公司作为“鞍山城市通卡”的生产厂商，在此卡的制作过程中与鞍山通卡公司一起，克服了一个又一个困难，严格按照VISA及中信实业银行总行报批的要求，在最短的时间内圆满完成了卡片的修改、测试、制作全过程，并协助中信实业银行鞍山分行进行银行卡片个人化，使“鞍山城市通卡”顺利地到达鞍山人民手中。

中国信息化建设是国家大计，政府部门一直都担当着重要的领导、推动的角色。在智能卡领域，一方面通过颁布一系列政策法规、标准等办法规范管理IC卡产业和市场；另一方面也在积极地发展IC卡产业。从可持续发展的角度讲，加强行业规范，推动IC卡企业由产品和技术型转向应用和服务型，成为中国IC卡市场发展的重要趋势。信息产业部副部长指出："IC卡市场要发展，IC卡产业要图强，当前的重点任务是首先提高IC卡产业链上协同方的市场服务能力和反应能力。产业链上的每个环节、每个企业都应提高服务用户的能力和水平。只有这样，IC卡市场和企业的发展空间才会越做越大，越做越好。"

预付费热量表银行电子信用卡收费系统

辽宁丹东电子研究设计院　白雪鹏

引言

1. 随着科技的进步和社会的发展，公用事业的收费管理方式也正在发生着变化。采用IC卡技术的智能化水表、电表、燃气表的普及解决了这些供应部门长期以来收费难的问题。

2. 虽然供水、供电、供气都是以计量数据为基准、按户用计量仪表收费；而供热却一直是按面积而不是按实际消费的热量收费，这种落后的收费方式暴露出很多弊端，由于没有考虑到消费过程中最重要的因素—温度的作用，使用户只能被动地消费，无法根据实际需要调节温度，从而造成能源的浪费。这种不合理的收费方式已经越来越难以适应当前社会和时代发展的要求，供热问题一直是人民群众反映强烈的热点问题，也是各级地方政府工作的重点和难点。

3. 供热收费的落后管理方式，关键在于缺少相应的技术手段给予支持。随着科技的发展，热量的计量问题已得到根本解决。目前在欧洲90年代初期已经研制成功热量表，90年代中期开始投入市场并推广应用，使供热收费也能像供水、供电、供气一样按表计量收费，从而彻底解决了供热收费不合理的难题。

采用IC卡及网络技术可以解决供热收费的计量问题并从根本上解决供热管理中最困难的收费难题，使取暖收费合情合理，变被动式消费为主动式消费，同时还能节约能源、保护环境，提高了供热管理部门的现代化管理水平和经营效率。

一、IC卡、网络预付费热量表收费管理系统

1. IC卡预付费热量表

IC卡预付费热量表管理系统以IC卡作为基础的流动数据载体和基本信息单元，以手持式IC卡POS机作为现场处理用户数据信息的方式，以城域网(X.25/DDN/PSTN/ISDN/ADSL)为主干，以现代化通讯方式为网络联通手段，以客户机-服务器模式为数据结构构成一个完整的人-机系统。

2. 网络预付费热量表

网络预付费热量表内嵌国际先进的微功耗无线收发设备，除具有预付费热量表的基本功能外，还可以通过互联网络及专用微功耗户用或单元用无线收发终端以信用卡结算的方式实现预付费及各种运行数据信息的双向传递，既免除了管理人员上门收费之苦，又解决了用户出门交费的种种不便，同时通过先进的无线收发技术及互联网络技术还可以实现对每个单元、每个用户现场数据的随机或分片定时循环采集与控制。通过这种方式实现了用户

先交费后取暖，用户可以随时随地利用方便的网络终端上网交费，如果用户不能及时续交费用或违章取暖则管理中心检测到后能立即发出控制指令，自动切断用户热源并停止继续供暖，用户续交费用或违章处理后管理中心发出控制指令，自动接通用户热源并恢复供暖。

3. 收费管理系统的网络构成

将公用事业及电力综合管理中心、供水、供电、供气、供热管理中心、银行管理中心通过电信网络构成一个覆盖全市范围的广域网，如图1。管理中心由网络服务器、工作站通过TCP/IP协议构成各自独立的局域网。这些各自独立的局域网通过X.25、DDN、ISDN、ADSL、公用电话网(PSTN)、有线电视网等和广域网实现互联。网络的建立可通过以下三种模式实现：

(1) 管理部门独立的销售网络

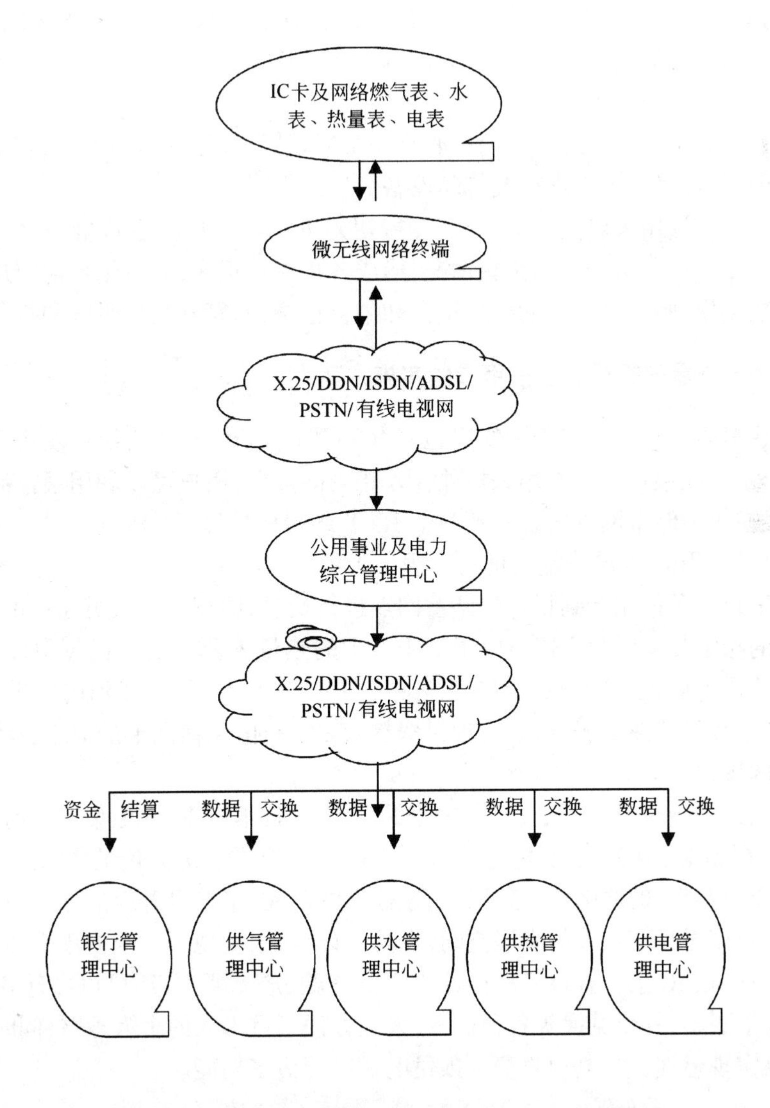

图1 IC卡及网络燃气表、水表、热量表、电表系统构成图

供气、供水、供电、供热各个管理部门利用已设立的各个营业网点进行销售管理，并定期将数据信息汇总到各个管理部门的管理中心主机。

特点：各管理部门独立实现管理，互不影响，便于各部门直接管理。

(2) 物业小区管理的销售网络

以居民物业小区为单位设立销售网点，小区管理中心通过销售管理系统软件实现小区内居民用户对水、电、气、热的购买与管理，由小区管理中心与供气、供水、供电、供热各个管理部门进行数据信息的交换和资金结算。

特点：各管理部门投资小，物业小区管理便利。

(3) 银行网点管理的销售网络

由于本系统使用的IC卡符合中国人民银行金融IC卡规范的要求，也可以利用银行现有的服务网点来进行对居民用户购买的水、电、气、热的销售和结算，同时也方便了管理部门和银行之间的资金流动，在每个服务网点设置一台IC卡终端机(可以是PC机+IC卡读写器+条形码扫描器+打印机，也可以是专用的POS终端)，就可以服务于周围的居民用户。水、电、气、热各管理部门直接与公用事业与电力综合管理中心主机交换数据，由公用事业与电力综合管理中心与银行进行资金结算。

公用事业与电力综合管理中心的核心是一个局域网，包括网络服务器、若干台销售管理工作站、若干台用户发行工作站以及打印设备等。

用户发行工作站用来建立用户档案，发行初始IC卡，预售一定数量的水、电、气、热等。销售管理工作站负责分析全市的销售情况，形成各种统计报表，并对销售情况进行分析。而服务器运行数据库，则存储所有的用户档案和销售记录，并管理文件系统和打印任务。

二、预付费热量表银行电子信用卡的实施方案

预付费热量表银行电子信用卡的实施方案采用由银行发行中心统一发行银行电子信用卡，每家每户都要在银行开立专用帐户并存入相当的资金，用户可以利用银行的储蓄网点进行就近交易，在每个储蓄网点设置一到两个IC卡终端机(可以是PC机+IC卡终端机+打印机，也可以是专用的POS终端)，就可以服务于周围居民了。

用户持银行电子信用卡到指定的储蓄网点进行交易，银行工作人员通过IC卡终端机将用户帐户中的指定款额圈存到银行电子信用卡中的热量表分类电子钱包中，用户回到家中将银行电子信用卡插入IC卡预付费热量表中，即可将相应款额下载到用户表中，用户即可正常使用IC卡预付费热量表了，同时预付费热量表银行电子信用卡的应用也将缓解银行缺少大量零钞的现象。

我们选用的银行电子信用卡，充分挖掘了IC卡的技术潜力，并汇集了当前国际、国内信用卡的功能，在储蓄、消费、个人理财等方面为持卡人提供了全方位的个人金融服务，本着“一卡多用、资源共享”的原则，并考虑到国家标准的落实，采取可升级的方式，对系统进行了优化，从技术角度看具有很大的发展空间，在功能设计上，实现了一卡多账户和一卡多功能，持卡人不仅可以在IC卡上开设各种储蓄账户及贷款、透支账户，还可以办理各储种之间的转账，进行外汇买卖、外币兑换等各种业务，大大方便了持卡人的个人理财；同时还可以扩展其他应用，以实现燃气、水、电预收费及预付电话费等诸多功能。

三、结束语

在预付费热量表银行电子信用卡的实施方案中最为关键的是系统的安全性,安全性与密钥的发行、管理关系密切。密钥要实行分级管理,总控卡密钥及DES算法的关键信息分别由几个人输入,密钥的产生、存放、使用都是以密文的形式出现的,对应用系统来说是不可见的,增加了破译难度,提高了抗攻击性。用户卡必须通过内部认证以及相应的外部认证后才可以进行写操作,但对用户所有二进制文件的读操作则不需任何认证即可进行,系统安全性得到了充分的保证。

预付费热量表银行电子信用卡收费系统的建立解决了供热收费的计量问题并从根本上解决了供热管理中最困难的收费难题,使取暖收费合情合理,变被动式消费为主动式消费,同时还能节约能源、保护环境。预付费热量表银行电子信用卡收费系统的建立符合社会发展的需要和国家相关的产业政策,市场前景光明。

参考文献

[1] 智能卡应用全书.《金卡工程》杂志社
[2] 节能与环保.国家经贸委节约与综合利用司 主办

第 三 篇

技　　术

建设一个安全的一卡通收费系统

深圳明华澳汉城市一卡通科技有限公司　李文敏

IC卡以其安全保密、使用方便的特点,使得它们在公共交通一卡通收费领域中找到了一个很好的表演机会,同时也给公交收费手段的发展指出了新的方向。然而,公交一卡通收费系统是一个关系到广大市民切身利益,也是关系到公交公司、出租车公司、地铁、轻轨、银行以及加入到系统中的各企业的利益,是一套牵涉面很广的系统,对安全保密有着较高的要求,而系统具有规模大,网点分散,流动范围大等的特点,给系统的安全保密性带来一定的难度。因此,不管是否已建立了应用系统,就如何建立和确保公交一卡通收费系统有足够的安全性,确保系统安全、快捷、准确地运转,是一卡通系统管理者需要认真面对的重大问题。

本文是深圳明华澳汉城市一卡通科技有限公司在总结了自己所参与的多个城市的公交IC卡收费系统的建设、参与多个城市的社保、医保等IC卡应用系统的建设后,特别针对系统安全的问题所提出的建议。

一、威胁系统安全的人为因素

威胁到一卡通系统的安全有外部的客观环境,更有人为的恶意破坏。

所谓客观环境对公交一卡通收费系统的影响,是指由于系统中使用到的各种IC卡、各类设备广泛散布于市民的手中和公共交通车辆等环境中,它们面临的客观环境非常复杂和恶劣,对IC卡及设备的干扰、破坏如弯折、腐蚀、静电、辐射、尘污、温度、湿度、磁场等因素,可以对IC卡及设备产生重大影响,严重影响系统信息的持久性和准确性。面对这些来源于外部客观环境的破坏,我们可以在系统设计、IC卡制造、机具生产等方面有针对性采取某些特别的措施,通过采用专门的设计和优良的产品,提高系统的抗干扰、抗腐蚀的能力,确保系统的运转不受影响。如何设计系统防止外部客观环境对系统的损坏的问题不是本文讨论的目标。

本文要论述的是那些由于人为蓄意侵犯、攻击而给系统信息的保密性、完整性、真实性、可获取性和持久性进行破坏的可能性,这些才是系统安全技术重点防范的主要威胁对象。

1. 一个系统的安全性,我们应该从以下几个方面进行考察:

(1) 保密性:防范对未经授权的信息存取的能力;

(2) 完整性:防范对未经授权的信息更改(增、删、改)的能力;

(3) 真实性:在信息的发送和接收过程中,对信息真伪性的鉴别能力;

(4) 可获取性:防范对未经授权的信息截取的能力;

(5) 持久性:对系统信息长久准确、可靠地保存的能力。

2. 我们应该清楚入侵者对系统进行非法攻击所采取的手段是多种多样,针对不同的对象他们有不同的做法,各种手段层出不穷、无所不用! 因此在公交一卡通系统的建设中,我们应该全方位地考察系统的安全性，包括：

(1) 对 IC 卡的攻击；

(2) POS 机安全技术；

(3) 密码管理体系；

(4) 数据传输；

(5) 网络安全技术；

(6) 中心数据库安全技术；

(7) 行政管理措施。

二、系统安全设计的原则

既然公交一卡通系统对安全性有很高的要求，在系统设计时，我们就要把系统的安全性放在重要的位置进行考虑。

对于公交企业的用户们，由于专业着重点的不同，他们不可能对 IC 卡、对系统安全技术都能有透彻的认识，面对琳琅满目、铺天盖地的广告，如何才能找到一套既适合自己又安全可靠的系统，确实令人眼花缭乱，我们对公交用户的这一心情深感理解。通过参与多个地方的公交系统的建设，通过与众多的公交企业和 IC 卡界的同行进行交流后，我们总结了一些实际的经验和体会，也总结出一些简单可行的方法，在此愿意向公交用户提出，希望能为他们设计和建设系统的安全性提供参考，也希望能帮助他们去鉴别和甄选市场上各类的系统或产品。

怎样的系统才有可信赖的安全性？我们认为一套安全的一卡通系统至少要符合如下的基本原则：

1. 一定要符合建设部的颁发的行业标准

随着 IC 卡技术及产品在城市建设事业中的应用越来越广泛，为了提高城市管理水平、促进应用行业社会效益、经济效益的增长，规范建设事业 IC 卡应用市场，建设部颁发了在有多个企业共同参与制订的关于建设事业 IC 卡应用的技术规范和应用规范，这是建设部贯彻落实国家对金卡工程提出的统一规划、统一标准、统一发卡、统一管理的原则，同时也是我国建设事业方面应用 IC 卡技术的最权威的行业规范。

今年 2002 年 6 月，建设部正式颁发的《建设事业 IC 卡应用》的规范，是建设部最新颁布的规范，她包括了对 IC 卡片的要求、对终端技术的要求、对应用技术的要求、对密钥系统和安全认证技术的要求等，不但从一些物理特性、应用特性上对应用进行了规范，而且从应用的安全性上也提出了重要的论述和操作指导，规定了各类安全的操作流程和安全算法，按照这个规范去建设系统，无疑可以严格保证我们所建立的系统的安全性。应该说这套规范是全面而实用的，确实对行业进行 IC 卡应用具有指导性、指示行、实用性，因此作为一卡通用户的行业用户完全可以用此规范对市场上各种系统和产品进行甄选，也应该是判断各种产品的其中一个重要标准。

2. 符合人民银行关于金融方面的标准

一卡通系统与经济利益、金融结算密不可分，有些系统还需要把银行引入到系统中来。所以这些系统的设计、卡片的规划、机具的应用等还必须符合人民银行的有关规范。

人民银行关于 IC 卡应用的多项规范，除了是保证各银行的 IC 卡系统有统一的操作方式、数据信息有统一的交换格式外,更重要的是保证对银行系统的安全特性有统一的规定,以确保我国金融系统的运转有严格的、可控制、规范的安全特性。

人民银行的规范对建设事业单位应用 IC 卡系统有同样重要的指导与参考作用,事实上,建设部的规范是在参考人民银行的规范的基础上,通过增加自己特色的规定而发展起来的,两者没有冲突。在可能的情况下,特别是在包含金融企业在内的建设事业 IC 卡系统中,我们应该共同遵守建设部、人民银行制订的各项标准。换句话说,在对市场上各种系统和产品进行考察时,应重点考察它们能否很好遵守建设部、人民银行制订的各项标准。

三、卡的安全性

在一卡通系统的各行业中,在用现金付费的场合中,假币的出现难以杜绝。同样,在采用 IC 卡付费时,IC 卡作为电子货币的载体,大量散发于广大市民手中,是破坏者最易攻击的对象之一,特别是在一个包含有大量应用在内的一卡通系统中,系统高度的复杂性会给入侵者提供更多的机会,同样会引发假卡的出现。

防范对 IC 卡的攻击,我们通常要考虑如下几个方面:

1. 芯片的安全技术

防范对 IC 卡芯片的攻击,是 IC 卡芯片安全的基础,各芯片厂家在设计时就应注意采取各类的安全保护措施,以防范敌手的恶意攻击和探测,一般较为常用的芯片安全技术有:

(1) 采用烧断熔丝的技术是芯片制造商用于对芯片进行检测的功能无法再次使用;

(2) 加入特别的技术,防止对芯片工作中高低电压变化、频率变化等多项探测的攻击;

(3) 加入监控技术,防止对程序、数据总线、地址总线等信息的非法截取;

(4) 加入对总线和存储器的物理保护层;

(5) 随机数产生的技术;

(6) 实施对存储器的逻辑加密保护,并设置密码输入错误计数器。

对于一卡通系统用户来说,这些技术虽然是属于芯片厂家的问题,但我们也应该对它们有所了解,掌握芯片安全技术的发展动态,通过比较选择出最适合自己系统的产品。

2. 卡片的软件安全技术

上述提到的芯片安全技术,是芯片的硬件安全技术,如果我们采用 CPU 卡则还可借助卡内的操作系统 COS(Chip Operation System),获取更为完善的安全保护,这是卡片的软件安全技术。

通过 COS 我们可以得到如下的安全保护功能:

(1) IC 卡与外部读写器的相互验证;

(2) 硬件 + 软件的测试功能;

(3) 随机数的产生与应用;

(4) 对信息的加密与解密;

(5) 对应用程序流程的控制;

(6) 对安全应用级别的控制;

(7) 多应用的隔离或结合。

由于有了 COS 这一软件的产品,使 IC 卡的安全控制方式可以是多种多样、灵活多变,使我们的应用更加多姿多彩。当然为了保证应用的一致性和安全性,各个行业的管理部门,会根据本行业的特点制定相应的COS规范，如建设部、人民银行都有对COS制定自己的规范，并建立相应的检测和认证部门，对市场上的相关产品进行检测和颁证，为用户的选择提供权威的见证。

3．卡片的应用安全技术

卡片的应用安全技术也可分为两种：一种是卡片表面的防伪技术，另一种是应用中的信息安全处理技术。

（1）卡片表面的防伪技术：为了进一步提高安全卡片的防伪性，可以在卡基的制造、印刷上采取各种保护措施：

A．荧光图像：采用荧光图像的印刷技术，使得印刷的图像可以在紫外光下显现；

B．微缩曲线：普通看去是一段直线或曲线，但在高倍数的放大镜下却是一段很小的，有一定数学规律的，由字母、文字组成的序列曲线；

C．激光雕刻：利用激光将图形、文字、签名、甚至照片等"刻蚀"到卡基内，而不是普通的印刷；

D．偏振光图像：利用偏振光及材料的印刷技术，一般看去只是卡片的表面图像，但在偏振镜片下，看到的却是"隐藏"的另一幅图像。

随着印刷技术的不断提高，各种各样的卡面防伪技术不断涌现。在我国以上这些卡片表面印刷技术已经可以在国内实现，为卡片的表面防伪也能提供多种选择。

（2）卡片的信息安全处理技术：正如前面提到的，由于CPU卡具有较高的智能判断能力，可以采用完善的验证技术确保信息的发送和接收都可以进行鉴别，防止对卡和POS机具的伪造，保证信息真实性的最佳方法，使系统有较高的安全性，因此CPU卡一定会使用在密钥管理、发卡、充值等这些对安全性要求很高的地方。

对于逻辑加密卡除了卡本身具有密码校验功能外，卡本身没有智能的身份验证功能和技术，因此在系统设计时，就需要为它们设计出一套完善的密码计算和验证功能，以保证系统的安全及系统密码不能外露。正是根据这些需要，同时也是出于指导和保护行业所建设的IC卡应用系统，建设部在颁布的有关规范中，严格规定了采用安全存储模块进行卡的密码计算的方法，切实保证了"一卡一密"的实现，为广大用户提供了经严格证明是安全可靠的科学方法计算方法。

要执行建设部这一规范，我们必须做到：

A．在建设事业IC卡系统中的设备（如车载机、出租车计价器、IC卡智能水表等），必须安装建设部的安全存储卡或安全存储模块；

B．整个系统设计中，必须安装"建设事业IC卡密钥管理系统"；

C．读写机具对卡的操作流程符合建设部规范的有关要求。

值得注意的是：虽然建设部有严格的规范规定了卡片密码的计算方法，但如果在设计中不能做出全面的考虑，也会给敌手留下可怕的漏洞，下面是一个例子：

在公交IC卡收费系统中有一个著名的难题：分段收费的问题。我们注意到有些系统设计成在分段收费的车辆中安装两个车载POS机，上车门的车载机负责在乘客卡中记录乘客的上车地点，而下车门的车载机则负责对乘客卡进行计费，计费时是根据卡上记录的上车站点与下车所在地点的距离，按照线路的票价体系进行计算，根据计算的结果车载机对乘客卡进行扣费，并把收费情况记录在车载机中。

考虑到有极少数贪心的市民，可能不在下车门的车载机刷卡就跑掉，由此逃票。为了防止这种损失，这些厂家提出方案：在乘客上车刷卡时就按上车点到终点站的票价预先扣除，在乘客下车刷卡时，根据实际应收金额，把可能多收的票款退回乘客卡中，以防上述的逃票现象。但我们认为这种做法在今天普遍采用非接触式逻辑加密卡(如 Mifare 1 卡)作为乘客票卡的情况下有可能会降低系统的安全性。因为按这种做法，必定要在下车门的车载机中装入卡片的加值密钥的种子，虽然按建设部规范的要求，加值密钥的种子存放于机内的 SAM 模块中，同时每张卡片具体的加值密钥也由该 SAM 模块进行计算，窃贼难于偷盗，但如果采用逻辑加密卡，每张卡片的加值密钥最终要加载到读写天线才能对卡片进行操作，这就存在一个明显的安全漏洞，窃贼们只要监控读写头上的信息就有可能偷盗到卡片的写密码，加上车载机大量安装于公交车上，容易被窃取，有了机器，无需对系统的密码进行破译也可实现对任意卡片的充值操作。这种做法在表面上是按照建设部的规定去实施，但却由于应用设计的缺陷，反而给敌手提供了破坏的方便性。

当然为了防止上述的逃票现象，我们让上车门的车载机在写入乘客的上车站点信息的同时写入从该站点到终点站的票价，但并不预先扣费。如果乘客没有逃票，下车门的车载机按正常情况处理完收费后，会把这条上车记录进行“已处理”的标记。一旦乘客逃票，这条上车记录一直处于“未被处理”的状态。这里我们要对收费机的收费流程进行更改，所有的 IC 卡收费机、充值机(包括上车门的车载机以及一卡通系统中的各种 IC 卡收费机)在进行卡片的合法性验证后，要先判断卡片是否存在类似的“未被处理”记录，有的话要按该记录所记录的收款金额先完成补扣操作，才能对这张乘客卡进行下一步操作，由此对“逃票”的卡片进行补扣操作。不过我们也清楚：这种方法会对所有应用于一卡通系统的读写器(包括不是公交系统的读写器)的流程都要进行更改，由此造成的影响也是很大的。

实现公交分段收费的方式有多种多样，不仅仅是上述这种方法，但不是本文所要论述的内容，有兴趣的读者可以与明华一卡通公司或本作者联系，共同探讨。

四、密钥管理系统

建设部为了对全国范围内各城市建设事业一卡通工程提供可靠的安全标准，开发了建设事业 IC 卡密钥管理系统，为城市交通一卡通提供密钥管理的统一标准和 IC 卡结构的规范，以便今后建设部能够对各城市通卡使用 IC 卡进行规范和管理，提高系统的安全性能。在一些当前不具备实施城市交通一卡通的城市，单行业的 IC 卡工程也可以采用建设事业 IC 卡密钥管理系统。

建设事业 IC 卡密钥管理系统采取二级管理的模式，分为部级密钥管理系统和城市级密钥管理系统。

部级密钥管理系统由建设部 IC 卡应用服务中心管理并具体操作。该系统主要用于生成各类部级主密钥卡、城市主密钥卡和制造主密钥卡。

1. 建设部密钥管理模块

建设部密钥管理中心负责产生全国范围内各行业使用的消费(扣款)密钥，为各城市管理中心产生对应子密钥，并以母卡形式传输到各个城市，同时应在卡上和主机上记录发卡的有关信息以便跟踪审计。

主要功能有：产生城市建设一卡通系统的消费主密钥和其他部级主密钥，发行和管理部级领导卡，主密钥卡，各城市主密钥卡，部级母卡，发行城市建设一卡通系统的 PSAM 卡。

城市级密钥管理系统由经建设部 IC 卡应用服务中心授权并经城市行政主管部门认可的城市发卡机构管理和操作。该系统主要用于生成管理城市内各有关应用行业的各类消费安全认证卡、充值安全认证卡、用户卡和管理卡。

在应用项目启动之前，由建设部 IC 卡应用服务中心统一向当地发卡机构提供密钥系统和专用空白卡片。其中密钥系统包括：一张光盘（密钥管理系统程序），一张软盘（密钥管理系统资料电子版），六张母卡（发 PSAM 卡传输卡，PSAM 母卡，PSAM 母卡传输卡，主控传输卡，城市主密钥卡，城市主密钥卡传输卡）；专用空白卡片用来生成消费、充值、交易安全认证卡，各城市生成用户卡和管理卡所需的空白卡片预装有建设部制造主密钥。而城市用户卡中的消费密钥由建设部 IC 卡服务中心统一提供给城市发卡机构，充值密钥和交易密钥由应用城市密钥管理系统自行生成。

2. 城市密钥管理模块

城市密钥管理模块安装在各城市 IC 卡应用管理中心，主要功能是生成和安装用户卡、充值 SAM 卡上的各种密钥。并对指定的卡生产商提供的空白卡进行统一管理，发行和管理本城市的各行业的 PSAM 卡 ISAM 卡、TAC 卡以及城市一卡通系统的用户卡，提供系统数据记录的增、删、改查和报表生成等功能，并且提供连机帮助信息。

城市一卡通公司在收到建设部 IC 卡应用服务中心提供的建设事业 IC 卡密钥系统后，由城市自主发行四张领导卡，产生该城市的总控密钥，由此生成城市主密钥卡，并用城市主密钥卡及传输卡发行用户卡和操作员卡以及 ISAM 卡，用 PSAM 母卡及传输卡发行 PSAM 卡。

建设事业 IC 卡密钥管理系统的开发和使用，避免了城市间盲目上马，低层次重复开发所造成的资源和资金浪费，为应用系统各个环节的安全性提供了强有力的保证，是城市交通一卡通工程必不可少的重要组成部分。

五、设备安全性

在公交一卡通系统中，各类 IC 卡设备，特别是车载类 POS 机设备，分散于各辆汽车上，流动性大，是破坏者最易于攻击的另一个目标，为了保证其安全为了保证其安全，系统在设计时除了对信息处理有严格安全规范外，在设备的结构上，电路控制板上也应采取相应的措施：

1. 按照建设部的规范，我们必须采用安全性能极高的安全存储模块（SAM 卡或模块），它必须是符合建设部、中国人民银行的规范，同时应该是得到这些部门认证的。

2. 机器内数据的存放是一式两份，最大限度地保证机器的数据的完整性。

3. 存放于机器内的数据最好是被加密的，以防被盗。

4. 存放于机器内的数据一定是有校验码，以确保数据的不可更改性。

5. 机器在执行完任一操作后，都应忠实地把情况记录下来，以便必要时能对机器的使用情况进行追踪。

6. 对于初始化机、售卡充值机：它们除了有上述的性能外，在对使用人员的控制上，还应加入“操作员身份证卡”的方法，即每个合法的操作员均有一张 CPU 卡作身份验证，里面放置该人员的信息、密码，操作时只有经过验证是合法的 CPU 卡才能从中获得进门的密钥；

该CPU卡同时还存有对售卡充值金额等方面进行适当限制的信息，防止身份证的恶性“丢失”，每张CPU身份证卡，要定期到控制中心进行“更新”确认。

(1) 所有设备的工作流程要按建设部的规范实施。

(2) 设备应有较大的黑名单数据容量。

六、系统的其他安全性

1. 网络安全

(1) 任何在网上传输的信息都是已加密的，系统实现了应用层的保护。

(2) PC机与IC卡读写器间的通讯有严格的接口规范，它们之间具有动态的识别、加密传输功能，实现了包传输的加密，任何侦听、加插、伪造的操作都是无效的。这些措施也是金融IC卡进行身份验证和数据保密传递的技术。

(3) 传输信息与校验信息一起传送，可防止信息的非授权更改。

(4) 管理中心在收到信息后，要在数据库中检查正确后才能入库，防止信息的重复投递。

(5) 身份权限的控制：实行严格的密码管理制度，每个在系统上工作的人员都有自己的编号和密码，该密码对任何人(包括上级人员)均保密。本系统密码对系统开发者(供货商)也是保密的。

(6) 访问权限的控制：通过严格的安全体系保证系统上的开发者、使用者、发行者之间互相绝缘，各有独立密码系统不被别人窃取。

(7) 路由控制：网络管理中应配备防火墙，路由控制等多重控制，因而任何想通过这些关卡进入网络中心是极其不易的。

(8) 网络数据的传输采用“下取”的方式：即从各数据汇集点收集到的数据量放在站点机器上，由管理中心(或营运公司计算机室)按照时间分配，自动拨号到这些站点机上进行存取，从而使中心通讯机的使用得到控制。

(9) 为了防止病毒的攻击，系统设计在网络上只进行数据的交换，而不进行程序的交换，任何程序的交换都是非法的，这不但是技术的控制，更重要的是行政的管理。

2. 主机及中心数据库的安全技术

中心数据库是信息汇集的地方，更是攻击的最终目标，系统采用目前流行的C/S或B/S模式，操作终端和数据中心严格分离，只有中心管理员才有权进行数据库级的操作，客户端的操作都是通过系统内部指令而进行。

系统通过采用先进、可靠、安全、成熟的核心平台和技术，这些都是可以令人信服地增强系统安全、可靠性的有力措施。

按照系统的规定及时进行数据备份，及时互换密码，在行政的规范管理上保证系统的安全。

系统应建立完善的日志功能，对进入系统的各项操作都进行真实完备的记录，以便系统今后的追踪回索。

系统中心在处理各类营运信息时，都要对其真实性进行判别(包括解密、校验码认证、身份认证等)后才能加入到主数据库中，其运算量是很大的。因此在中心机房一定要采用一卡通专用的加密机，一方面可以为系统的运转提供较大的数据处理吞吐能力，另一方面可保证不会泄露有关的密钥信息，绝对不能把密码直接存放于计算机中。

3. 管理制度的完善

大家都知道，堡垒是最易从内部攻破的。虽然在一卡通的设计与建设中，我们可以加入很多安全技术，确保敌手不易攻破我们的防线。但如果自己内部出现问题，或者破坏者就是操作员，或者是内部人员没有按规范操作，把敏感的东西向外界泄露等，都会给系统带来不可估量的损失。因此建立、健全完善的管理体系，加强系统内部人员的管理，也是保证系统安全性的一个重要方面，这方面的例子已经存在很多，是十分值得系统管理者去认真对待的。

一卡通系统是一个庞大的系统，系统的安全性还涉及多个方面，仔细分析和总结各方面的情况，将会是一项艰巨而又十分有意义的工作。鉴于本文的篇幅，我们不能一一细谈，有兴趣的读者，请与我们公司或与作者联系，我们愿意把我们的教训和经验与大家共享，共同促进我国公交一卡通事业的向前发展。

智能卡表的安全性分析

北京握奇智能科技有限公司　陈红军

随着“一户一表”工程的实施，利用IC卡作为传输介质，采用预付费的收费方式对公用事业仪表进行抄表收费管理的模式得到了迅速的发展，并且逐渐从物业小区管理方式发展到行业或城市管理方式。由于用户的结算信息和公用仪表的计量信息都是通过用户手中的IC卡进行传输的，用户的分布又是一个十分复杂、分散的群体，因此如何保证用户卡中传递信息的安全性已经变成一个十分重要的问题。这个问题解决的好坏，将直接影响IC卡表以及预付费管理系统的推广使用。

一、智能卡表的安全性内容

在智能卡表和预付费管理系统之间，信息的传递是通过IC卡作为传输介质进行的，安全性的主要内容是如何保证IC卡中信息的安全性，与此相关，还要保证不能用非法的手段获得或者修改智能卡表中的数据信息。

对IC卡和智能卡表中的信息安全性保护主要体现在对数据信息进行非法攻击的防护上，常用的攻击行为有以下几种：

1. 截取信道中的信息

通过非法设备以及相关技术手段读取IC卡中存储的数据信息以及在IC卡与智能卡表进行操作时截取数据交换信息，见图1所示。

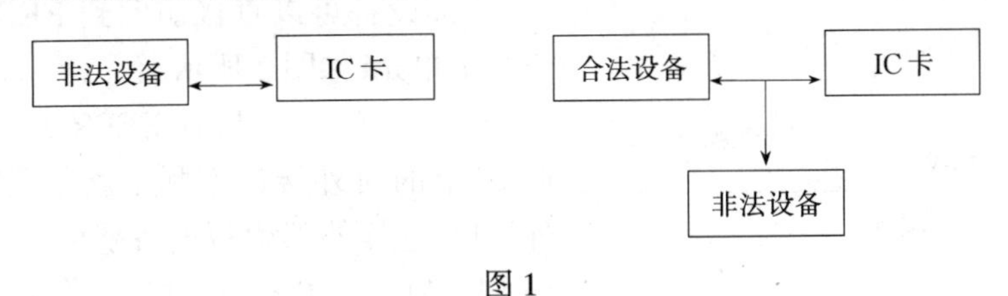

图1

图左所示为非法设备直接从IC卡读取数据信息，图右所示为非法设备在IC卡与合法设备在进行数据交换时对数据信息进行截获。这两种攻击方式是不可控制的，并且也是最常用的攻击方式。

2. 破译IC卡中的信息

攻击者在采用上述两种方式截获数据信息后，根据IC卡中数据信息的变化情况以及数据交换过程中数据流的变化，对数据进行分析，从而确认IC卡中所有数据的含义以及数据流的变化规则，完成对IC卡以及智能卡表中数据信息的破译，进而达到非法改变数据信息的目的。

3. 复现IC卡中的数据信息

攻击者在截获数据信息后，并不对数据进行分析破译，而是记录在特定操作中数据流的变化情况，在需要时，将记录的数据流直接复制发送到 IC 卡或智能卡表，从而达到非法改变数据信息的目的。这种情况经常发生在当 IC 卡与智能卡表之间进行数据交换采用加密处理的时候。

在上述所描述的攻击方法中，第一种方式是手段，由于 IC 卡和智能卡表全部由用户掌握和使用，管理方无法做到实现实时跟踪，因此在现实中是无法阻止攻击者进行这种尝试的。第二、三种方式是数据分析处理，是攻击的目的所在。如果对 IC 卡与智能卡表之间的数据进行安全保护处理或者采用较为简单的安全保护，攻击是非常容易达到效果的。为此在设计智能卡表及其相关管理系统时，必须对数据的安全性给予高度的重视，从某种角度来说，一个智能卡表及系统设计是否成功，关键在于其对数据安全性的处理。

二、智能卡表及系统数据存储的安全性分析

由于在智能卡表及系统中，IC 卡是数据存储和传递的载体，因此 IC 卡的数据存储安全性是需要着重予以考虑的。

在智能卡表及系统中所使用的都是集成电路卡（IC 卡），（从数据容量和安全性的角度以及读写设备的成本考虑，没有使用磁条卡作为信息载体的，因此磁卡表的名称是不准确的。）集成电路卡的核心是采用集成电路芯片来进行数据的存储。目前广泛使用的 IC 卡使用的是电可擦除数据存储芯片（EEPROM），这种芯片读写速度快，掉电后数据可以长期保存，并且数据可以反复进行擦写。应该说，正是由于 EEPROM 芯片的出现才带来了 IC 卡技术的广泛应用。

IC 卡根据对 EEPROM 读写处理方式的不同，可以分为存储卡、逻辑加密卡以及智能卡（CPU 卡）三大类，它们具有不同的数据保护安全级别。

1. 存储卡

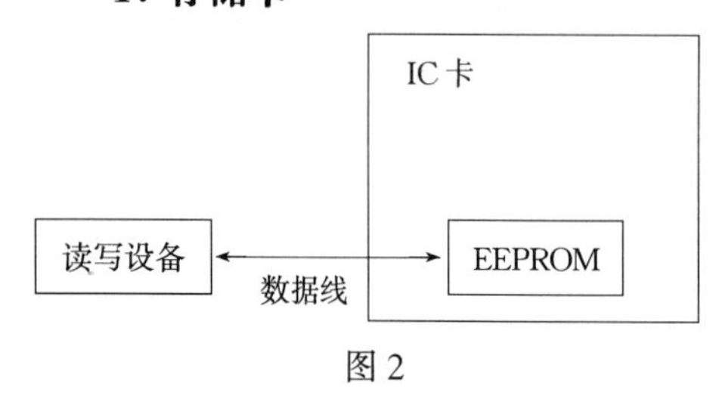

图 2

存储卡是直接将 EEPROM 芯片封装在卡片上，外部设备可以直接访问到 EEPROM 中的任何一个单元，如图 2 所示。

由于存储卡中只有 EEPROM 一个芯片，因此 IC 卡的对外接口实际上就是 EEPROM 的对外接口，这样外部读写设备就可以十分方便地对 EEPROM 进行数据读写操作，作为 IC 卡而言，无法对合法或非法的读写设备进行判断和识别，非常容易进行攻击。存储卡只是用来对数据进行存储，而无法对数据进行安全性保护，因此存储卡不具备数据安全性保护措施，数据安全级别很低。

2. 逻辑加密卡

逻辑加密卡是在将 EEPROM 芯片封装在卡片上的同时，将一组硬件逻辑电路也封装在卡片上，外部读写设备必须通过硬件逻辑电路的判断后才能访问到 EEPROM 中的任何一个单元，如图 3 所示。

由于在 IC 卡中存在一组硬件逻辑加密电路，EEPROM 芯片的接口并不直接对外，在初始状态 IC 卡芯片中的数据开关处于断开状态。外部读写设备在访问 IC 卡芯片中的 EEPROM 单元之前，必须首先发一组数据给硬件逻辑电路，硬件逻辑电路在判断数据的合法性

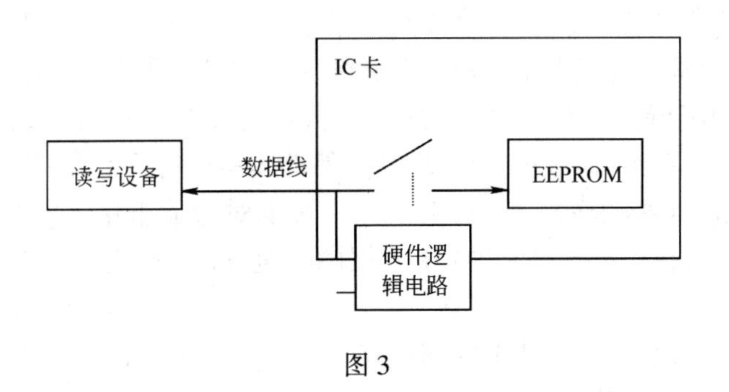

图 3

后(即密码校验),才决定是否将 IC 卡内的开关闭合。只有密码校验正确后,硬件逻辑电路才能将开关闭合,这时外部读写设备才能对 EEPROM 中的数据进行读写操作,这样逻辑加密卡就可以对外部合法和非法的读写设备进行识别判断。通过这种方式,逻辑加密卡对内部 EEPROM 中的数据进行了安全性保护,因此逻辑加密卡具备数据安全性保护措施。

但逻辑加密卡的安全性级别并不是很高,有两种攻击方式可以对其进行攻击测试,一种是当合法读写设备在发送数据进行密码校验时,非法设备可以跟踪到校验密码,这样今后非法设备通过重放也可以通过密码校验,从而对逻辑加密卡进行数据攻击;另一种方法是非法设备在跟踪到合法设备已经通过逻辑加密卡的密码校验,IC 卡内部开关闭合后,再通过数据线对逻辑加密卡中 EEPROM 的数据进行攻击破坏。因此逻辑加密卡虽然具备一定的数据安全性保护,但它的安全级别依然较低,具备一定的手段仍然是可以攻破的。

造成这种情况出现的原因是因为逻辑加密卡中的安全性是依赖一组硬件逻辑电路,这种电路只有判断能力,但不具备分析处理能力,因此不能及时发现和处理变化的环境。

3. 智能卡(CPU 卡)

智能卡是在将 EEPROM 芯片封装在卡片上的同时,将微处理器芯片(CPU)也封装在卡片上,外部读写设备只能通过 CPU 与 IC 卡内的 EEPROM 进行数据交换,在任何情况下都不能再访问到 EEPROM 中的任何一个单元,如图 4 所示。

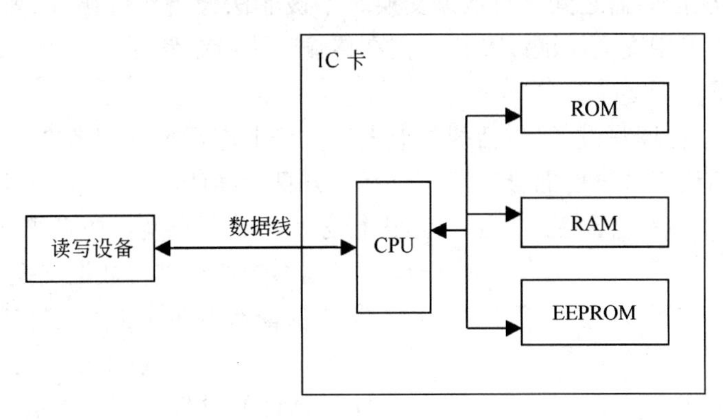

图 4

由于在智能卡中封装了微处理器芯片(CPU),这样 EEPROM 的数据接口在任何情况下都不会与 IC 卡的对外数据线相连接。外部读写设备在与智能卡进行数据交换时,首先必须发指令给 CPU,由 CPU 根据其内部 ROM 中存储的卡片操作系统(COS)对指令进行解释,并进行分析判断,在确认读写设备的合法性后,允许外部读写设备与智能卡建立连接。

之后的数据操作仍然要由外部读写设备发出相应的指令，并且CPU对指令进行正确解释后，允许外部读写设备和智能卡中的数据存储区(RAM)进行数据交换，数据交换成功后，在CPU的控制下，利用智能卡中的内部数据总线，再将内部RAM中的数据与EEPROM中的数据进行交换。可以看到，在数据处理过程中，外部读写设备只是和CPU打交道，同时数据交换也只能和数据缓存区RAM进行，根本无法实现对智能卡中EEPROM数据的直接访问。这样就实现了对智能卡EEPROM中数据的安全保护，因此智能卡也具备数据安全性保护措施。

与逻辑加密卡相比，由于智能卡内部具有CPU芯片，在具有数据判断能力的同时，也具备了数据分析处理能力，因此智能卡可以随时区别合法和非法读写设备，并且由于有了CPU芯片，具备数据运算能力，还可以对数据进行加密解密处理，因此具备非常高的安全性，其安全级别很高。

从对攻击方式的分析可以看到，保证IC卡内数据的安全性是最基本的要求，如果非法设备可以容易地与IC卡进行数据信息交换，进而进行分析处理，智能卡表及系统就不再具备任何安全性。因此提高IC卡的安全性是设计好的智能卡表及系统的关键。

根据上面的分析，如果智能卡表及系统对数据的安全性非常重视，应该选用安全级别高的IC卡，从发展趋势看，应尽量选用智能卡作为智能卡表信息传递的介质。

在设计实际的智能卡表系统时，安全性的指标也是相对而言的。如果设计的是单机版的物业小区管理系统，对安全性的要求不高，为简化设计和降低成本，可以选用逻辑加密卡或存储卡；但如果是行业管理部门或在大中城市推广智能卡管理系统，数据的安全性将是一个非常重要的指标，这时应该首先选择智能卡作为管理系统的数据信息载体。

三、智能卡表及系统数据交换的安全性分析

根据上面的分析，在智能卡表及系统中选择使用智能卡可以有效保证数据存储的安全性，但即使这样也只是阻止了非法读写设备直接对IC卡中数据的操作，并不能保证在IC卡与智能卡表或合法读写器之间进行数据交换时不被非法设备跟踪破译，要解决这种类型的非法攻击，还需要采用安全认证以及对数据在传输时进行线路保护处理。

1. 安全认证

安全认证用来在读写设备(包括智能卡表)与IC卡进行数据交换之前，首先进行必要的安全认证，用来确认双方身份的合法性。只有双方身份确认后，才能建立相互之间联系的通道进行必要的数据交换。如果双方不能确认身份的合法性，则不能建立进行数据交换的通道。

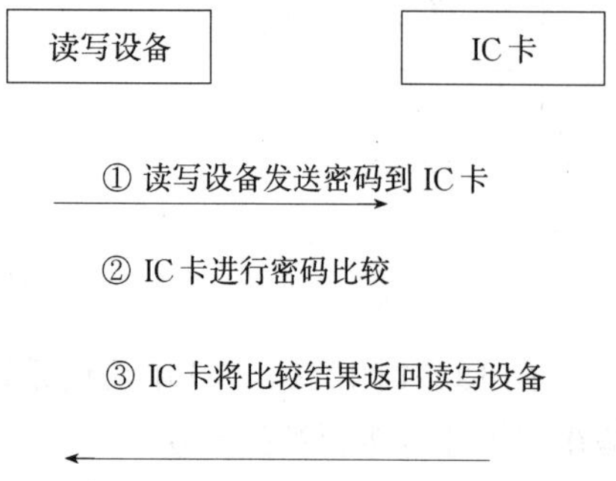

读写设备　　IC卡

① 读写设备发送密码到IC卡

② IC卡进行密码比较

③ IC卡将比较结果返回读写设备

图5

安全认证有两种方式可以实现，一是通过密码进行安全认证；一是通过密钥进行安全认证。

密码认证的过程如图5所示。

IC卡在进行密码比较时，如果读写设备发来的密码与IC卡中存储的密码相同，IC卡向读写设备返回密码认证通过的结果，并打开IC卡数据与外部进行交换的权限。如果密码不同，则返回错误结果，IC卡数据与外部进行交换的权限被关闭。

在逻辑加密卡中使用的就是这种认证方式,同时智能卡中的口令密钥认证也是采用这种方式进行的。密码认证的方式比较简单实用,是一种常用的安全认证手段。其最大的缺陷在于进行认证的密码在线路上进行了传输,如果非法设备跟踪到密码认证的第一步,就比较容易破译整个密码认证过程,这样非法设备也能够正确地与 IC 卡进行密码认证,从而能够非法与 IC 卡进行数据交换,而这个过程是无法阻止的。

密钥认证的过程如图 6 所示。

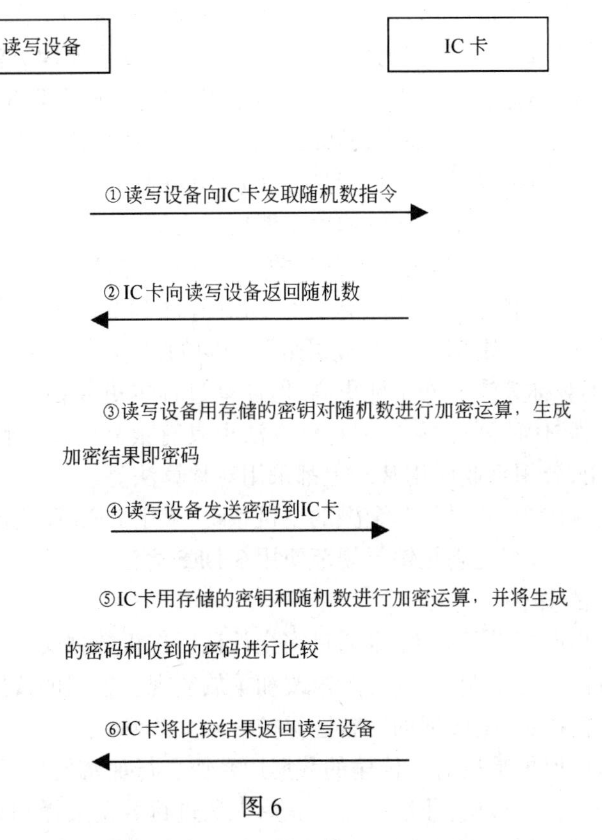

图 6

与密码认证过程相比,密钥认证增加了两个内容,一是引入了密钥的概念,增加了加密运算过程;二是增加了产生随机数的过程,有了这两个过程,就可以有效地保证密钥认证过程被非法跟踪后,仍然能够保证认证过程的安全性。

密钥是事先设置到读写设备和 IC 卡中的,它在认证过程中只参与运算,但不在线路中进行传输,这样非法跟踪是不可能截获到密钥的;由于有随机数的概念,这样每次进行密钥认证虽然使用的是相同的密钥,但经过加密运算产生的密码也是随机的,无规律可循的,这样非法跟踪截获到的密码无法在下次进行认证时使用,只要不知道密钥,非法设备就无法再向密码认证那样模拟安全认证的过程,也就不能非法与 IC 卡进行数据交换。

在这里值得特别指出的是加密运算过程也是保证密钥认证安全性的一个非常重要的环节,加密运算的算法必须满足下面的条件:

已知加密因子和密钥可以计算出加密结果,即数据加密运算;

已知加密结果和密钥可以推出加密因子,即数据解密运算;

已知加密因子和加密结果不可以推出密钥;

加密算法应该是公开的算法。

这样的加密算法就可以有效地保证密钥的安全性。同时需要特别指出的是在智能卡表及系统中采用的算法一定应该是国际上公认的具备上述特征的算法，只有采用这样的算法，才能够有效保证安全性，同时也能使智能卡表及系统具有兼容性和互换性。目前有些厂家采用自己编制的算法进行密钥安全认证存在两大隐患：一是算法未经过权威部门认证，算法的安全级别实际上很低，其安全性完全取决于算法不公开，但即使不公开的算法也很容易被非法攻击攻破，因为厂家的技术人员往往只是表具设计专家，而不是密码安全算法专家，而进行非法攻击的人员却往往是密码算法专家；二是由于安全原因算法不公开，系统的安全性就永远和厂家的人员有关，而真正关心系统运行安全的行业管理部门却不能掌握核心安全，同时也无法实现在系统中使用多家的智能卡表，从而对产品招标选型带来不方便，在某种程度上，不安全的算法可能反而保护了产品性能并不高的厂家，因为即使发现智能卡表产品有性能缺陷，使用者却由于安全算法的原因不能更换更好厂家的产品。

目前国际上公认的加密算法主要分为两大类型：一种是对称加密算法，这种算法的加密密钥和解密密钥是相同的，代表性的算法有 DES 算法和 3－DES 算法；另一种算法是非对称算法，这种算法的加密密钥和解密密钥是不相同的，代表性的算法有 RSA 算法。从安全性的角度来讲，不对称算法的安全性更高，但计算过程也更复杂，一般都应用在需要对身份进行合法性认证，防伪认证等场合；对称性算法也具有很高的安全性，算法相对比较简单使用，目前金融应用，公用事业应用基本上都采用对称算法。

在智能卡表应用中，如果是非金融的单机系统，采用 DES 算法比较适宜；如果考虑今后和金融系统联网收费，则应满足银行规范使用 3-DES 算法。

2. 数据的线路保护

线路保护是指读写设备和 IC 卡通过安全认证后进行数据交换传输时，要保证数据在线路上被非法设备截获后不能进行破译、窜改和重放复现。数据的线路保护分为两个层面：一是数据的机密性保护；一是数据的完整性保护。

数据的机密性保护是指对要传输的数据用密钥进行加密处理后再进行传输。这样在线路中传输的数据为密文数据，非法设备截获后无法进行数据破译和分析，接收方收到密文数据后再用解密密钥进行解密重新得到明文数据。

数据的完整性保护是指在要传输的数据后面附加校验码字节，发送方将发送数据与线路保护密钥以及随机数进行运算，生成校验码后进行数据传输，接收方接收到数据后用相同的密钥对接收到的数据重新计算校验码并与接收到的校验码进行比较，相同则接收数据有效，否则数据无效。由于密钥不在线路上传输，这样非法设备截获数据后如果对数据进行窜改，必然会导致校验码不正确，接收方就能够拒绝接受错误数据。

由于校验码在运算过程中也有随机数参与运算，因此即使采用相同的密钥，将相同的数据进行多次传输，每次形成的校验码也是各不相同的，这样非法设备即使截获了某一次的合理数据，也不能在进行二次传输，这就有效避免了非法设备对数据进行重放复现。

综合运用上述两种方法，就可以有效地保证数据在传输过程中的安全性，也就最终实现了在公开的传输介质或信道上，采用公开的加密算法进行数据传输，数据能够是有效的，正确的，安全的。与此相对应，数据传输的安全性不是依靠传输信道的封闭性，加密算法的不公开性来保证的。

综合上面所讨论的内容,在智能卡表及系统中要具备高的数据安全性,一是要采用安全级别高的IC卡即智能卡(CPU卡)作为传输介质,二是利用密钥和相应的加密算法进行数据的安全认证和有效传输。

四、智能卡表中实现安全性的工具-嵌入式安全模块(ESAM模块)

根据上面的论述,智能卡表在广义上也是一种IC卡读写设备,要保证智能卡表以及所使用IC卡中数据的安全性,除了使用智能卡外,必须能够实现智能卡表和智能卡之间能够进行数据的安全认证和线路保护处理,也就是要求智能卡表必须具有存储密钥以及进行加密运算的能力。

普通卡表的逻辑组成如图7所示。

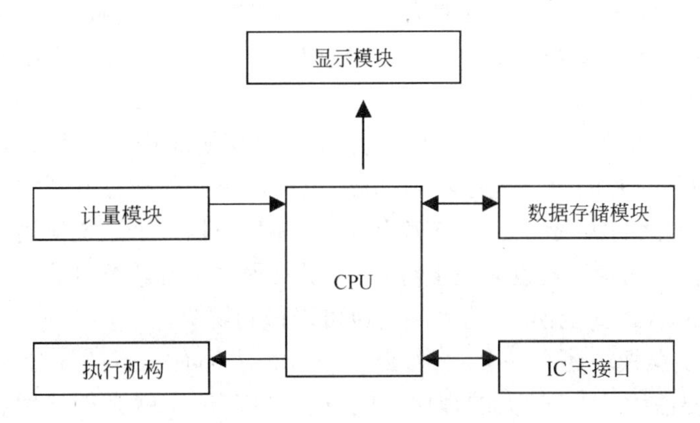

图7　普通卡表的逻辑组成图

卡表中的核心器件是微处理器(CPU),通过编制合理的程序,CPU可以对计量数据进行计算、存储、显示、与IC卡进行数据交换以及对相关数据进行分析判断控制执行机构。因此CPU的主要作用是完成卡表的数据处理流程以及实现设计好的功能。

从安全性的角度来讲,智能卡表除了要完成上述内容以外,还要完成密钥存储和加密运算功能,这样就产生了一个不可调和的矛盾。

由于CPU中的程序是需要生产厂家(或第三方)的设计人员进行设计的,这部分程序的功能和处理流程可以是由智能卡表使用方提出需求而委托设计的,需求本身也是公开的。但如果要在CPU的控制下存储密钥和进行加密运算,出于安全性的考虑,密钥值应该是不公开的,因此这部分程序编制是不能委托开发设计的,必须掌握在智能卡表使用方手里。换言之,智能卡表的功能、数据操作流程和数据的安全性是两个不同的概念,应该由不同的功能模块去完成。解决这个问题最好的方案就是在智能卡表中增加嵌入式安全模块(ESAM模块)。

增加了ESAM安全模块的智能卡表的逻辑组成,如图8所示。

与普通卡表相比,只是将数据存储模块换成ESAM模块,这样智能卡表中的CPU还是完成原来普通卡表的功能,程序也完全可以由生产厂家(或第三方)根据用户需求进行灵活编制,当需要进行数据交换时,由CPU启动ESAM模块与智能卡完成安全认证以及数据保护工作,密钥和智能卡表数据都保存在ESAM模块中。ESAM模块可以由智能卡表的使用方发行,安装在智能卡表中即可,这样密钥和算法的安全性和CPU程序就可以完全分开,整

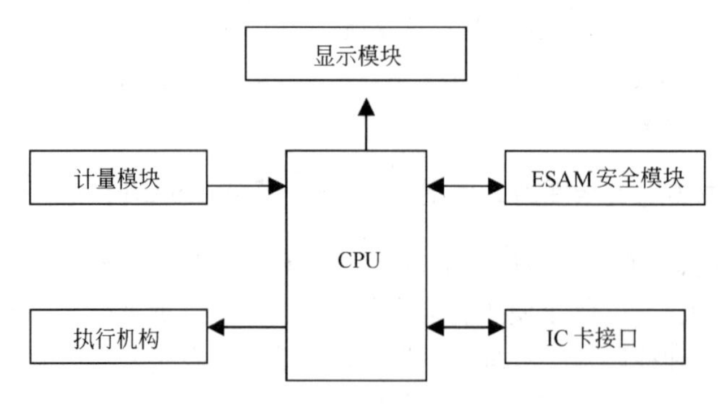

图8 智能卡表的逻辑组成图

个智能卡表及系统的安全性就全部由使用方掌握。同时使用方没有由于安全的原因限制生产方灵活设计不同功能的智能卡表,厂家可以随时对智能卡表中的程序进行修改和升级而不影响使用方的数据安全性。

从技术发展的角度来看,由于半导体芯片技术的发展,CPU芯片升级速度很快,新的CPU芯片不断出现,芯片的价格也在不断调整,生产厂家必然要使用性能价格比最高的芯片,如果将数据安全性的实现和CPU芯片联系在一起,一旦一个系统使用后,即使有更好的芯片出现,出于安全性的考虑,也无法再对CPU以及程序进行调整,也不利于新技术的推广使用。如果使用ESAM安全模块,这个问题也可以得到解决。

使用ESAM安全模块还有一个优势,由于加密算法都有一定的安全等级,用汇编语言来编制加密算法要占用CPU较大的程序空间,这样生产厂家就必须选用容量较大的CPU芯片,这样也会造成智能卡表成本的增加。目前大量使用的智能卡表都是针对居民的,属于民用产品,对价格的要求应该是比较严格的。

综合上面的因素,在智能卡表中使用ESAM模块技术可以实现智能卡表数据流程和数据安全的分离,便于实现产品的兼容和升级,可以不断推动技术进步,是规范智能卡表技术发展的有效技术手段。

非接触 IC 卡读写领域的一次技术创新
——非接触 IC 卡多功能读写器

中外建设信息有限责任公司研发中心　陈京德　季明松

一、非接触 IC 卡应用现状

近年来,自动识别方法在许多服务领域、在货物销售与后勤分配方面、在商业部门、在生产企业和材料流通领域得到了快速的普及和推广。自动识别方法的任务和目的是提供关于个人、动物、货物和商品的信息。

条形码和带触点的 IC 卡虽得到了大量应用,但因本身所具有的特点制约了其发展,如条形码虽然很便易,但它的不足之处是存储能力小以及不能改写;具有触点排的 IC 卡在许多情况下机械触点的接通是不可靠的,且触点对腐蚀和污染缺乏抵抗能力,在有些领域应用起来不方便。非接触识别已经逐步发展成为一个独立的跨学科的专业领域,它将大量来自不同专业领域的技术综合在一起:如高频技术、电磁兼容性、半导体技术、数据保护和密码学、电信、制造技术和许多专业应用领域。

非接触 IC 卡的应用主要集中于公交收费及不停车收费系统,从而作为非接触 IC 卡的高档部分——带有微处理器的高档部分得到广泛应用(图 1)。

在我国,从非接触 IC 卡的发展过程来看,首先得到应用的逻辑加密卡,其特点是价格便易,读写器需要配套的专用芯片;随着技术的进步,非接触 CPU 卡以其高的安全性得到认可,并且开始大量应用,其特点是安全性高,有国际标准(ISO/IEC 14443—1～4)支持,这样使得卡片的选择更加丰富。就当前国内非接触 IC 卡应用情况看,在一定时期内逻辑加密卡和 CPU 卡会同时存在,将来逐步以 CPU 卡为主。因此就需要一种能够读写多种类型卡片的读写器,解决一个系统中支持多卡的问题。

二、非接触 IC 卡应用系统的数据流

如果一个应用系统(应用软件)要从一个非接触的数据载体(应答器)中读出数据或写入数据到一个非接触的数据载体中去,则它需要一个非接触的读写器作为接口。从应用软件的角度来看,对数据载体的访问应是尽可能地透明。

对一个非接触的数据载体的读、写操作是严格按照“主—从原则”来进行的。这意味着,读写器和应答器的所有动作均有应用软件来控制。因此在一个分层系统结构中,应用软件是作为主动方,而读写器则作为从方只对应用软件的读写指令做出反应。

为了执行应用软件发出的一条指令,读写器会与一个应答器建立通信。而相对于应答器,此时的读写器是主动方。应答器只响应读写器所发出的指令,从不自主活动(图 2)。

由应用软件向读写器发出的一条简单的读取命令,此时会在读写器和某个应答器之间触发一系列的通信步骤。在下面的例子中(表 1),一条读取命令首先启动了一个应答器并

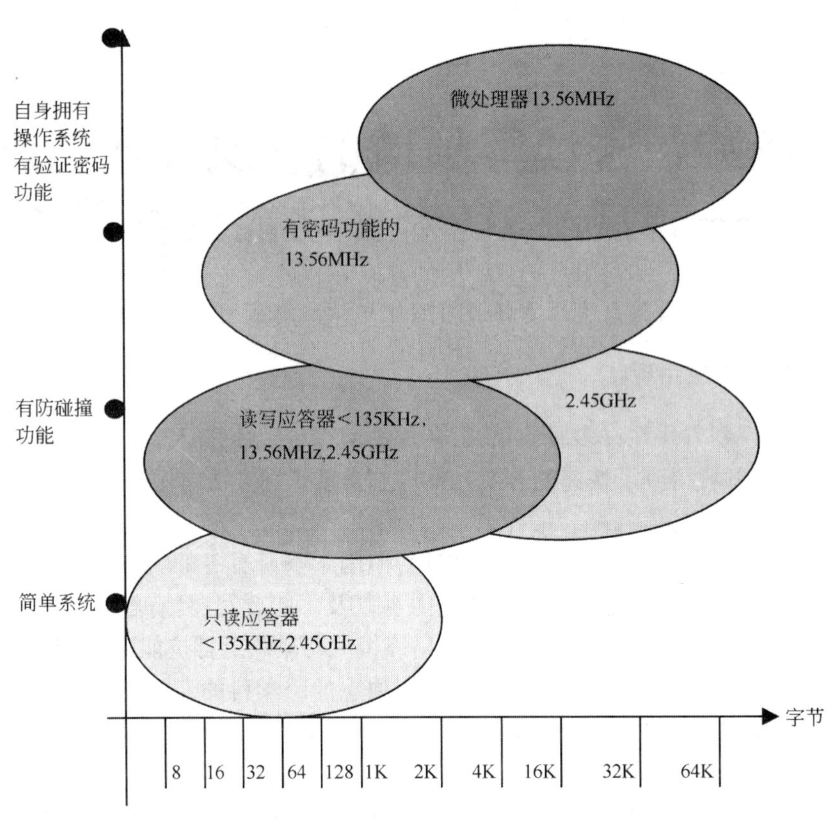

图1　射频识别系统可以划分成低档系统和高档系统

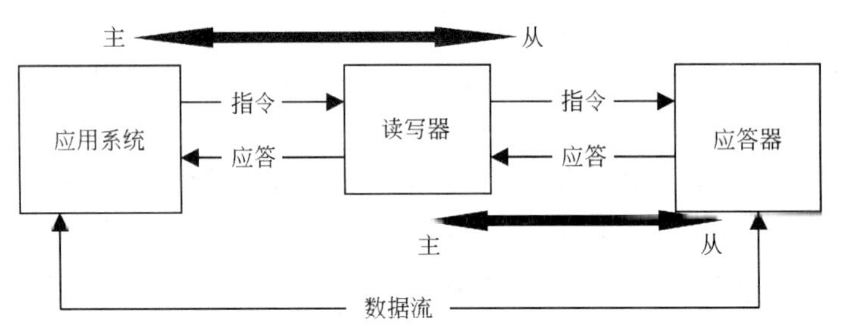

图2　应用数据流

进行身份验证，然后是传送所要求的数据。

读写器与应答器之间执行一条读取命令的示例　　**表1**

应用程序↔读写器	读写器↔应答器	注　　释
Blockread—Adress[00] →		从[地址]处读取应答器存储器
⟶	Request	应答器回答出一个序列号
←	ATR—SNR[4712]	进行身份验证
→	GET—Random	
←	Random[081514]	
→	SEND—Token1	

续表

应用程序↔读写器	读写器↔应答器	注　　释
←	GEN—Token2	身份验证通过
→	Read—@[00]	读命令[地址]
←	Data[9876543210]	从应答器中取出数据
←Data[9876543210]		将数据送往应用程序

因此,读写器的基本任务就是启动数据载体(应答器),与这个数据载体建立通信并且在应用软件和一个非接触的数据载体之间传送数据。非接触通信的所有具体细节,如建立通信、防止碰撞或身份验证,均由读写器自己来处理。

三、读写器的组成

所有系统的读写器均可以简化为两个基本的功能块:控制系统和由发送器和接收器组成的高频接口(图3)。

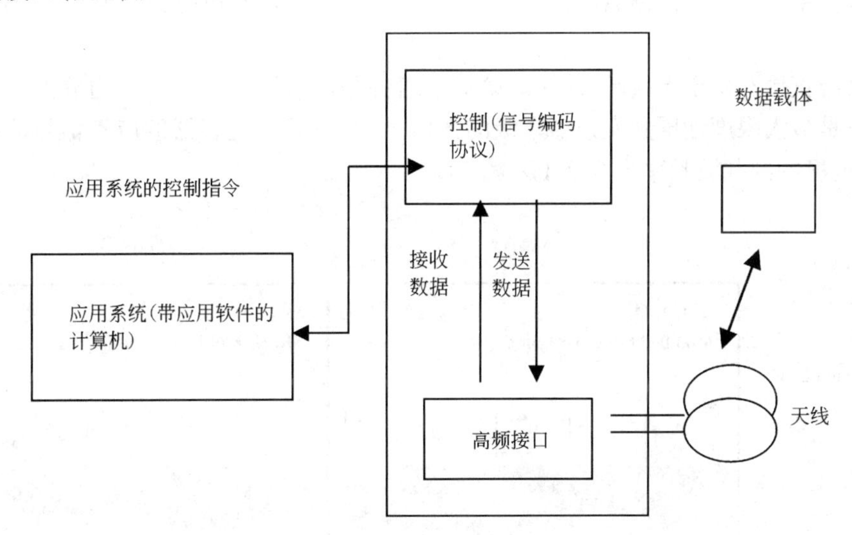

图3　由控制系统与高频接口组成的读写器框图

1. 高频接口

读写器的高频接口担负有下列任务:

(1) 产生高频的发射功率,以启动应答器并为它提供能量;

(2) 对发射信号进行调制,用于将数据传送给应答器;

(3) 接收并解调来自应答器的高频信号。

在高频接口中有两个分隔开的信号通道,分别用于往来应答器的两个方向的数据流。传送到应答器中去的数据通过发送器分支,而来自于应答器的数据通过接收器分支来接收。

非接触多功能读写器高频接口部分采用电感耦合方式(图4)。

在发送器部分,首先由(频率)稳定的石英振荡器产生具有所需工作频率即13.56MHz的信号。为了不进一步影响应答器的极度微弱接收信号的信噪比,对振荡器的相位稳定性和边带器声提出了很高的要求。

振荡器信号被馈送到由信号编码的基带信号控制的调制级。此基带就是键控的恒压信

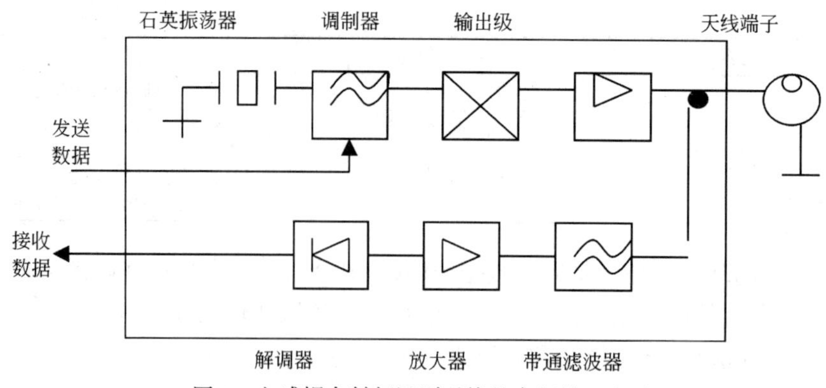

图 4 电感耦合射频识别系统的高频接口电路图

号(TTL 电平),在此将二进制数据以串行码的形式(Manchester,Miller,NRZ)表示出来。根据调制器的类型会执行对振荡器信号的 ASK 或 PSK 调制。

通过功率输出级使调制后的信号达到所需要的电平,然后就可以将它输出耦合到天线端上。

接收器直接开始于天线端,前端的第一个组件是具有陡峭边沿的带通滤波器。此滤波器的任务是最大限度地屏蔽发射器末级的强信号,并且只把应答器的应答信号滤出。对于本系统,这里的副载波频率为 847kHz(图 5)。

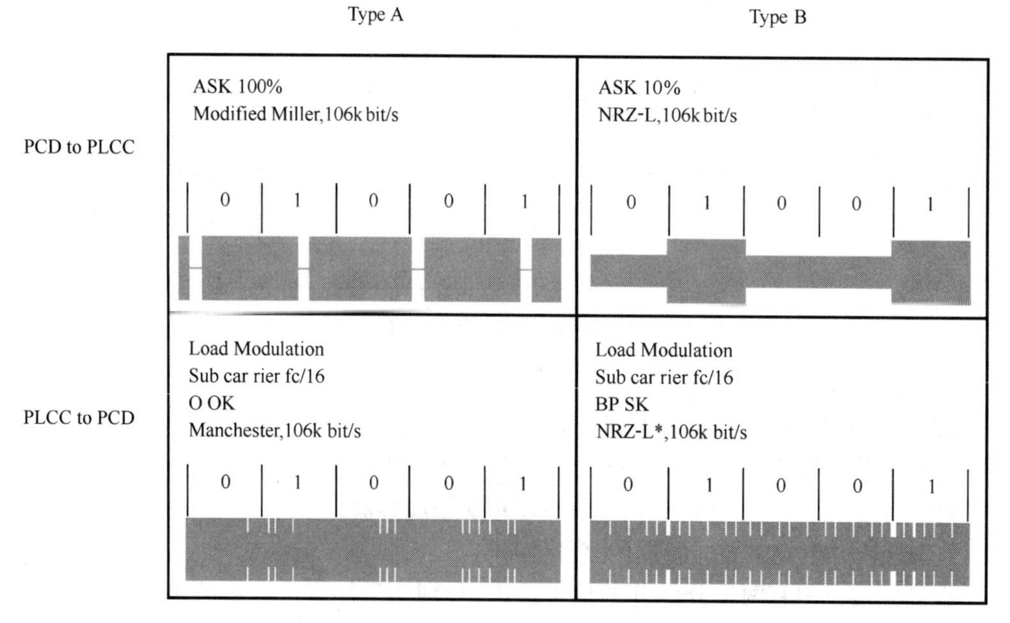

图 5 高频接口发送的载波信号和接收的副载波信号

2. 控制单元

读写器的控制单元担负着以下任务:

(1) 与应用系统软件进行通信,并执行应用系统软件发来的命令;

(2) 控制与应答器的通信过程(主—从原则);

(3) 信号的编码与解码;

(4) 执行防碰撞算法;

(5) 对应答器与读写器之间要传送的数据进行加密和解密;

(6) 进行应答器和读取器之间的身份验证。

3. 天线

天线是非接触 IC 卡读写器的一个重要组成部分,它由天线圈与电容组成串并联谐振回路,与高频接口紧密耦合,一方面要与卡片参数匹配,使得卡片能够得到充足的能量和完整的数据,并且把卡片的响应数据接收回来,另一方面又要与放大电路匹配,使放大器高效率工作(图 6)。

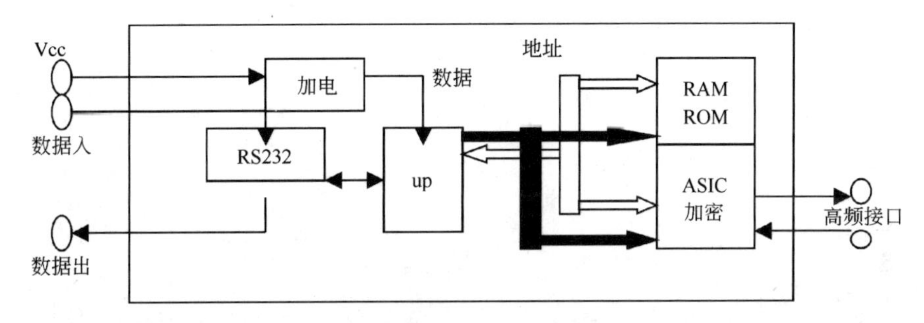

图 6　读写器的控制单元电路图(用串行口与上级应用系统软件进行通信)

四、主要技术指标

1. 读写卡片类型:Mifare 系列 ,TypeA,TypeB(符合 ISO/IEC 14443—1～4 标准);
2. 工作频率:13.56MHz;
3. 读写距离:0～100mm;
4. 通信速率:106Kbps
5. 射频输出:通过 50Ω 同轴电缆与天线连接;
6. 供电电压:5V±10%(<100mA),12±5%(<300mA)
7. 工作温度:-20～+70℃;
8. 存储温度:-45～+125℃;
9. 外形尺寸:100mm×58mm×14mm;
10. 接口:标准 RS232(读写器),8 位并行口(读写模块);
11. 安装方式:读写器方式采用标准串口与 PC 机相连,模块方式采用插针或直接焊接在系统板上;
12. 技术支持:提供动态库函数,支持用户二次开发。

五、社会效益和经济效益分析

1. 社会效益

虽然我国已成功引进了非接触 IC 卡技术并在很多部门和领域得到广泛应用,但其核心技术还没有掌握,如 IC 卡芯片的国产化和本地化,读写核心模块需依赖进口等,这就严重制约了我国 IC 卡市场的发展,不符合我国经济长期稳定快速增长的需要。非接触多功能 IC 卡读写器的适时研制成功,不但能完全兼容当今国内大多非接触 IC 卡的读写,并且填补了国内对符合 ISO14443 标准的 TypeA/B 卡无相应读写机具的空白。

2. 经济效益

我国国内目前对非接触 IC 卡的应用主要集中在非接触存储卡的应用,而现行的更高安全更大容量的符合国际标准的 TypeA/B 型 CPU 卡必将取而代之,这就为非接触读写设备带来了新的问题,因原有的读写存储卡的设备肯定不能支持新型 CPU 卡,而新型 CPU 卡读写设备又不向下兼容,故如何选择你的读卡设备是你的当务之急。非接触多功能 IC 卡读写器的开发成功为你提供了一种既不用淘汰现行持卡用户,又为以后的应用打下了良好的基础,具有明显的经济效益。

论城市公共交通一卡通系统应用发展趋势

上海华腾软件系统有限公司　高雪峰　徐亦书

一、引言

近年来，全国许多城市陆续建立了公共交通一卡通系统，如北京、上海、深圳、南京、大连等，极大地推进了城市信息化建设的进程。该系统的目标是以交通IC卡为主线，连接公交、地铁、出租等公共交通行业和水、电、煤、物业、超市等非公共交通行业，形成"一卡通用、一卡多用"的综合网络服务体系，最终实现"一卡在手，走遍全城"的梦想，并且能够解决长期困惑公共交通行业和部分非公共交通行业的自动收费问题。

使用公共交通一卡通系统，可以减少手持现金的流量，方便市民出行，同时也提高了营运单位的营运效率。市民持有一张交通卡可以在公共交通行业和部分非公共交通行业通用，乘坐常用的交通工具只需以卡代币，无需支付现金，换乘交通工具也不用换卡，同时市民还可以使用交通卡支付水、电、煤等日常生活费用以及超市、便利店等小额消费支出；营运单位通过开办一卡通业务大大减少了收费业务量，使收费过程自动化，节省了人力和物力，加速了资金的流动和周转。因为一卡通系统由统一的机构来管理，有助于对营运单位的监督，避免了逃税和漏税现象的出现，也有助于上层管理者了解各个营运单位的营运情况，从而更好地从宏观上对行业发展进行调控。

国内城市公共交通一卡通系统的建设还属于起步阶段，对各城市而言，如何建立和建立什么样的交通一卡通系统都没有一个完全可以参照的标准，各地交通一卡通系统都具有较强的本地特色，其系统架构、管理模式、业务模式和技术应用标准等都不尽相同。具体哪个城市的公共交通一卡通系统能够反映该系统的未来的发展趋势，目前尚无定论，但各个城市的系统建设方法和建设经验却是一笔宝贵的财富，其间必定隐含了交通一卡通系统的某种发展方向。本文将结合上海城市公共交通一卡系统的设计思想和发展规划从应用拓展的角度综合论述该系统的体系结构和应用发展趋势，力求探索一种比较合理的系统架构和业务模式，以供各城市在规划和建设交通一卡通系统时参考。

二、体系结构

城市公共交通一卡通系统一般由持卡人、售卡充值点、消费点、数据采集点、营运单位、售卡充值代理机构、清算中心和清算银行等要素组成，持卡人是交通卡的使用者，售卡充值点是交通卡出售和充资的经营场所，消费点是交通卡使用场所，数据采集点是原始交易数据采集和汇总的场所，营运单位是为持卡人提供消费等服务的业主，售卡充值代理机构是交通卡出售和充值的代理单位，结算中心是交通卡发行和清算的管理部门，清算银行是交通卡营运资金划拨的金融机构。因系统要素种类较多，对各种要素进行不同的布局会形成多种体系结构，哪种体系结构属于比较合理的结构还需经过系统筹建单位论证。为了使交通一卡通系统结构清晰、职责明确，将该系统按如图 1 所示的方法自上而下划分为五层是一种比较好的选择。由各层分别处理各自的事项，由上层管理其下层充分体现了集中管理和分布处理的原则。相同的营运单位也可建立行业中心接入清算中心，如高速公路各营运公司。

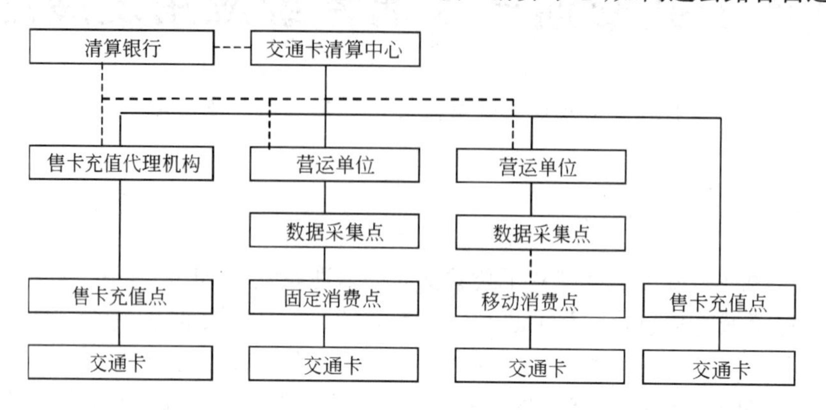

图 1　城市公共交通一卡通系统的体系结构

1. 第一层

第一层由清算中心和清算银行组成。清算中心统一发卡，负责一卡通系统的密钥生成、发行和管理体系，负责系统的日常运行和维护，建立持卡人账户、各营运单位的账户和清算中心的账户，负责每天的售卡、充值、退卡数据的汇总，消费数据的核对和清分，此外向持卡人及营运单位提供技术服务，负责仲裁持卡人纠纷。清算银行管理一卡通系统中所发生的现金以及根据清算中心提供的清算结果对营运单位、售卡充值代理机构的应收或应付款进行划拨。

2. 第二层

第二层由营运单位和售卡充值代理机构组成。公交公司、地铁、出租车公司、自来水公司、煤气公司、商场等都是一卡通系统的营运单位，对持卡人而言，他们是持卡人的业主，公共交通一卡通系统为这些业主提供服务。各营运单位的消费点装有消费终端(如车载机、出租车 IC 卡计价器、IC 卡水表、IC 卡气表、商场 POS 机等)，持卡人用 IC 卡消费后，交易数据经营运单位上传到清算，清算中心根据营运单位的消费记录进行清分结算，及时将各营运单位的营业收入划到其账户上。售卡充资代理机构为一卡通系统提供售卡充值点的经营单位，该单位可以是银行，也可以是公交公司、地铁、出租车公司等营运单位。售卡充值代理机构汇总售卡充资点的营业资金上交到清算银行并将售卡充资点上送的售卡、充值数据转发到清算中心，清算中心日终清算后通过清算银行进行资金划拨。

3. 第三层

第三层由数据采集点组成。数据采集点用于采集消费点发生的交易数据并上送到营运单位，采集固定消费点的交易数据，一般采用线路通讯方式，采集移动消费点的交易数据需通过采集器，采集器通过无线、采集卡等方式采集移动消费点的交易数据。

4. 第四层

第四层由售卡充值点和消费点组成。这些点都是机具的使用点，售卡充值点可借用银行、公交公司、地铁、超市等单位的营业场所，也可由清算中心在人口较集中的地点自行设立。根据连接方式可将售卡充值点分为间接售卡充值点和直联售卡充值点，从营运角度分析，间联售卡充值点完全属于代理方式，而直联售卡充值点虽然与清算中心直接相联，但它可以由其他单位代理，也可由清算中心自理。售卡充值点将营业资金汇总后上交到本单位相关部门并将售卡、充值数据传送到本单位营运系统。消费点可分为移动消费点和固定消费点，对于一卡通系统而言，公交车、出租车等属于移动消费点，地铁通道闸机、轮渡入口、商场收银台、停车场收费处等属于固定消费点，这些消费点为持卡人提供消费或支付的场所并通过 POS 机采集消费等交易数据。

5. 第五层

第五层由交通卡和持卡人组成。交通卡最终发放给持卡人，持卡人可到售卡充资网点的任一处去购买交通卡或去充资，持有交通卡后就可乘坐公交车、地铁、出租车等交通工具，也可缴纳水费、电费、煤气费等费用，系统自动将持卡人的消费计入相应的消费项中去。交通卡就是持卡人的电子钱包，可在系统的任一个消费终端上进行消费，避免了现金交易和找零的麻烦，充资时可到分布在全市的任何一个充资点进行充资，方便快捷、安全可靠。

三、跨行业发展趋势

城市公共交通一卡通系统运行初期一般是在公共交通行业内一卡通用，随着系统的不断完善和规模的不断扩大，凭借交通卡的诸多优点，系统将逐渐延伸到部分非公共交通行业，形成跨行业发展的趋势。

由于交通卡具有安全性高、可脱机操作、能在一张卡上提供多种应用并能在各应用之间实现数据的有效隔离以保证数据区安全等特征，所以交通卡能够在许多非公共交通行业内使用。

1. 在非公共交通行业内使用交通卡的支付功能和控制功能

本小节以交通卡在高速公路联网收费系统中的应用为例，论述如何在非公共交通行业内使用交通卡的支付功能和控制功能。为了达到有效收取高速公路通行费的目的，全国许多城市已建立了高速公路联网络收费系统，统一对行驶在本市高速公路网内的车辆进行收费。交通卡可以作为带金卡在该系统中使用，如果高速公路采用封闭式收费制，交通还可以作为通行证在该系统中使用，这充分利用了交通卡的支付功能和控制功能。当车辆驶入入口收费车道，系统在交通卡中写入入口信息，车辆到达出口收费车道，系统从交通卡中扣除车辆通行费。

交通卡清算中心与高速公路联网收费系统的连接如图 2 所示，高速公路联网收费系统由收费车道、收费站、各营运公司收费中心以及高速公路收费结算中心组成。收费结算中心的主要职责是执行通行费的清分、与交通卡清算中心对账、组织联网收费系统正常运行等；营运公司的收费中心主要负责收集、存储和管理所属收费车道和收费站的各种数据，负责对涉及本营运公司的收费数据进行核查、统计，对收费站进行监督管理以及对通行卷的调配管理；收费站对所属车道进行管理，负责采集所属车道的各种原始数据并与收费结算中心以及收费中心交换数据；收费车道处理联网收费系统网络结构的最低层，负责各种收费的直接操作及特殊情况的处理，原始数据由收费车道产生并上送到收费站。

交通卡在高速公路联网收费系统中的交易数据由收费结算中心汇总后传送到交通卡清算中心，交通卡清算中心日终处理时对高速公路收费结算中心的资金进行清算，清算结束后通知清算银行将应付款划拨到高速公路收费结算中心的开户银行。

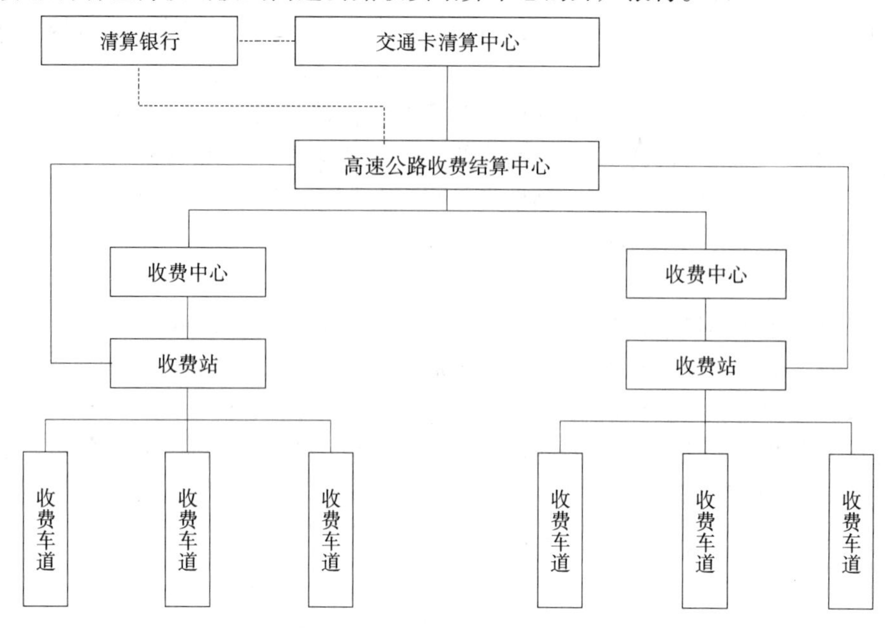

图2　交通卡在高速公路联网收费系统中的应用

2. 在非公共交通行业内开发交通卡的专用功能

本小节以交通卡在校园收费系统中的应用为例,论述如何利用交通卡跨行业开发专用功能。交通卡清算中心可以与本市的校园联网,使交通卡作为校园卡在校园内使用,该卡除了具有交通卡的通用功能外,还具有校园内部的专用功能。发行校园卡可以方便广大校园师生,逐步实现校园货币流通无纸化。交通卡清算中心与校园收费系统的连接如图3所示,校园收费系统由校园收费中心、食堂收费处、医疗收费处、上机/上网收费处、带门禁的通道等组成,交通卡可作为一种专用卡在该系统中使用。校园收费中心从交通卡清算中心领到交通卡,通过自身的系统将交通卡与校园师生的身份证关联并建立卡账户信息,使交通卡变成记名卡。当交通卡在校园POS机上使用时,POS机将交易信息实时上送到校园收费中心系统,校园收费中心系统验证卡的合法性并作相应处理。

如果校园卡丢失,校园师生需到校园收费中心挂失,挂失后的卡不再具有校园专用功能,但该卡还具有交通卡的通用功能,除非交通卡清算中心将该卡设置为黑卡。

交通卡在校园收费系统中的交易数据由校园收费中心汇总后传送到交通卡清算中心,

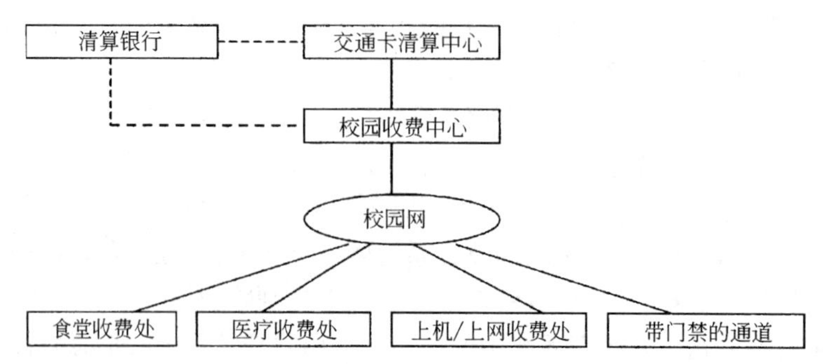

图3　交通卡在校园收费系统中的应用

交通卡清算中心日终处理时对校园收费中心的资金进行清算,清算结束后通知清算银行将应付款划拨到校园收费中心的开户银行。

四、跨地区发展趋势

城市公共交通一卡通系统的建立和发展给本市常住人口的出行带来了极大的便利,但给非本市常住人口却造成了一些麻烦,非本市常住人口入城时由于不熟悉售卡充资点的分布,买卡困难,出城时,由于不熟悉退卡流程,退卡繁琐。如何才能解决上述问题,最好的办法是将各地的城市公共交通一卡通系统通过一定的规则联网,实现交通卡跨地区消费。由于建设部已出台了建设事业 IC 卡应用的相关规范,规范中要求各地交通卡的消费密钥必须由建设部按规定标准统一向下离散,这使交通卡跨地区发展成为可能。城市公共交通一卡通系统跨地区联网的常用方法有以下几种:

1. 无区域交换中心的对等模式

无区域交换中心的对等模式如图 4 所示,这种模式是两两互联的模式,每个节点的交通卡清算中心的作用都是相同的。每个节点在处理交通卡消费交易时,首先根据城市代码区分交通卡的发卡方,如果发卡方属于本城市,则在本城市处理,如果发卡方不属于本城市,则将该类交易按城市代码分类并另行存放,当所有交易处理完成后,然后根据城市代码将异地交通卡消费交易批量发送到对应的发卡方交通卡清算中心,交由发卡方交通卡清算中心处理。节点之间的对账以发卡方处理结果为准,但受理方可以在第二天对可疑账务提出调整,对账结束后,每个节点对应收应付款进行轧差,由付款方通知结算银行划账。

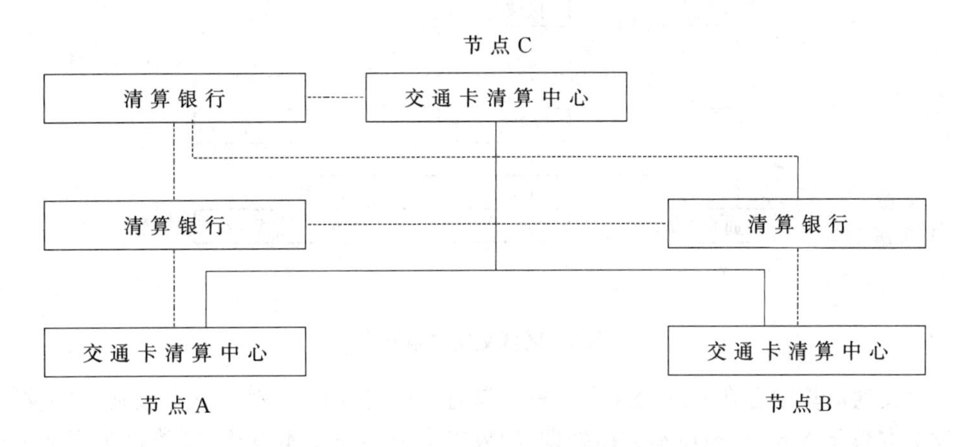

图 4　无区域交换中心的对等模式

由于该模式连接方式复杂,对账和资金划拨也较繁琐,所以只适用于小范围的跨地区联网。

2. 无区域交换中心的从属模式

无区域交换中心的从属模式种类较多,本小节着重论述主节点发卡的从属模式,该模式如图 5 所示,根据业务处理方式,可将该模式分为两种,一种是由主节点发卡,次节点不建立卡账户只作为主节点的一个行业中心接入,另一种是由主节点发卡,次节点从主节点处接收卡账户信息并建立卡账户,从而作为交通卡清算中心接入。

第一种模式的业务处理类似于高速公路管理结算中心接入,前提是次节点的读卡机具

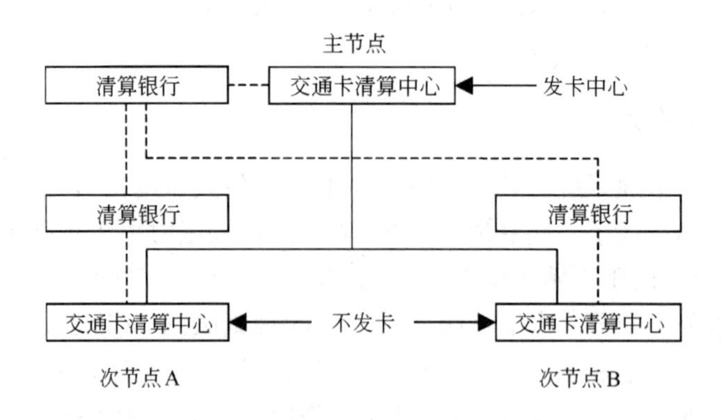

图5　无区域交换中心的从属模式

能识别主节点发放的交通卡。第二种模式的业务处理类似于区域交换中心模式的业务处理。

主节点发卡的从属模式的优点是系统方法简单、次节点不需发卡，所以比较适合大城市连接小城市的跨地区联网，如上海交通卡清算中心与无锡、苏州联网就可采用该种模式。

3. 区域交换中心模式

区域交换中心模式如图6所示，参与联网的各城市交通卡清算中心相互独立，它们只与区域交换中心连接，由区域交换中心负责转发和清算交通卡跨地区业务。

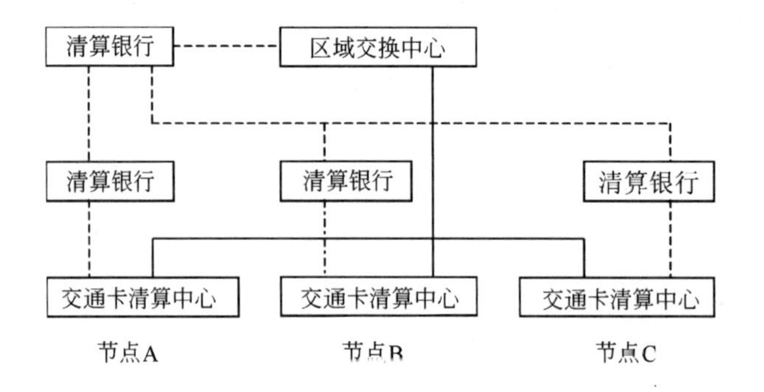

图6　区域交换中心模式

每个交通清算中心在处理交通卡消费交易时，首先根据城市代码区分交通卡的发卡方，如果发卡方属于本城市，则在本城市处理，如果发卡方不属于本城市，则将该类交易另行存放，当所有交易处理完成后，然后将异地交通卡消费交易批量发送到区域交换中心，由区域交换中心根据城市代码将该类交易转发到相应的发卡方交通卡清算中心。交通卡清算中心每天与区域交换中心对账，对账以发卡方处理结果为准，但受理方可以在第二天对可疑账务提出调整，对账结束后，区域交换中心对每个交通卡清算中心的应收应付款进行轧差然后通知结算银行划账。

该模式结构清晰，连接简单，对账和资金划拨方便，适用于所有城市公共交通一卡通系统的互联。

五、增值服务发展趋势

公共交通一卡通的普及使用，使得原来需要手工收集的公共交通管理、使用方面的信息实现了电子化，电子化数据与手工数据统计相比，在数据采集的方便性、准确性，以及数据深度开发和利用上，有着明显的优势。

城市交通一卡通系统在运营过程中积累了大量的公共交通设施的使用信息、客户信息和其他相关信息，这些与其他领域的信息相结合，如国家的经济政策、政府的城市整体规划、城市人口的统计信息等，形成了丰富的交通信息资源的宝藏，为深层次、多角度的数据分析和数据挖掘，以及利用数据分析和挖掘技术开发信息增值服务产品打下坚实的基础，对管理决策起到辅助的支持作用，提高交通系统内各行业的获利能力。

信息增值服务产品从分析层次上可以分为当前情况分析和发展趋势分析两个部分，包括时段交通情况、行业发展情况和趋势预测等。信息增值服务产品的服务对象包括政府部门、负责公共交通规划的政府管理部门、交通领域的商业机构、相关的零售服务机构和金融机构。

它为政府部门在宏观角度上为整体交通发展规划提供信息依据，为交通管理部门提供按时间段划分、按区域划分的交通流量、流向和分布情况，为管理部门了解和调整交通工具和线路设置，进行公共交通的规划提供信息依据，例如当交通管理部门需要增加新的交通线路或者工具，利用公共交通一卡通系统的历史数据，就可以对这条线路或者交通工具未来的使用情况、投资回报等信息做出分析，比较采用不同的交通工具优势和缺点，帮助决策的做出；同时，交通领域内的其他商业机构也可以从面向他们的需求的数据分析结果寻找商业机会。

在公共交通一卡通的增值服务产品开发中，相关的技术包括数据仓库技术、统计分析技术和相关工具、建立不同用途的分析和预测模型所需要的分析技术。其中数据层库技术为数据分析和挖掘技术的使用提供数据基础，同传统的应用型数据库不同，数据仓库按照业务分析的需要组织数据，如比较通用的星形和雪花型结构，它的数据性质是面向主题、集成、与时间相关和不可修改的数据集合；统计分析技术和工具在数据仓库的基础上，利用工具实现多角度多层次的查询和 OLAP 分析，利用表格、图形，得到业务数据的变化趋势，排序，不同时段情况比较，在线数据生成等；模型建立技术利用公共交通一卡通系统积累的历史数据，结合城市规划、人口统计等信息，挖掘潜在数据运行规律，从整体和局部对未来的交通发展趋势做出预测性的分析。

以分析交通卡的客户使用情况为例，我们可以建立如图 7 所示的星形结构。它有行业分布、时间、卡类型和结算情况等维度坐标，每个维度坐标中包含多个分层次设置的成员，交通卡的使用信息作为一个分析主题。行业分布层次包括交通工具的线路、站点设置，交通工具所属的行业信息，它的层次可以如下设置，第一级是所有、第二级为地铁，公交、出租和高速公路等不同的行业，地铁的第三级为 1 号线和二号线，公交的第三级为不同线路，出租的第三级为不同出租车公司等，再细分等级可以地铁站点设置、车号设置，时间层次可

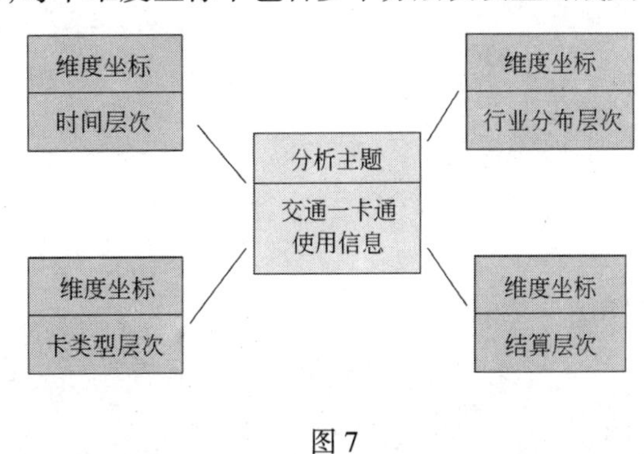

图 7

以分为年、季度、月、日、小时和分等。

同一个维度坐标可以有不同的层次结构，例如时间坐标可以是常规的年、季度、月、日、小时和分，也可以按照和非假日时段、一般假日和较长假日，在小时之上分成高峰时段和一般时段等等，根据具体的分析需求灵活确定。

星型结构的中心表为需要分析的变量，简单的以交通卡客户使用信息为例，包括上下地点、时间、消费金额，交通工具中转情况等信息。

按照以上星型结构在数据仓库中建立数据模型的物理结构，这样的一个结构和多维分析工具结合，业务人员可以使用多维分析中的切片、旋转和向上/向下钻取技术，从不同层次、不同角度进行数据查询。例如可以察看本年度在每天同一时间段内所有地铁站点的客流量，或者某个区内各站点的客流量；相同和不同交通工具在某一时间段内客流量的分布趋势等。

六、结束语

城市公共交通一卡通系统不仅能够方便市民、促使公共交通行业和部分非公共交通行业的管理走向信息化、科学化和规范化，而且还能够提高城市的整体形象，因而它具有广阔发展前景，如：上海城市公共交通一卡通系统在 1999 年底试运行，截止到 2002 年 8 月底，发卡量已达 400 万，日交易量已达 140 万，连接的行业有公交、地铁、轮渡、轻轨、出租、旅游集散点、高速公路等，系统呈迅猛发展之势。各城市在筹建公共交通一卡通系统时，应从本市建设事业现状出发，立足于市民，着眼于未来，采用合理的业务模式、管理模式和技术手段对系统进行统筹规划、分步实施，相信系统一定能够适应社会和市场的发展并在城市信息化建设中发挥其主导作用。

硬件加密设备在城市交通一卡通中的应用

北京卫士通网络安全有限公司　吴向阳

一、引言

目前,全国范围内的许多城市都正在积极筹备或正在实施城市建设综合管理信息系统的开发工作。城市建设综合管理系统以IC卡为媒体,将现金支付为主的收费方式转变为以电子货币交易为主的收费方式,最终实现公共交通等城市建设收费行业的"一卡通"。实施城市交通一卡通的目的在于对城市交通中各行业的收费情况进行统一完善的管理,协调好各行业的运行,并且具有方便市民出行,结算方便快捷等优点。

在城市"交通一卡通"系统中,IC卡作为电子货币的媒体,实现一卡多用、一卡通用是系统的基本需求,同时具有电子货币功能的智能卡对安全的要求大大提高。因此保证系统安全是城市交通一卡通成败的关键,是统一行业规范与管理的前提,能防止出现盗卡和伪卡的产生,保证市民的利益不受损害,对维护政府形象和社会稳定起到关键的作用。

在该系统中密钥管理机制通常使用标准的3DES密码算法或者由国家主管部门审定批准的密码算法和严格的传输密钥来控制系统的安全性。密钥管理机制直接关系到整个系统的安全,密钥的生成、存储、发行、更新、保管、销毁是系统安全的核心问题,占有非常重要的地位。如何保证IC卡在系统中实现安全认证;如何保证成功交易防止窜改;如何保证卡中数据的安全特别是持卡人资金的安全;如何确保整个系统的正常运作,如何保证资金清算的顺利进行等一系列的安全问题就成为整个项目的重中之重。

本文就城市公共交通IC卡应用建设,从应用系统安全的角度分析现行的交通一卡通系统中存在的安全隐患,同时就密钥管理系统、发卡系统和交易系统的安全作一些探讨,即如何利用硬件加密设备来实现密钥管理和卡片的个人化处理,保证敏感信息的机密性和交易数据的完整性,防止非法卡、伪卡的诈骗行为。

二、交通一卡通系统中存在的安全隐患

在交通一卡通系统中,其安全风险和隐患主要来至于以下几个方面:

1. 来自于密钥管理系统软件实现方式的安全隐患;

2. 来自于通信线路上的风险,如:搭线、篡改、重播等;

3. 来自于人员的风险,如:攻击者分析、跟踪程序代码、获取用户密码、非法访问数据业务主机数据库、获取客户信息等;

4. 来自于保护措施上的风险,采用的保护措施安全强度不够或方法不得当而给攻击者以可乘之机;

5. 卡片个人化处理系统;

6．主机系统采用软件加密；

7．主机操作系统的安全性等。

三、密钥管理系统实现模型

密钥管理系统是整个应用系统的核心，占有非常重要的地位。在整个系统的安全机制中，密钥扮演着非常重要的角色。通过密钥本身的安全机制和密码算法，来有效的保证系统的安全性能。

建设部建办[1999]65号《关于建设事业IC卡应用管理工作的通知》文件明确规定："为确保各地IC卡应用系统，特别是发卡、充值、清算、资金划拨等环节高度的安全性，建设事业IC卡应用采取必要的安全管理机制，一律采用部IC办统一提供的密钥管理系统和机具安全模块"。其主要目的是为了对全国范围内各城市建设事业一卡通工程提供密钥管理的统一标准和IC卡结构的规范，以便能够对各城市使用IC卡进行规范和管理，提高系统的安全性能。

密钥管理系统主要包括以下部分的功能：密钥生成、密钥存储、密钥发行、密钥保管、密钥更新、密钥销毁。密钥管理系统的目标就是安全地产生各级主密钥和各类子密钥，并将子密钥安全地下发给子系统的发卡中心，用来产生用户卡和操作员卡的各种密钥，确保以上所有环节中密钥的安全性和一致性，实现集中式的密钥管理。

对密钥进行统一、分级管理可以有效地解决子系统独立发卡、机具共享，实现跨地区、跨行业一卡通的问题。并具有管理简单，强等优点。目前建设行业的密钥管理系统共分两级，第一级为部级密钥管理系统，第二级为城市密钥管理系统，如图1所示。

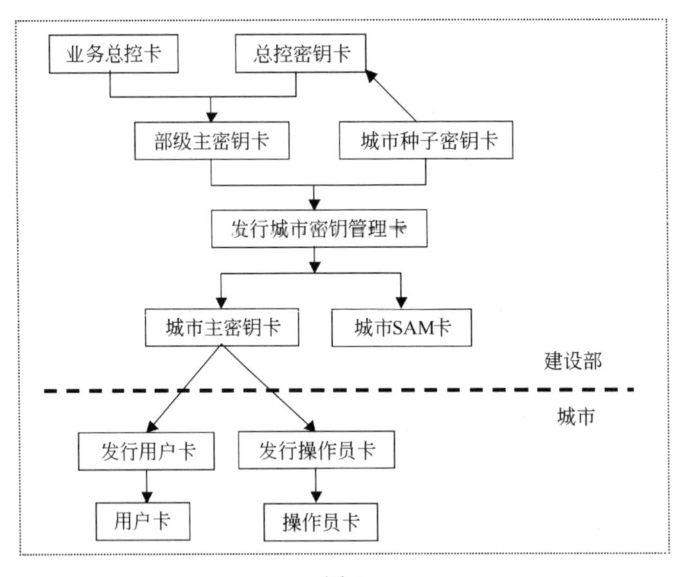

图1

在交通一卡通系统中使用的密钥分为3级：系统总控密钥、卡片访问主密钥、卡片访问密钥。所有的密钥生成过程都在发卡中心完成。整个系统中密钥生成体系如图2所示。

密钥管理中心主要功能是负责产生全系统消费(扣款)主密钥，为二级模块产生消费(扣款)主密钥，并以密钥卡的形式传输到各二级模块，在密钥卡上记录发卡信息以便跟踪审计，

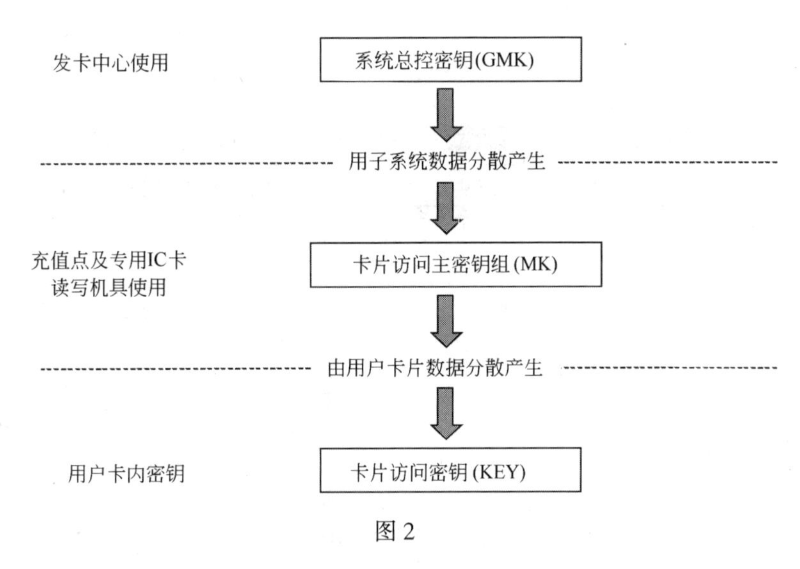

图 2

同时以书面形式记载密钥卡的文件结构和使用方法。

具体功能如下：

1. 生成一级模块各种密钥管理卡

(1) 制造主密钥卡；

(2) 总控密钥卡；

(3) 业务总控密钥卡；

(4) 一级模块主密钥卡；

(5) 二级模块主密钥卡；

(6) PSAM 母卡；

(7) 传输密钥卡。

2. 为二级模块生成各种密钥管理卡

(1) 二级模块密钥发行卡；

(2) 二级模块终端 SAM 卡。

3. 此一级模块主要应用于部级密钥管理中心

二级模块：

主要功能是负责生成和安装用户卡、充值 SAM 卡上的各种密钥。

此二级模块一般应用于城市密钥管理中心。

硬件加密机在系统中典型的应用配置如图 3 所示。

四、硬件加密设备在系统中的作用

1. 硬件加密设备的特点

SJL05 硬件加密设备在交通一卡通中的作用主要由其自身的特点所决定的。它的加密运算是通过独立于主机系统之外的硬件加密设备实现的，各类关键主密钥的生成、存储及各种密码运算都在加密机内部进行，并采用了多种技术措施防止密钥泄漏。该设备具有以下特点：

(1) 密码算法由硬件芯片(如 FPGA 芯片、ASIC 芯片等)实现，并且有相应的保护措施

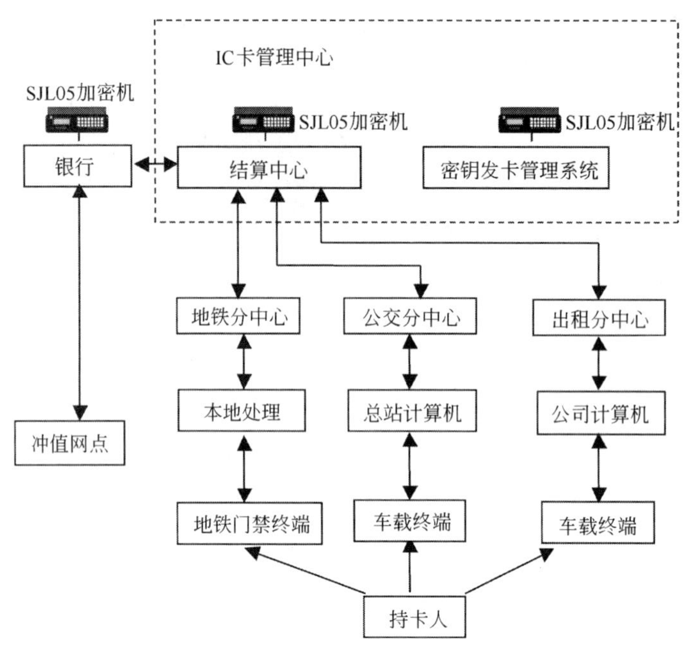

图3 应用配置图

保证算法不可读出。

(2) 密钥都保存于加密设备内部,加密设备外部不会出现密钥的明文。

(3) 加密设备都有内置的硬件噪声源,保证产生密钥的随机性。

(4) 加密设备都有其管理密钥的方法,保证密钥产生、传输、分发的安全。

(5) 加密设备自身的安全性也有相应的措施来保证,如防拆、防撬设计、开机密钥自毁等措施。

(6) 支持DES、3DES、国家主管部门审定批准的算法。

2. 硬件加密与软件加密的区别

有人认为采用硬件加密和采用软件加密并没有多大区别,认为只要采用了加密,就可以放心了。这是一种非常危险的想法,其主要源于对硬件加密和软件加密之间的却别没有深刻地认识。

硬件加密与软件加密主要区别可从密钥存储、敏感数据的安全、运算速度等几个方面来论述。

(1) 密钥存储方式的区别

在IC卡交易中,对交易报文的安全处理一般都是采用对称加密体制。按照现代密码学理论,“一切秘密寓于密钥之中”可知,密钥是确保系统安全的重要因素,一旦密钥泄露,可能会给整个系统带来灾难性的后果。

软件加密方式,密钥或者以明文方式存储在程序中,或者以加密的方式存储在文件或数据库中,密钥交换或分发虽以密文方式分发,但是无论密钥以何种形式存储和分发,在运算时各级密钥总会以明文的形式出现在计算机的内存中。黑客或攻击者通过分析内存或跟踪程序运行,就可以获取密钥明文;但对系统内部人员来说,由于他们对本系统熟悉,获取密钥明文更是易如反掌。

硬件加密方式,密钥数据绝不以任何明文形式出现在加密设备之外,所有的密钥明文都存储于加密设备中,并且加密设备自身又一套完善的安全保护机制,如加密设备物理防护、微电保护电路设计、主密钥分段备份保存等措施。硬件加密设备主密钥注入采用多个管理人员分段注入,然后加密设备通过内部的密钥合成算法合成为最终的主密钥,任何一个密钥管理人员都无法获知主密钥的实际内容。即使密钥管理人员相互串通,由于不知道合成算法,也不能得到最终的主密钥明文。工作密钥的分发都用主密钥加密成密文的方式进行,所有的加解密工作都在加密机内部完成,在硬件加密机外不出现任何明文数据,所以攻击者是无法获取密钥明文的。

(2) 敏感数据的安全

软件加密方式其加密算法以软件方式实现,并存在于计算机的硬盘或内存中,在加解密运算中,客户的重要数据(如个人密码 PIN 等)会在某一时刻以明文形式出现在计算机的内存或磁盘中,攻击者可通过跟踪程序、常驻内存分析软件等手段从硬盘或内存中获取这些资料并加以利用。

硬件加密方式其加密算法及其他算法都在加密设备中,所有的加解密运算都在加密设备内部完成,同时加密设备只接受与上层应用协商的数据报文格式,实现规定的加解密功能,攻击者无法得到加密算法和密钥,也无法利用加密设备得到交易数据的明文。

(3) 算法运算速度的区别

软件加密通过在主机上运行加密软件来实现加密功能,除占用主机资源外,其运算速度较硬件加密要慢。

硬件加密是通过独立于主机系统外的硬件加密设备实现的,所有关键数据的存储、运算都在内部通过硬件实现,不占主机资源,速度快,安全性很高。

3. 硬件加密设备的作用

从以上硬件加密设备所具有的特点和硬件加密与软件加密的区别分析,加密设备在交通一卡通系统中主要的作用如下:

(1) 在部级密钥管理中心和城市密钥管理中心实现安全密钥管理;

(2) 保证密码算法的安全,保证密钥的安全,避免采用软件算法存在的风险;

(3) 密钥分散和存储都在加密机内部,即使导出密钥也是加密后导出;

(4) 对交易中的关键数据(如交易金额、交易时间、交易流水等)都利用硬件加密设备进行完整性保护和验证(TAC);

(5) 所有加/解密运算都在硬件加密设备内部进行,避免敏感信息以明文形态出现在加密设备之外;

(6) 保证 IC 卡交易中密钥产生、传输、分发的安全;

(7) 通过与发卡机相连,可以实现卡片个人化处理。

五、SJL05 金融数据加密机简介

1. 功能特征

(1) 提供对主机的应用层数据进行加/解密;

(2) PIN 的加/解密、验证及转发;

(3) 消息完整性验证(MAC)的产生、验证、转发;

(4) 交易完整性验证(TAC)的产生、验证;

(5) 支持金融 IC 卡交易;

(6) 支持数字签名与验证;

(7) 支持消息摘要生成;

(8) 支持 IC 卡身份认证;

(9) 支持卡片的个人化处理;

(10)支持黑信封打印功能;

(11) 全硬件随机密钥的产生;

(12) 完善的 IC 卡密钥管理及体系结构;

(13) 支持由国密办审批的专用密码算法以及国际上流行的 DES、3DES、RSA、HASH 等算法(根据用户需求还可定制);

(14) 加密机物理上完善的自身保护;

(15) 支持《中国金融集成电路(IC 卡)应用规范 V1.0》;

(16) 支持《社会保障(IC 卡)应用规范》。

2. 工作方式

(1) 异步字符:150——115200bps;

(2) 同步:4.8K——2Mbps;

(3) Ethernet:10M/100M 自适应;

(4) 加/解密速度:100Mbps(DES 算法),30Mbps(专用算法);

(5) 数字签名速度:160 次/秒(RSA 1024bit);

(6) 验证签名速度:1500 次/秒。

3. 安全保护

(1) 物理锁,防拆、防撬设计;

(2) 打开机盖密钥自毁;

(3) 人工毁钥;

(4) 访问权限控制(个人密码、IC 卡);

(5) 机外备份密钥分段存放;

(6) 整机电磁兼容性设计。

4. 通信接口

(1) V.24/RS 232-C;

(2) V.35/RS 422/RS449;

(3) X.25;

(4) SNA/SDLC;

(5) 10 Base T/100 Base T。

5. 支持的环境

(1) 主机平台:Tandem、HP9000、AS/400、OS/390、RS/6000、ES/9000 等;

(2) 操作系统:LINUX、SCO UNIX、HP UNIX、DEC UNIX、AIX、WIN95/98/NT/XP 等。

6. 密钥管理

(1) 内部密钥采取多级分层结构,逐级向下提供保护;
(2) 提供多种密钥输入方式:IC卡输入、加密机面板输入;
(3) 密钥分段输入由加密机内部合成;
(4) 外部备份密钥分段存放;
(5) RSA密钥对的产生;
(6) 完善的密钥存取控制。

六、成功应用

沈阳城市交通一卡通项目;
大连城市交通一卡通项目;
成都公交一卡通项目。

清华同方城市通卡应用综述

清华同方智能卡产品公司

一、清华同方城市通卡整体解决方案

1. 系统概述

随着计算机技术和IC卡技术的高速发展,"电子商务"、"电子货币"等支付手段的日益成熟,清华同方提出了"城市通卡"整体解决方案。它是将城市中相关行业统一起来,采用统一的付费方式,方便市民消费、提高运营企业的工作效率;在一定区域内,居民或游客持一张IC卡能实现身份验证、脱机消费支付、金融领域应用等功能,如公共汽车收费、出租汽车收费、公园门票收费、煤气管理收费、停车场、路边停车点收费、路桥收费、自来水管理收费、居民小区物业管理收费等,达到"一卡在手,生活无忧"的总体目标。

建设数字化城市是城市通卡工程项目的远期目标,IC卡作为信息的载体和接口,在"城市通卡"工程项目中,通过向市民发行用于城市生活的IC卡,建立城市公共事业管理信息平台。将市民每日的生活信息和消费信息,通过使用IC卡进行数字化记录,反映到城市的相关的信息系统中,为城市信息的综合管理提供必要的数据与分析,依托城市IC卡系统平台全面开展电子商务。有了这些信息,辅以其他手段,如:查询、统计,间接测算、决策分析等,为城市中的个人消费、企业经营及城市管理者的决策,提供了多方面有力的分析基础和指导依据。

2. 城市通卡的应用范围

清华同方规划的城市通卡,主要涉及在城市居民生活的各个领域的支付和身份认证,能够完成公用事业的预收费,金融、旅游等多个领域的快速结算和支付,在有条件的城市还能够实现小区和停车场等领域的应用,目前清华同方能够提供的比较成熟的城市通卡应用领域列举如下:

(1) 城市交通:公交、地铁、轻轨、轮渡、出租等收费;

(2) 城市公共事业:水、电、气、路桥收费、停车场收费等;

(3) 金融应用:圈存、圈提、消费、取现、转帐等;

(4) 旅游消费:代替门票、旅游积分进行收费。

3. 总体设计

本系统设计的基本思路为"一个中心、两类网点、三个系统"。三个系统之间采用"人字结构"相连接,实现IC卡"联机缴费、脱机消费"两条流程。同时,使系统达到"城市通卡"的要求(图1)。

为了阐述方便,根据各级机构和消费者的关系,我们将直接面对用户(持卡的市民)提供服务的系统称为"前台系统",将和"前台系统"连接,间接为用户(持卡的市民)提供服务的系

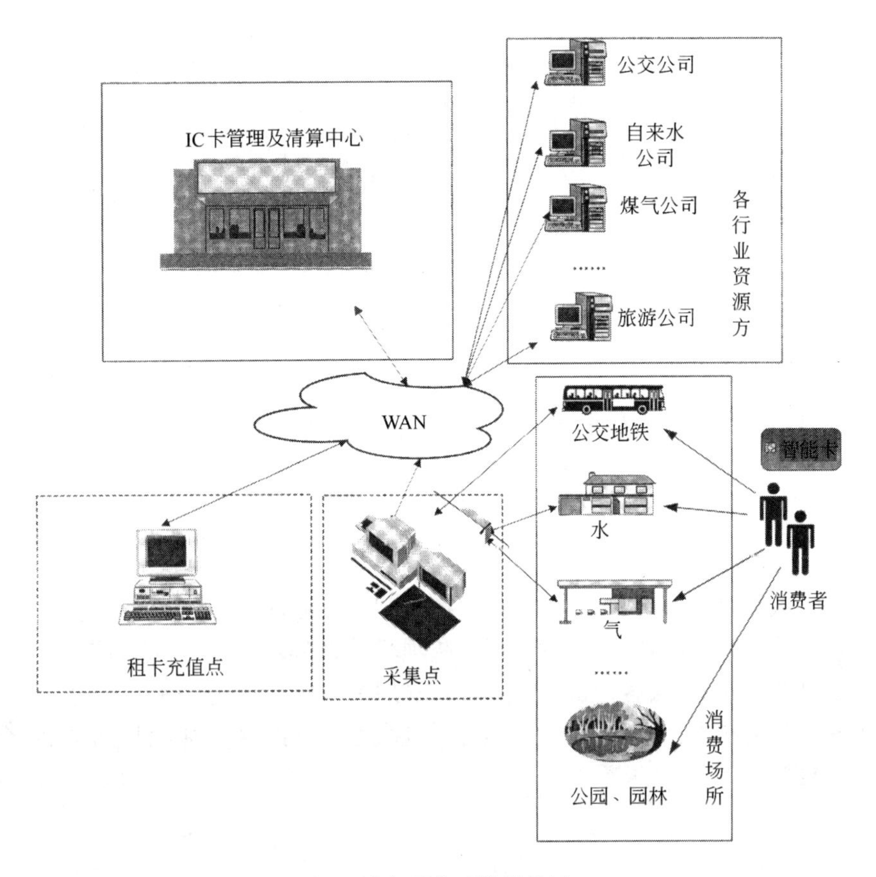

图 1　城市通卡系统结构图

统称为“后台系统”。具体划分如下：

（1）一个中心

一个中心为 IC 卡管理清算中心，它负责两方面的工作：统一的资金清算；整个 e 卡通系统管理。相对于用户（持卡的市民），IC 卡管理中心在两类网点后面，提供服务支持，作为“系统后台”。

（2）两类网点

第一类网点为“联机营业网点”，主要负责为用户发卡充值和其他辅助 IC 卡管理业务，与“一个中心”之间为联机交易。它直接面对持卡的市民，提供“城市通卡”的服务，作为“系统前台”。第二类网点为“数据采集网点”，实现用户消费、收费管理和信息收集等功能，与“一个中心”之间为脱机交易，也作为“系统前台”。

（3）三个系统

第一个为后台中心系统，运行在“IC 卡管理清算中心”，是整个系统的核心。

第二个为前台联机交易系统，运行在“联机营业网点”，面向用户负责资金的流入。第三个为前台脱机采集系统，运行在“数据采集网点”，面向用户提供消费场所。

（4）人字形结构

人字形结构表示一个中心，两个网点和三个系统之间的物理关系，如图 2 所示。

从资金清算的行政管理角度看，我们用“二级管理机构”，即“清算及管理中心”和“联机

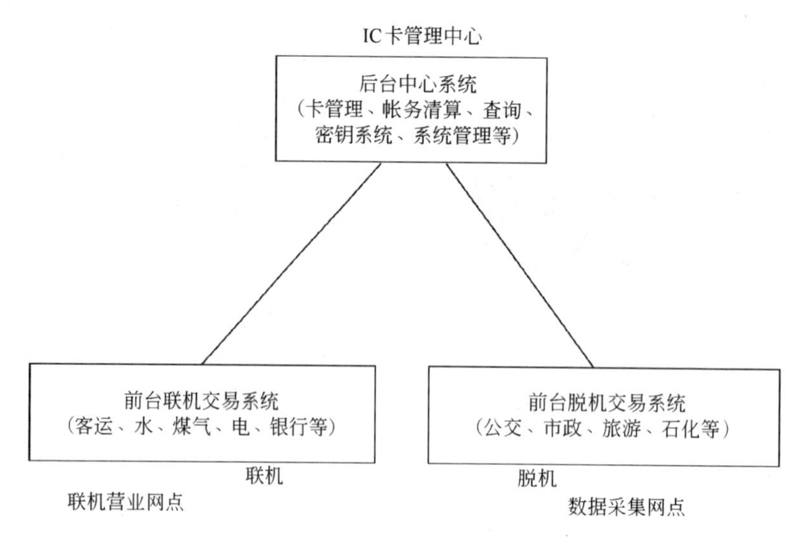

图2 人字型结构

营业网点”或“数据采集网点”。二级管理结构有利于保证资金的一致性和完整性。

从应用系统设计角度看,“城市通卡”系统项目涉及领域广泛,实施周期长,采用中间件服务,引入如图3所示三层客户机/服务器体系结构,是最为理想的平台。这样既可以保证系统将来充分的可扩展性和分步实施的易操作性,也可以提供一种灵活、可靠、安全的“城市通卡”解决方案。

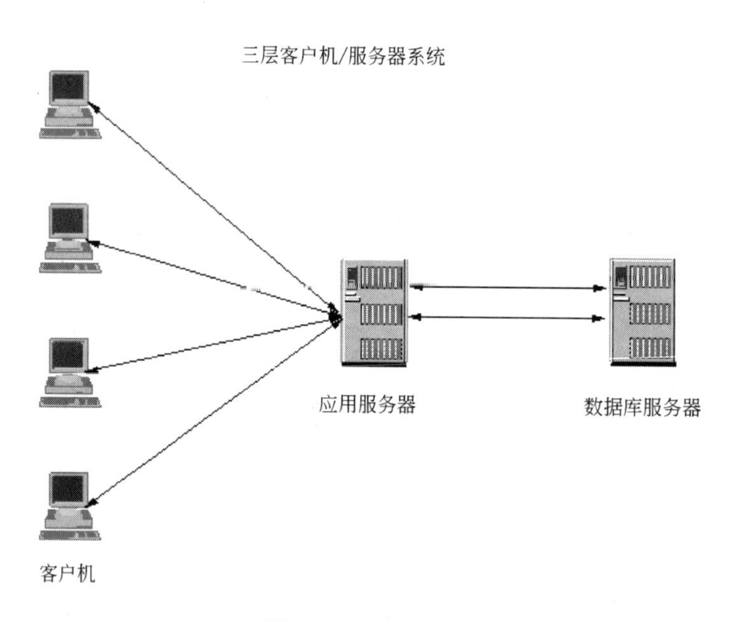

图3 三层应用结构图

“三层应用结构”,既在后台中心系统数据库服务器和前台客户机系统之间增加一个“应用服务器”,通常称为“中间件服务器”,安装在城市通卡清算及管理中心。

这种结构可以为系统带来如下好处:

(1) 可以从容面对高峰时的大交易量,系统不会因为突发高峰而瘫痪;

(2) 可以根据交易类型对不同交易设定优先级，使整个应用系统更为有效；

(3) 便于应用程序修改和变更。由于公用 IC 卡涉及领域广泛，三层次结构有利于业务逻辑变更，而无需影响所有连接上来的用户；

(4) 安全性好。由于客户机逻辑上只与应用服务器打交道，而不是直接读写数据库，使系统更加安全；

(5) 移植性好。由于中间件屏蔽了用户和操作系统之间的交道，且中间件本身是跨平台的产品，所以，当使用不同厂家的服务器产品和不同厂家的数据库产品时，是非常方便移植的；

(6) 性能好。由于客户机无需每次再对数据库进行连接和释放连接的动作，使系统中通讯量减少，而中间件与数据库采用的是恒连接，使系统效率提高；

(7) 扩展性好。当系统中应用越来越多，总体交易量不断上涨时，可以通过扩展应用服务器的方式对系统进行扩展，非常容易和方便。便于分布增加应用，实现公交、出租、水、煤气的分步实施，并为将来增加新的应用提供便利；

(8) 三层和多层次结构以其层次清晰、维护方便、扩展能力强等应用软件业多年来不断追求的目标的实现，已成为未来应用软件业发展的趋势。

我们将这一先进概念和产品推荐给“城市通卡”系统这样一个要求充分考虑系统的安全性、可扩展性和可靠性、信息交换保密性高、数据传递及时准确、开发维护便利、适应电子商务网络化要求的系统，必将有助于此项目的开发实施取得卓有成效的成果，一定能在主机系统的成功应用中发挥作用。

4. 系统运营模式

清华同方在研究了城市公用以及行业 IC 卡应用特点的基础上提出了城市通卡的运营模式，如图 4 所示。

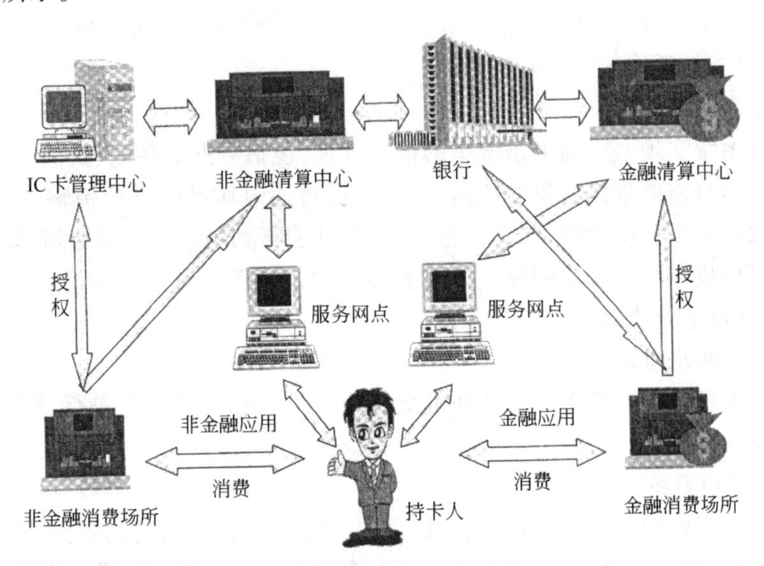

图 4 运营模式

城市通卡系统为市民提供了多个行业的收费服务，因此需要建立覆盖全市的服务网点，提供租卡、充值、挂失、销户、换卡、退卡、查询和数据采集等多种服务业务。并将交易数据传输给 IC 卡管理中心，以实现 IC 卡管理中心的统一清算，从而保证资金的一致性和准确性。

IC 卡管理中心：IC 卡管理中心一般由城市管理部门统一建立。负责整个城市的一卡通项目的 IC 卡管理、资金清算、客户管理和系统管理，并对运营中产生的各种资金进行统一清分，以协调和保证各资源方的利益。

联机营业网点：负责实时联机完成各个运营方（包括：公交、公用事业、旅游等），对 IC 卡进行充值等业务，同时将相关的交易信息发送到 IC 卡管理中心。联机营业网点可以由各个运营方根据行业经营的特点自行设置，也可以借助银行网点由城市统一规划设置，总体的原则是要方便市民应用，便于管理。

数据采集网点：负责批量地将消费者在消费点进行消费的数据传送到 IC 卡管理中心，这需要根据各行业的经营方式，灵活的设置和管理。

5．系统组成和基本功能

城市通卡是一个庞大的系统工程，基本系统组成和功能介绍如下：

（1）联机交易系统

在联机营业网点，实现城市通卡系统中的卡交易功能和部分会员管理功能。为市民提供租卡、充值、挂失、销户、换卡、回收、查询等多种服务业务。除了卡信息查询外，其他业务都需要实时联机进行。

（2）脱机采集系统

脱机采集系统实现数据中心和手持 POS 机的信息交换。公交消费终端的交易信息通过本系统传输给数据中心进行资金清算，水、电、燃气、公园门禁等的抽检信息通过本系统传输给数据中心进行核对，数据中心的黑名单信息和时钟信息通过本系统传输给手持 POS 机。

（3）资金清算系统

资金清算系统以“统一开户，每日一清，当月结平”为原则，针对联机交易和脱机交易产生的数据，清算参与系统各方的帐务。

（4）信息管理系统

信息管理系统实现城市通卡系统中的信息管理，包括数据的存储、查询、分级授权管理。城市通卡工程项目需要采集大量的数据，这些数据将通过城域网进行传输。管理中心将对各方的运营数据进行分析处理，便于信息查询，并且能够利用数据分析结果（如：公交线路预报、水电气信息）提供其他增值服务。有利于各运营公司建立更加合理的运营组织模式，提高工作效率，降低运营成本。

（5）后台数据处理系统

后台数据处理系统实现对每日的联机交易业务信息和消费信息进行处理，并提供数据中心的日常维护。

（6）消费网点系统

用户持卡到消费网点进行消费，购买相应的产品或服务。消费网点完成相应的消费功能，记录用户的消费交易明细，通过采集设备上传到数据中心进行处理。消费网点通过内部的安全模块，保证交易的安全可靠。

在城市通卡系统中，通过采用“一卡一账”的账户设置与管理方法，提高了系统安全性，并在每张 IC 卡对应的用户账户内记录 IC 卡的所有交易信息，保护了各方的利益。

在城市通卡系统中,IC 卡的联机交易系统和账务系统可以与银行合作组建,其他系统需要由通卡运营公司完成。

6. 系统特点

(1) 城市信息化的数字平台

城市通卡系统是未来城市信息化的基础平台,它建立在专用的网络平台上,以 IC 卡为接口,建立了城市信息与数据仓库,拥有自己的核心管理软件符合国家建设标准和安全规范,能够做到服务市民、管理城市,具有层次性、动态性、关联性和整体性等特点。

(2) 系统应用的扩展性

系统从城市整体解决方案上来看,既可独立应用于公交领域,也可应用于公交、水、电、燃气多应用,并可扩展到公用事业收费、停车场收费、金融消费等各个领域,为多应用预留了充分的扩展空间。

另外,根据用户具体需求不同,可以选择不同类型、标准的 IC 卡和配套机具。

(3) 系统应用的安全性

为保证城市通卡系统的运行安全和信息安全,在系统设计时采用基于金融规范的体系结构,加强防火墙技术,绝对禁止外部人员进入系统,在存取控制、口令保护、信息加密等方面也有周密的设计;另外还采用加密数据传输、系统分级授权管理等多种措施来实现系统的高度安全可靠。

(4) 系统中各应用的独立性

城市通卡包含多个行业的应用,各个应用在整个系统中是独立的,采用模块化的设计,并预留了与各运营公司的接口,提供独立资金清算互不干扰,从而保护了各方的利益。

7. 效益分析

(1) 经济效益

城市通卡工程是对城市公共交通行业、水电气行业、旅游行业等城市基础设施和其他传统经营方式加以改造和提升的基础上,应用高科技手段,依托庞大的、固定的并不断发展的城市居民用户群市场,与当地金融机构合作,受到各地政府优惠政策的大力支持的数字网络平台,其发展远景广阔,市场规模和价值巨大。

A. 提高市政和运营公司的信息化管理水平,有利于提高工作效率、降低运营成本,增加收入;

B. 对消费数据进行统计分析,为业主公司的运营决策提供准确的数字依据,改善业主公司的运营效率;

C. 采用预收费的方式,达到了资金沉淀的目的;

D. IC 卡表面的封装广告和冠名权为运营公司带来直接的收益。

(2) 社会效益

IC 卡应用系统是集计算机、通信、微电子技术、现代密码学、数据库管理等高技术为一体的系统工程,是涉及领域和行业较广、覆盖面较大、社会影响很大的工程项目。

A. 有利于推进国有企业改革、提高管理水平、走出经营困境;

B. 提高城市的市政以及各行业的信息化管理水平;

C. 响应国家促进城市信息化建设的号召,提升当地的城市面貌,为城市的发展带来新的商机;

D. 改善市政秩序,为市民做实事,提升政府的形象,促进国家金卡工程进程;

E. 改善人民生活质量,提高城市综合水平。

8. 基本建设原则

目前,我国的一些大中城市已经先后进行了城市智能卡应用系统工程项目的建设,随着这些项目的实施,有不少问题也随之而来,那就是盲目上马、各自为政、重复建设、互不兼顾、多重发卡以及乱收费等问题。这样,不仅不能实现真正意义上的信息化建设,而且给市民的生活也带来了诸多不便。

为此,国家建设部 IC 卡应用管理领导小组办公室制定了相关的政策、法规,坚持对 IC 卡应用的开发实行“统一规划、统一标准、统一制造、统一发卡、统一管理”五统一原则,同时,实行严格的市场准入制度,对项目承包单位的资质和设备的性能也提出了很高的要求。

清华同方根据建设部的要求也制定了智能卡项目实施的原则:

(1) 统筹规划、分步实施;

(2) 统一标准、统一要求;

(3) 统一发卡、一卡多用;

(4) 简单实用、安全可靠;

(5) 技术先进、经济合理;

(6) 多方参与、利益兼顾;

(7) 先试点、后推广。

通过“城市通卡”建设实现数字化城市,提升城市管理水平,企业运作水平及市民的生活质量。清华同方愿为国内的“城市通卡”系统工程建设贡献自己卓越的产品,为数字化城市的实现尽一份力。

二、城市通卡建议书

1. 行业背景

城市建设系统涉及公共交通、煤气(天然气)、出租车、公园、自来水等众多领域。在这些领域中,传统的收费方式在当今已显得落后,造成了某些公用事业单位的严重亏损,政府每年都要投入巨资补贴,这同社会主义市场经济的本质是背道而驰的。随着 IC 卡应用在各地的实施,不仅实现自动收费,电脑结算,而且缩短运行时间;减少点钞人员和管理环节,杜绝贪污,减少假币、假票,加速了资金周转,促进企业信息管理系统的完善,带来了管理机构和管理方式上的巨大变化。因此,IC 卡应用的推广,可以改变城建系统企业传统的管理服务方式,提高企业劳动效率,使企业经济效益和服务水平明显提高,并对提高城市形象起到了极大的推动作用。

目前,中国的公共事业 IC 卡建设中分为两类,一类是单一行业的 IC 卡应用,另一类是多行业的一卡通,即多个行业共享一张卡片资源,统一发卡,统一管理。

清华同方提出了城市通卡整体解决方案。它是将城市中相关行业统一起来,采用一致的付费方式,方便市民消费、提高运营企业的工作效率;在一定区域内,居民或游客持同一张 IC 卡能实现身份验证、脱机消费支付、存储各类信息等功能,达到“一卡在手,生活无忧”的总体目标。目前,城市通卡中可实现的应用包括:公共汽车收费、轻轨、地铁收费、出租汽车收费、公园门票收费、煤气管理收费、自来水管理收费、停车场、路边停车点收费、路桥收费、居民小区物业管理收费等。

2. 应用领域

清华同方规划的城市通卡，主要涉及在城市居民生活的各个领域的支付和身份认证，能够完成公用事业的预收费，金融、旅游等多个领域的快速结算和支付，在有条件的城市还能够实现医疗、社保等领域的应用，目前清华同方能够提供的比较成熟的城市通卡应用领域列举如图5。

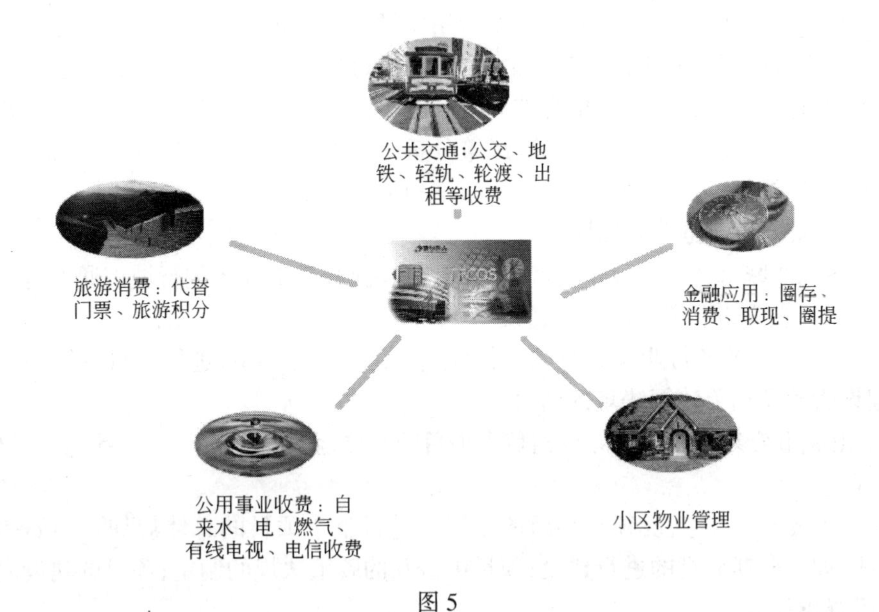

图5

(1) 城市交通：公交、地铁、轻轨、轮渡、出租等收费；

(2) 城市公共事业：水、电、气、路桥收费、停车场收费等；

(3) 金融应用：圈存、圈提、消费、取现、转帐等；

(4) 旅游消费：代替门票、旅游积分进行收费；

(5) 小区物业管理：房租，物业费，电梯费等。

3. 城市通卡与单行业应用的对比分析

就目前的IC卡市场状况，行业背景及各个城市的信息化建设而言，城市通卡与单行业应用的对比如下：

(1) 单行业应用本身的投入较少，易于管理，操作和运作相对简单；但造成资源的严重浪费。而城市通卡应用的一次性投入较大，而且操作、管理和运作也相对复杂，其关键一点是一卡多用，资源共享，统一管理和资源分配。实施后从用户的生活、企业管理到城市建设都起到巨大的变革和深远的影响，可以说是一场"变革"。

(2) 随着IC卡技术的发展和各地掀起电子商务及数字化城市建设的大潮，各行业都会在几年内应用IC卡。若每个行业独立运作，用户（百姓）手中至少要有7、8张卡，使用极不方便。从城市建设及规划角度讲，卡片及支撑卡片运行的软硬件平台必定要重复建设，若有7、8个行业单独发卡，其建设投资比城市通卡要多投入3～4倍。

(3) 单行业独立运作实行IC卡收费，其运营成本与城市通卡的运营成本基本相似。但造成资源的分散管理，对整个城市的规划和资源的有效管理造成瓶颈。

(4) 城市通卡的建设需要资源整合,这就需要建设的领导者有城市信息化建设的通盘规划能力,其意义不仅仅是实施 IC 卡收费系统,而是对整个城市的收费模式及公共事业进行一场变革。

(5) 国家金卡工程领导小组及建设部 IC 卡领导小组一直倡导统一发卡,一卡多用的原则,因此,进行城市通卡的建设符合国家相关的政策法规。

(6) 建设数字化城市是城市通卡工程项目的远期目标,IC 卡作为信息的载体和接口,在"城市通卡"工程项目中,通过向市民发行用于城市生活的 IC 卡,建立城市公共事业管理信息平台。将市民每日的生活信息和消费信息,通过使用 IC 卡进行数字化记录,反映到城市的相关的信息系统中,为城市信息的综合管理提供必要的数据与分析。有了这些信息,辅以其他手段,如:查询、统计,间接测算、决策分析等,为城市中的个人消费、企业经营及城市管理者的决策,提供了多方面有力的分析基础和指导依据。

4. 进行城市通卡建设的规划

根据各地的城市通卡建设情况和清华同方在沈阳、鞍山等地进行城市通卡建设的经验,城市通卡项目应按如下进行规划与建设。

(1) 由市领导及各行业领导组成"城市通卡"建设领导小组,进行项目的统一规划,资源协调,建设管理及相关政策法规的出台。

(2) 由城市公共事业的领导机构负责项目的具体运作与实施。例如:计委、建委或公共事业局等。

(3) 在"城市通卡"建设领导小组的领导下进行整个项目的总体规划。例如:纳入的行业有那些,如何分期分批的进行建设;项目中涉及的政策法规的制定;项目的建设内容、建设计划及投资预算等;

(4) 成立城市通卡的建设与运营公司,负责项目的建设及建成后的运营;

(5) 进行项目的实施与建设。

5. 项目的建设和运营原则

根据各城市建设城市通卡的经验与教训,项目的建设和运营应遵循下列原则:

(1) 取消月票制等计划经济体制下的福利政策

月票是计划经济体制下的产物,等于是政府给百姓的福利或补贴,如不取消月票制,IC 卡的销售必然会产生对销售对象的限制,即对外来人口的销售限制。这样对于旅游城市讲,必然影响城市通卡的建设。如政府出于对特殊人群(老人、儿童)的考虑,可以对特殊人群进行一些优惠,但是要避免月票制下的无限次消费,应当改变为向特殊人群提供优惠次数和优惠比例。

(2) 项目一定按"市场化"运作

项目规划与建设中,一定按"市场化"运作,项目建成后的运营公司是企业,企业是以市场为核心,以追求利益最大化为目的,只有赢利才能生存下去。如公司组建后出现亏损,其他应用行业将不会进入城市通卡,随着时间的推移必将出现其他城市停止发卡的局面。因此,通卡运营公司应对项目进行统一的规划与建设,运营中至少持平或赢微利。

(3) 划清运营公司与银行及各行业的关系

通卡运营公司在进行建设规划时,应划清其与银行及各应用行业的关系。在建设期间,通卡运营公司是项目的建设单位,应进行项目的统一规划与建设,并有唯一的发卡权和清算权。项目建成后，通卡运营公司作为城市通卡的运营商进行卡片平台的建设与运作。IC卡作为城市中一个完全崭新的结算与支付平台去服务于各个应用行业及用户。

6. 总结

IC卡技术作为信息时代的产物，逐渐成为现代社会重要的信息载体和交易工具。IC卡应用的推广，有助于加强政府对经济的宏观调控，减少现金流通，加速我国城市管理现代化。公用事业收费电子化和国民经济信息化进程，是城市现代文明的标志。通过城市通卡系统的实施，有助于城市居民进一步更新观念，提高市民综合素质和文明程度。其经济效益与社会效益是相当显著的，为今后的数字化城市建设打下了良好的基础。

三、城市通卡系统中卡片选型分析

城市通卡系统，是由通卡公司搭建公共的卡片管理和资金清算平台，为各个行业的运营管理提供服务。

城市中各个收费行业都可以统筹规划，分期纳入到城市通卡系统中来。按照收费方式的不同，将通卡系统中收费分为两种，一种为储值消费，比如公交车、出租车、轻轨、公园门票、停车场、路边停车点、路桥收费、小区物业收费等等，另一种为储量消费，比如煤气收费、自来水收费、电力消费等等。储值消费是将电子货币存储在电子钱包中，可以在不同行业的消费终端上消费使用，通卡公司按照消费情况为各个行业进行资金的划拨。而储量消费是使用现金或电子钱包中的电子货币购买一定的使用量，存储在卡片的存储区域中，然后在有关行业的消费终端上消费，通卡公司按照购买使用量情况为各行业进行资金的划拨。

1. 卡片选型及系统实现方式

由于每个城市行业的现状各不相同，每个城市对系统投资规模不同，对系统安全保密性要求不同，清华同方针对卡片的选型、多行业收费的实现方式进行分析，希望每个城市从中找到适合自己的模式。

综合在“城市通卡”系统中可能使用的卡片，系统实现方式分为以下几种(见表1)。

表1

<table>
<tr><th></th><th colspan="2">卡　　片</th><th>储值区域中电子钱包数量</th><th>储量区域中区域数量</th><th>储值消费终端类型</th><th>储量消费终端类型</th></tr>
<tr><td>1</td><td colspan="2">非接触逻辑加密卡</td><td>一个钱包</td><td>多个区域</td><td>非接触</td><td>非接触表具</td></tr>
<tr><td>2</td><td colspan="2">双芯片复合卡</td><td>一个钱包</td><td>多个区域</td><td>非接触</td><td>接触表具</td></tr>
<tr><td>3</td><td colspan="2">双界面CPU卡</td><td>一个钱包</td><td>多个区域</td><td>非接触</td><td>接触表具</td></tr>
<tr><td>4</td><td colspan="2">非接触逻辑加密卡</td><td>一个钱包</td><td>无</td><td>非接触</td><td>手持POS机</td></tr>
<tr><td rowspan="2">5</td><td rowspan="2">两张卡</td><td>非接触卡</td><td>一个钱包</td><td>无</td><td>非接触</td><td>无</td></tr>
<tr><td>接 触 卡</td><td>无</td><td>单行业区域</td><td>无</td><td>接触表具</td></tr>
</table>

2. 各类情形分析

下面从卡片内主要的文件结构、收费实现方式、终端设备情况、投资资金分析几方面对这五种实现方式进行分析。

以下分析以40万户、150万人口进行估算。储值消费终端以公交行业车载机为代表，储量消费终端以煤气行业的智能煤气表为代表进行投资估算。公交车的数量按1200辆进行计算。

第一种方式：使用非接触逻辑加密卡。

(1) 文件结构(见表2)

表2

非金融电子钱包
购买量1
购买量2
购买量…

(2) 收费实现方式

对于储值消费，首先用户持现金为IC卡中非金融电子钱包充值，然后可以持卡在不同行业的消费终端上消费，比如公交车载机、公园闸机等。

对于储量消费，首先用户持现金或IC卡中非金融电子钱包购买使用量，然后持卡在有关行业的非接触式消费终端上消费，比如水表、煤气表等。

(3) 终端设备情况

由于采用非接触逻辑加密卡，系统中的读卡设备和消费终端也应采用非接触设备。

(4) 投资资金分析

预计储值消费的用户发卡量将达到40万张，储量消费的用户发卡量将达到40万张，综合考虑整个系统发卡量将达到60万张(见表3)。

表3

卡片			车载机			非接触智能煤气表		
数量	单价	价格	数量	单价	价格	数量	单价	价格
60万	15	900万	1200	3000	360万	40万	1150	4.6亿
共计:4.726亿元								

表4

非接触部分:(逻辑加密卡)
非金融电子钱包
接触部分:(逻辑加密卡或CPU卡)
购买量1
购买量2
购买量…

第二种方式：使用双芯片复合卡

(1) 文件结构(见表4)

(2) 收费实现方式

对于储值消费，首先用户持现金为IC卡中非接触部分的非金融电子钱包充值，然后可以持卡在不同行业的消费终端上消费，比如公交车载机、公园闸机等。

对于储量消费，首先用户持现金或IC卡中非金融电子钱包购买使用量，记录到接触部分的存储区域。然后持卡在有关行业的接触式消费终端上消费，比如水表、煤气表等。

(3) 终端设备情况

系统中的储值消费终端采用非接触方式，储量消费终端采用接触方式。

(4) 投资资金分析(如表5所示)

表 5

卡　片			车　载　机			接触智能煤气表		
数　量	单　价	价　格	数　量	单　价	价　格	数　量	单　价	价　格
60 万	20	1200 万	1200	3000	360 万	40 万	350	1.4 亿
共计:1.556 亿元								

预计储值消费的用户发卡量将达到 40 万张,储量消费的用户发卡量将达到 40 万张,综合考虑整个系统发卡量将达到 60 万张。接触部分按 CPU 卡计算。

第三种方式:使用双界面 CPU 卡

(1) 文件结构(见表 6)

表 6

非金融电子钱包
购买量 1
购买量 2
购买量…

(2) 收费实现方式

同第一种方式

(3) 终端设备情况

系统中的储值消费终端采用非接触方式,储量消费终端采用接触方式。

(4) 投资资金分析(见表 7)

表 7

卡　片			车　载　机			接触智能煤气表		
数　量	单　价	价　格	数　量	单　价	价　格	数　量	单　价	价　格
60 万	40	2400 万	1200	3000	360 万	40 万	350	1.4 亿
共计:1.68 亿元								

预计储值消费的用户发卡量将达到 40 万张,储量消费的用户发卡量将达到 40 万张,综合考虑整个系统发卡量将达到 60 万张。接触部分按 CPU 卡计算。

第四种方式:使用非接触逻辑加密卡,POS 机收费。

(1) 文件结构

非金融电子钱包

(2) 收费实现方式

该方式使用非接触逻辑加密卡,在卡中使用一个非金融电子钱包,进行储值消费。

水、煤气的表具仍然使用机械表。水、煤气的缴费,采用 POS 机实现,使用非金融电子钱包。

(3) 终端设备情况

系统中的储值消费终端采用非接触方式,没有储量消费终端,水、煤气的表具仍然使用机械表。

(4) 投资资金分析(见表 8)

表 8

卡　片			车　载　机			POS 机		
数　量	单　价	价　格	数　量	单　价	价　格	数　量	单　价	价　格
60 万	15	900 万	1200	3000	360 万	400	2500	100 万
共计:1360 万元								

预计储值消费的用户发卡量将达到 40 万张，储量消费的用户发卡量将达到 40 万张，综合考虑整个系统发卡量将达到 60 万张。

第五种方式：使用两张卡，即每人一张储值卡，用于储值消费、每户一张户卡，用于储量消费。

(1) 文件结构(表 9)

表 9

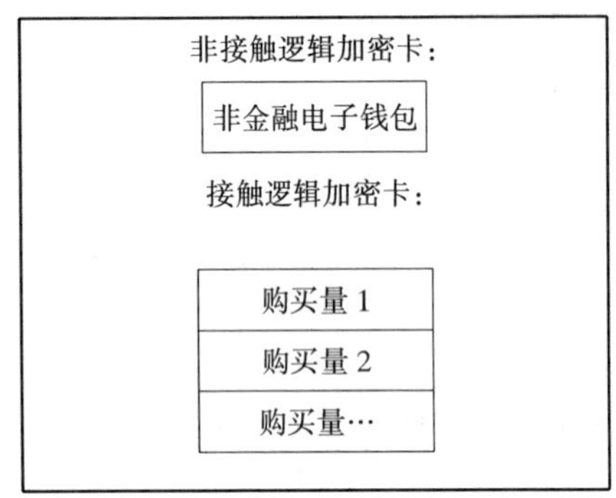

(2) 收费实现方式

对于储值消费，使用非接触逻辑加密卡。首先用户持现金为卡中非金融电子钱包充值，然后可以持卡在不同行业的消费终端上消费，比如公交车载机、公园闸机等。

对于储量消费，使用接触逻辑加密卡。首先用户持现金或非接触逻辑加密卡购买使用量，记录到卡中的存储区域。然后持卡在有关行业的接触式消费终端上消费，比如水表、煤气表等。

(3) 终端设备情况

系统中的储值消费终端采用非接触方式，储量消费终端采用接触方式。

(4) 投资资金分析(表 10)

表 10

	卡　片			车　载　机			接触智能煤气表		
	数　量	单　价	价　格	数　量	单　价	价　格	数　量	单　价	价　格
非	40 万	15	600 万	1200	3000	360 万	40 万	350	1.4 亿
接	40 万	10	400 万						
共计：1.536 亿元									

预计储值消费的用户发卡量将达到 40 万张，储量消费的用户发卡量将达到 40 万张，由于两种卡片各有专用，整个系统发卡量将达到 80 万张。

3. 结论

第 1 种方式由于配套设备成本高、投资大，将不被系统投资方采纳。如果设备成本下降，该方式也比较适合通卡系统。但是从安全性和与金融应用结合方面来看，非接触逻辑加密卡较 CPU 卡不具优势。

第 2 种方式采用双芯片复合卡，它是将非接触式 IC 卡和接触式 IC 卡仅仅是物理的组合到一张卡片中，分别进行储值消费和储量消费。

第 3 种方式最适合“城市通卡”系统，可实现真正意义的一卡通。从卡的发展趋势来看，由于 CPU 卡具有防伪安全性高、信息容量大、实现多应用并存，真正做到一卡多用等诸多优点，必将在金融领域广泛使用，也是“城市通卡”解决方案中卡选型的发展趋势。

第 4 种方式前期投入小，但是没有实现储量消费行业的预收费，没有从根本上解决储量消费行业目前存在的问题，只能作为“城市通卡”系统实施过程中的过渡阶段。

第 5 种方式不是通过一张卡实现多行业消费，而是引入通卡和户卡的概念。该种方式引入“通卡”概念向“一卡通”概念提出了挑战。“通卡”即是该方式中的非接触逻辑加密卡，整个系统使用“通卡”搭建一个公共平台，任何储值消费和为“户卡”购买使用量，都可以使用该卡中的非金融钱包进行支付。

通过以上分析，我们认为从发展的眼光来看，使用双界面 CPU 卡将是“城市通卡”解决方案中卡选型的发展趋势。

但是由于逻辑加密卡已被大部分建成的公交系统所采用，而煤气和自来水行业的发展显然滞后于公交行业，目前逻辑加密卡价格较 CPU 卡低，从投资的角度来看，较双界面 CPU 卡存在一定的优势，因此使用两张卡（第五种方式）也可作为“城市通卡”系统的卡片选型，一张卡作为储值卡，“一人一卡”；一张卡作为储量卡，“一户一卡”。但是要求读卡设备具备兼容逻辑加密卡和 CPU 卡的能力，方便系统将来向 CPU 卡扩展。

四、城市通卡系统中各种收费模式的探讨

自清华同方成立以来，我公司一直在商业、网络、IC 卡等应用领域不断地研究与发展，城市通卡是这上述三种应用中发展出的一个崭新应用。下面我们想就在城市通卡实现过程中首先会遇到的设计难点——“用 IC 卡收费的模式确定”（它决定了用户 IC 卡的应用性质和应用边界）与各位专家进行讨论。

如何在公交、水电气、旅游网点、商业等等不同行业中建立一个可广泛适用的城市通卡的应用，体现在收费形式上，我们从实体与关系上分析，可分为以下两个问题进行讨论：

1. 明确用户卡在消费系统的作用

(1) 用户卡不能只局限于单个或几个行业的封闭的消费系统；

(2) 用户卡应能照顾到各行业交易形式的特殊性；

(3) 明确交易的完成时刻（不应是一段时间），该时刻必须是买卖双方同时确认；

(4) 用户卡代表着买方消费的开放性、设备代表着卖方收费形式的特殊性。用户卡与设备代表着不同的交易对象，在设计中应分开考虑，卡与设备不应相互约束对方扩充发展的潜力，不同行业的专用设备的变化也应相互无关。

在整个消费系统中，用户卡主要应体现其共性特征——“有钱走遍天下”，而设备主要应体现其个性特征——“酒好不怕巷子深”。

以上几点可作为组织、协调、设计、实现不可或缺的基本原则。

2. 消费系统中的交易形式的多样性

不同行业有不同行业的特点，其收费方法也有不同的表现形式，适应不同的收费形式是能否实现“一卡多用”的关键，也是城市通卡的生命力是否强大的关键。

收费模式的划分：

(1) 记名（能区分卡）与不记名；

(2) 实名（能区分人）与非实名；

(3) 定额与非定额收费；

(4) 定期与非定期收费；

(5) 记次收费与非记次收费。

可以说消费领域中，大多数收费形式都可以用这几种方式或这几种方式的组合来定义。

卡消费有自己独特的特点——不同于现金交易或商业 POS。

如在人流量较大的公交车票收费过程中，要一挥而就，不可能设计成如商业 POS 中用键盘操作确定交易金额的形式。如在城市通卡中，为保证用户的利益，采用黑名单挂失、解挂等功能，不可能设计成如现金或电子货币交易中的不记名消费方式。

3. 城市通卡收费模式建议

为了适应在消费系统中交易形式的多样性，我公司在城市通卡系统中提出“一个中心、两类网点”的系统运营结构。

(1) 充值网点系统(开放型系统)

主要完成租卡、充值、退卡业务，完成卡及卡与现金的交易。

(2) 消费网点系统(每一个行业都是一个封闭系统)

主要完成商品的消费，完成商品与卡的交易。

(3) 中心系统

完成管理、结算、协调等服务，完成充值交易、消费交易和卡及卡帐户的清算与管理。

因此，对城市通卡的收费模式，我们建议采用：记名、实名、非定额、非定期、非记次为主的收费模式，这种模式可以保证用户卡使用的开放性(不应加入行业系统中的专用信息，而封闭了用户卡使用的开放性)。

(1) 采用记名的用户卡

黑名单及查询服务的采用，体现了用户在两类网点的交易中已得到中心系统的认可。

(2) 采用支持实名制的用户卡

体现了系统可以支持对特种群体的消费，保护了特种群体的消费权利。如果用户以匿名形式租卡，则无法享受特殊待遇。

(3) 采用非定额的用户卡

定额消费中采用哪种单价及单价值为多少，与行业应用关系紧密，这种个性信息不应体现在用户卡中，应体现在行业设备里。

(4) 采用非定期的用户卡

与采用非定额用户卡同一道理，同时行业间的相对封闭性使期限定义与其他行业没有直接的必然联系。对全体用户在时间上的消费引导，应定义于本行业的设备里。

(5) 采用非记次的用户卡

记次卡消费与通卡消费的消费性质不同，次数与卡金额是各自独立的两组数据，同时次数只体现着某一行业的消费应用。建议在次数卡发行量不大的时候，没有必要与通卡合用，完全可以采用低成本可回收的 IC 卡，即使与通卡共用，也应设计成各独立的两组应用。也就是说不能以某行业的一种特殊应用，而改动整个通卡系统，最多只是对该行业的设备进行改造。

通卡应用如果被比喻为一个开放的“社会问题”，那么行业灵活的收费应用，就属于一个封闭的“家庭问题”，一个完好的城市通卡应用，则是适合于大多数“家庭”的“社会环境”。

对于特定行业的专业收费应用，往往体现出的形式是：不同的卡有不同的定期或记次消费要求，这类定期、定次的数据无法与通卡的钱包数据共用，它们的交易完成时刻也是不同的。如：不可能是我刚买了 10 元的自来水，坐车回家后发现 10 元的水已经用完了。或我交水费把我 30 元的公交月票给交了等等。特定应用与通卡钱包共用一张卡是可以的，但数据的分离才能体现应用的不同与交易时刻的区别。

以上的一些问题与对这些问题的观点，只是我们在长期应用中发现和总结出的一种认识，希望我公司能与有志于城市通卡建设的各种专家一起合作，为建立城市通卡的广泛应用做出贡献！

4. 鞍山“城市通卡”一期工程实施成功的思考

新世纪伊始，清华同方智能卡产品公司面向“e时代”，以自主原创性的核心IC卡技术为基础，以自主技术产品为核心，以提供成套解决方案和成套设备、产品的形式，适时地提出将“城市通卡”项目作为建设数字化城市的切入点，坚持规范应用、统一发卡、实现资源共享、方便市民的建设目标；以“政府推动，市场运作；标准先行，资源共享；发展应用，推动产业”为指导原则；“先试点、后推广，统一规划、分步实施、安全可靠、稳步推进”作为项目建设原则。这一建设理念被充分应用到鞍山城市通卡项目建设中，为“城市通卡”项目的实施探索出一条成功之路。

鞍山城市通卡(IC卡)的整体设计规划是真正意义上的城市一卡通，不同于其他城市的公交一卡通，鞍山的通卡不仅包含了公共交通系统，还将包括出租车、城市自来水、煤气、园林小区物业等社会公用事业系统。整个项目的运做和实施模式是按照城市通卡的建设思路进行的，即由鞍山市公共事业局领导成立鞍山城市通卡有限公司，按照现代企业管理制度进行经营，政府出面组成由项目建设单位、成员单位和系统承包商主要领导构成的项目领导小组，对城市通卡工程实施中的技术路线、实施方案、重大关键问题提供指导、决策和协调；由各方的工程技术人员和业务人员成立工程实施小组，对工程实施、计划进度、质量保证等实施管理和组织实施。

鞍山的城市通卡一期工程公交IC卡应用子系统，从立项招标到成功上线，仅仅用了半年的时间。由于项目组织规划得力，整个项目进展很顺利，一切都在掌握之中。从2002年年初开始招标并签订总承包协议，到8月系统成功上线运行，整个项目经过了系统初期准备(签订合同、系统调研、卡片设备选型订货等)、项目实施(设备采购与安装、系统网络平台搭建、应用系统设计与开发、卡片设计与封装、车辆改造与车载机工程实施等)、系统试运行(设备和系统的安装调试、系统联调、系统试运行等)、系统正式运行几个重要阶段。在与项目实施并行的另一项重要工作是IC卡使用的宣传和系统培训，老百姓的认同和相关操作人员对系统熟练掌握程度对项目的实施至关重要。为了保证项目各阶段按计划实施，在整个项目的实施过程中要加强计划和进度管理。以计划进度管理为主线，促进整个工程保质按期完成。

2002年8月20日鞍山市城市通卡系统一期工程“公交IC卡应用”系统在各方的努力和配合下正式上线运行。本系统是国内首批按城市通卡模式运作的城市IC卡应用项目，该系统的顺利实施为城市通卡建设树立了很好的典范，使得鞍山市“数字化城市”的建设向前迈进了重要的一步，为今后城市通卡项目的实施打下了坚实的基础。

系统从正式上线至今，经历了以下几个重要阶段：

(1) 8月20日对社会正式售卡；

(2) 8月22日市民正式上车刷卡消费；

(3) 8月25日至8月31日售票高峰期；

(4) 取消月票：9月1日取消普通月票，9月3日取消学生月票。

总的来讲，系统运行平稳，发卡量超出了预期的估算。在运行过程中也出现过一些不可避免的问题，但由于事先准备充足、处理及时得当，使得产生的问题都得到有效及时的解决，使得系统总体平稳运行。截止到9月1日，已售出卡超过6.5万张，总收入超出500万元，其中主要是单位集体购卡，个人购卡量呈平稳上升趋势，估计月底便可达到一期预计的发卡量10万张。从售卡情况看，市民大多数对IC卡比较认同，认为的确方便了百姓的出行，减少了找零的麻烦，购卡秩序井然。普通IC卡的不记名使用吸引了很多企事业单位来购买集体票，许多单位购买机动卡，单位员工出门办事拿一张卡就可以乘市内公交车到任何地方，财务上管理也比较方便，单位机动卡最高充值额可达1000元左右。从刷卡使用情况看：卡片使用良好，车载机运行平稳，没有出现影响运行的问题。

鞍山城市通卡系统一期工程之所以能够顺利上线和成功开通，主要有以下几个因素：

首先与鞍山市政府对项目的重视程度、协调力度和项目领导小组的勇气魄力和周密的部署分不开的。因为鞍山是首批按通卡模式运作的项目，也是辽宁省第一个取消月票的城市。该项目的实施有风险也有机遇，处理不当，应用方、老百姓不满意，项目一期实施就将受阻；反之，处理得当，不仅会为城市通卡系统的建设探索出一条运营上和技术上行之有效的道路，还会促进各应用方企业管理的自动化、现代化，使企业扭亏，进一步促进城市信息化建设，方便百姓生活。鞍山市政府充分认识到这一点，由政府亲自出面组织项目的开发和实施，落实确定通卡公司和各应用方的关系；为了使鞍山广大市民能够接受IC卡消费模式和新的票价政策，在项目开始测试阶段，便开始对社会宣传IC卡的使用，加强员工培训；在系统上线前，市政府还多次召开票价协调会，组织各方参与讨论，征求各方的意见，最后达成一致意见，取消月票，系统顺利上线。

第二，该项目的成功应归功于清华同方提供的城市通卡系统整体解决方案和系统设计。基于电子商务理念发展起来的城市通卡解决方案经过几年的理论研究和实践探索目前已经日趋成熟，作为系统集成商清华同方将这一全新的系统设计方案和项目运营经验贡献给钢城人民，为数字化鞍山的建设提供了切实可行的解决方案。鞍山项目的成功实施再一次证明城市通卡系统的建设是数字化城市建设一个很好的切入点，使得数字化城市不再是一种概念，而是未来一种城市生活模式：即以IC卡为作为城市市民生活信息载体，以城域网作为城市信息网络平台，依托高性能、大容量和高处理能力的大型主机系统建立起城市信息基础平台，在此基础上进行信息处理、数据挖掘，为市政府科学决策提供科学依据，为企业管理提供真实可靠的信息来源，实现真正意义的电子商务电子政务。同时为百姓日常生活带来方便。

第三，项目的成功运行得益于有效的运行组织管理和全面的技术保证措施，具体可以总结为以下几点：

1. 系统上线前项目领导小组组织对系统进行了大规模充分的测试和试运行。在系统正式上线前要确保下面几个条件：

从技术上应确保：

(1) 卡片、车载机质量要过关，确保卡片坏卡率低于万分之五的水平，车载机确保不影响系统运行；

(2) 确保车载机、采集盒、后台系统三部分存储的数据不丢，前两部分是依靠车载机、采集盒质量来保证；后台系统是依靠存储系统的可靠性和完整的备份策略来保证的；

(3) 系统账目清晰：为检查售卡充值系统的可靠性检查个人购卡额应和卡内充值额相

同;为确保车载机的可靠性检查手工记录实际刷卡额是否与车载机扣款额、卡片消费记录金额相等;为检验系统清分的正确性检查每张卡的总充值额是否等于总消费额加上卡内余额;

(4) 要求网络平台、后台主机系统和数据库系统稳定可靠,清华同方为满足用户要求,在系统上线前对用户做出郑重承诺:上线前对系统平台作一次全面巡检,确保系统环境安全可靠;在系统开工期间,遇到问题及时响应,确保系统正常运行。

从运营管理上要求:

(1) 系统操作人员经过培训考核合格后方可上岗:售卡充值员经考核合格后方可录用;公交司机和采集人员在正式上线前反复练习上车刷卡和数据采集,并由队长亲自考核,不合格不允许下班;

(2) 建立健全管理流程和操作规程,责任落实到人。建立的规程流程包括购卡、售卡充值流程、司乘人员刷卡采集流程、后台系统管理中心和公交结算中心操作规程及机房管理制度和银行结算流程等;

(3) 在正式上线前由通卡公司召集系统集成商、应用开发商和应用方公交公司,要求各方在技术上和管理上进行确认,采取各种措施保证系统上线,顺利开通。

2. 充分的宣传准备:系统从大规模测试开始,通卡公司就采用多种途径对 IC 卡应用项目和 IC 卡使用常识进行全方位地宣传,如利用广播、报纸、电视等宣传媒体、设立热线电话、上街设立宣传点、在售卡充值点发放传单等。

3. 在售卡充值方案准备上,准备联机和脱机两套系统,一些不方便上联机的充值网点和临时网点采用脱机充值系统;另外在网络情况异常时,可以采用脱机售卡充值系统作为备用,使正常的售卡充值业务不受影响。

4. 在市民正式上车刷卡初期,公交公司全体机关干部都到车上跟车,进行刷卡稽查,确保系统运营。另外,要求公交车在系统上线初期进行让利,如考虑到学生开学因素,普通月票 9 月 1 日取消,学生月票延长 3 天;对待市民由于操作失误造成多刷,对多刷部分退钱,以免造成不必要的纠纷。

5. 通过提供集体票功能,缓解了售卡充值点的柜台压力,将外部压力转变为内部压力。各单位派代表到售卡充值中心购卡,3 天后到中心取卡,避免了排长队购买卡的现象发生。这样售卡充值中心可以通过加班加点集中发售集体票。

6. 从系统试运行到系统正式上线,指定专人严格执行对帐。确保领卡、发卡、充值数与实际卡数、钱数一致;缴纳钱款与银行所收钱款一致。

因此可以用一句话来概括鞍山项目的实施经验是:“弓拉得慢,而箭射的快!” 箭之所以射得快,是因为弓拉的稳,拉得满,项目规划部署周密,项目才得以顺利实施。

当前实施城市通卡,建设数字城市已成为一种趋势,但是城市通卡工程是一项跨部门、跨行业与百姓生活息息相关的系统工程,实施时间跨度较大,因此该项目实施又具有一定的战略性。必须由政府出面,政府主管部门统一组织和协调,同时结合行业或地区的发展,在保证行业利益的基础上,进行卡片、城市公共基础信息和设施的资源整合,统一规划和部署,有组织有计划地分步实施,条件成熟一个上一个,决不搞一刀切。要通过试点示范,取得经验,逐步推广。另外应加快立法和出台一系列城市通卡建设相关标准,做到项目实施有法可依,系统建设有标准可循,使城市通卡建设规范化,使 IC 卡的应用有一个更好的发展环境。

瑞柏科技城市公交一卡通系统

深圳瑞柏科技有限公司 何楚衡 江 海

在我国，公共交通工具是市民日常出行的主要代步工具。随着我国城市化发展进程的日益加快，城市规模的不断扩大，公共交通将变得越来越繁忙。传统的公交运营、管理模式已不能适应现代化城市对公交系统的要求，迅速提高城市公共交通的服务水平和管理水平也就成了一件迫在眉睫的事情。

以先进的非接触式 IC 卡技术为基础的城市公交一卡通系统，采用电子支付方式代替原始的人工售票或自动投币，为提高公交运营效率，改善服务质量提供了一种非常有效的手段。

一、系统概述

瑞柏科技城市公交一卡通系统由深圳瑞柏科技有限公司凭借自己多年来在金融 POS、IC 卡读写机具、应用软件等方面所积累的丰富的开发经验以及雄厚的研发实力，精心打造而成。

在系统的规划设计阶段，瑞柏科技城市公交一卡通系统就站在一个比较高的起点上。众所周知，八达通是香港建成的世界上第一个交通智能化计费系统，也是目前全球发卡量最大、结算量最大、应用最成功的非接触式 IC 卡应用系统，可用来乘坐地铁、大中小巴、轮渡及购物、停车咪表、购买快餐等。瑞柏科技城市公交一卡通系统的设计人员利用自己非常熟悉八达通运作方式的优势（公司研发总部在香港），在系统设计时充分借鉴了八达通系统的各种优点，并灵活地加以扩充和完善。

系统支持多种商户，实现“一卡在手，多种消费”。用户可以在各个商户的网点购卡、充值、挂失、查询和退卡，并且可以在不同的行业进行消费。

系统采用非接触式逻辑加密 IC 卡作为用户卡。用户卡由专门的密钥管理系统进行加密，系统内部的数据交换和网络通讯采用严格的加密保护和 TAC 校验，确保系统安全。终端具备黑名单检测机制，对非法卡进行自动锁卡，严防作假行为。

系统由数据处理中心每天做日终处理，对各商户的消费、充值、售卡、退卡等交易进行结算，并通过指定银行进行资金划帐。各商户可以随时进行查询、打印报表，也可以通过数据下载，将原始数据导入商户自己的财务系统、人事工资管理系统中，实现数据共享。

二、系统结构

1. 网络拓扑结构(图 1)

整个系统由一个数据处理中心和若干个商户组成。数据处理中心与各商户通过专线连接，组成一个基于 TCP/IP 协议的网络，并一直保持连接状态。也可以通过公用电话网以拨号方式连接。

可移动的收集器用来从终端采集各种交易数据，并通过公用电话网与数据处理中心交

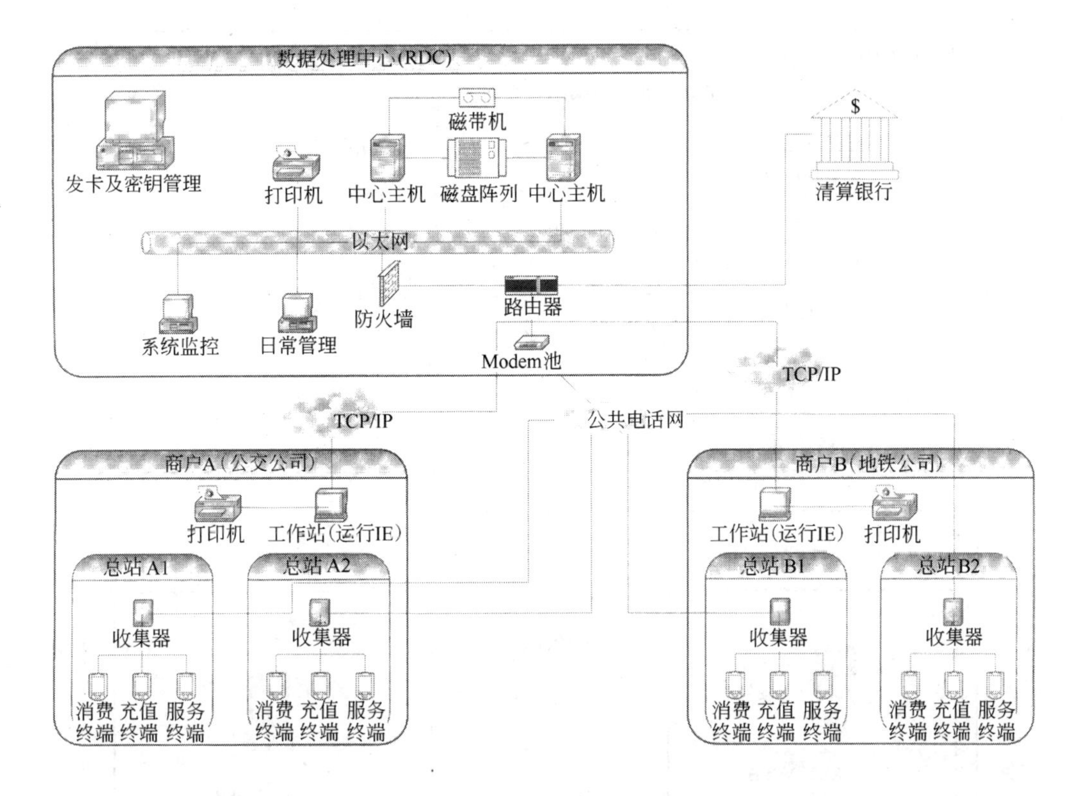

图1　网络拓扑结构图

换数据。

2. 系统功能结构

整个系统分为四个子系统:数据处理中心子系统、发卡及密钥管理子系统、收集器子系统、终端子系统。

系统功能结构如图2所示。

数据处理中心是整个系统的发卡中心、清算中心,同时也是各个商户的协调者和组织者。系统使用的IC卡分为用户卡和管理卡两种,两者都是非接触式IC卡。

用户卡为个人用户进行消费而使用的IC卡,分为如下几种:

(1) 普通用户卡:不记名,不支持月票功能;

(2) 记名用户卡:又分为支持月票和不支持月票两种;

(3) 学生卡;

(4) 员工卡:公交运营企业内部员工所持用户卡;

(5) 优惠卡:可享受系统设定的乘车优惠。

管理卡为工作人员进行相关工作时必须使用的IC卡。比如司机签到、签退,数据采集员进行数据采集等操作时,必须使用相应的管理卡。管理卡的使用起到身份验证和权限分配的作用,方便各商户进行业务管理。管理卡分为如下几种:

(1) 终端管理卡:设定终端参数时使用;

(2) 终端操作卡:签到、签退时使用;

(3) 采集控制卡:采集数据时使用。

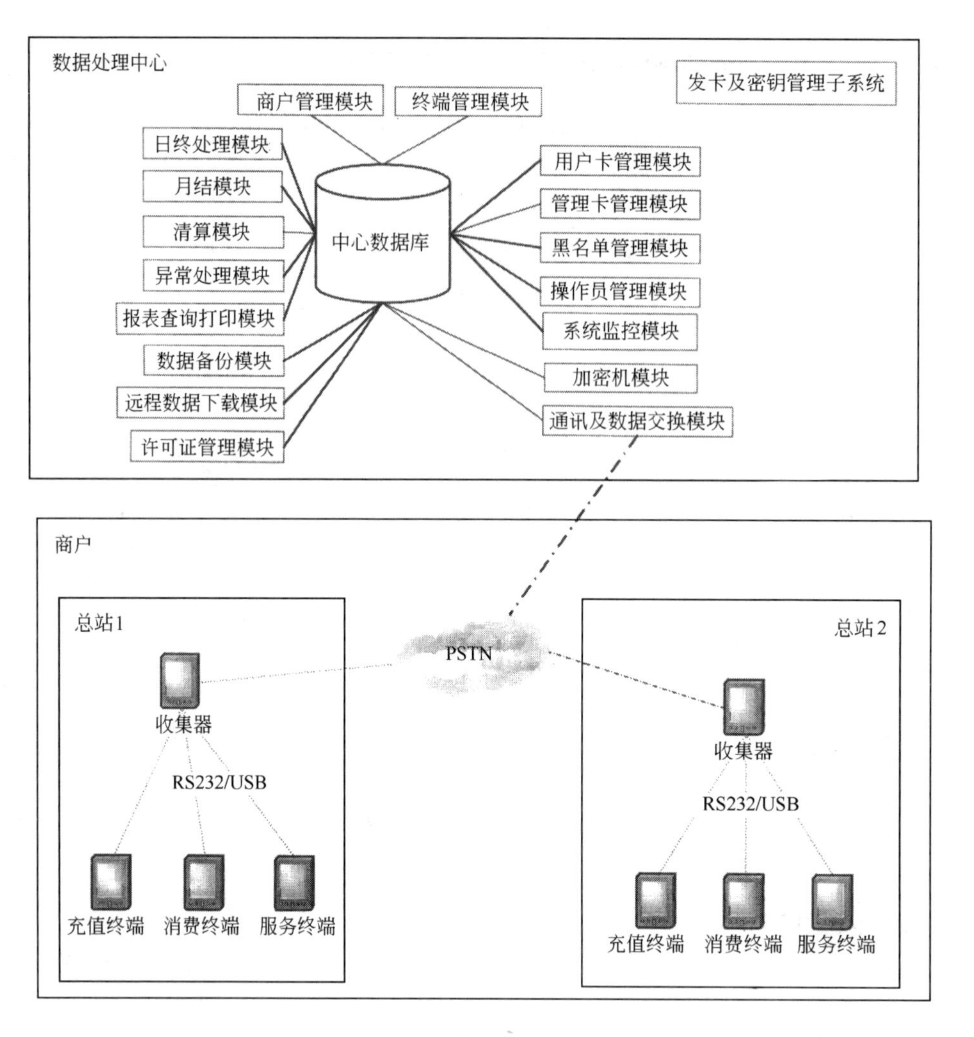

图 2　系统功能结构图

收集器用来充当在数据处理中心和终端之间进行数据交换的桥梁。采用拨号方式,通过公共电话网与数据处理中心建立连接并进行数据交换。收集器与终端通过串口直连进行数据交换。

终端分为充值终端、消费终端和服务终端三种:

(1) 充值终端:可用来给用户卡充值;

(2) 消费终端:对于分段收费的情况,消费终端又分为两种:扣款终端、补款终端。乘客上车时在扣款终端上读卡,扣除全程车票;下车时在补款终端上读卡,退回上车时多扣的车费。

(3) 服务终端:可用来查询 IC 卡余额、查询 IC 卡交易清单、补扣款、充值。系统具备异常处理机制,充分保证系统的健壮性和数据的完整性。

三、系统的安全性

城市公交一卡通系统虽然是小金额的消费系统,但是涉及的商户众多,地理位置分散,管理难度较大,系统的安全控制措施非常重要。

瑞柏城市公交一卡通系统的安全机制符合《中国金融集成电路(IC)卡规范》、《银行IC卡联合试点密钥管理系统总体方案》、《建设事业IC卡应用规范》的规定。

建立了一套完整的系统安全体系,使系统的安全性、可靠性达到银行系统的水平,确保系统数据交易、采集、传输和清算得到最大的安全保证。

系统采取的安全控制措施主要包括:

1. 密钥管理:

(1) 密钥的生成系统和外界网络隔离,单机操作。

(2) 主密钥的导出经过严格的合法性认证,导出密钥经过加密或分散,不允许明文直接导出。

(3) 密钥的生成和导出都有操作日志,出现问题可追溯。

2. 完善的卡片安全管理:卡内的密钥采用"一扇区一密,卡卡异密"的机制,使用卡片的惟一性数据对主密钥进行密钥分散,采用国际流行的3DES算法。提高整个系统的防攻击能力。

3. 所有设备内均采用建设事业IC卡安全存取模块(SAM卡)进行密钥分散和密钥运算,所有敏感数据和中间结果均存放在安全模块内,无法进行跟踪,保证设备的安全,并符合建设部的相关规定。

4. 每条交易记录均使用TAC机制保证数据的完整性,使交易数据不可篡改、不可伪造。数据处理中心使用硬件加密机进行TAC校验。

5. 用软加密的方式实现收集器与数据处理中心之间的数据传输安全。收集器在上送交易记录时,对每条记录进行数字签名,数据处理中心验证收集器数字签名的合法性。

6. 黑名单机制可以在较短的时间内使可疑卡片被禁止使用。

四、系统特点

1. 所有数据都由数据处理中心集中处理,节约投资,便于升级和维护。

2. 博采众家之长,并具备良好的可扩展性。采用模块化结构,并充分考虑潜在的需求,预留相应的接口。

3. 采用Java语言开发设计,具备良好的可移植性和操作平台无关性。

4. 采用B/S结构,人机界面友好:各网点可远程登录、访问数据处理中心。所有操作界面都基于Web方式,操作员经过简单培训就可以使用本系统。

5. 适用于各种交通付费方式,实现公交、轮渡、地铁、轻轨和出租等公共交通行业的一卡通用。对于公交收费,支持一票制和分段收费,支持月票。

6. 支持小额消费,可用于支付路边泊车咪表、停车场、水电、煤气、路桥、旅游景点门票等费用,甚至可以购买报纸、饮料、快餐等。

7. 支持记名卡,可挂失、解挂。

8. 辅助决策支持:采用数据挖掘技术,从庞大的交易数据中找出对交通管理决策部门有价值的信息,为智能化、信息化公交系统的实施提供辅助决策支持。

五、结束语

公共交通系统的信息化、网络化、智能化是当前城市交通的发展方向。它通过信息技术、智能控制技术、IC 卡技术等对传统公共交通系统进行技术改造,提高公共交通系统的服务水平和管理水平,从技术上保证“公交优先”的发展战略。毋庸置疑,城市公交一卡通系统将具有非常广阔的应用前景。

论双界面卡的应用现状及其发展趋势

北京握奇数据系统有限公司　林立峰

自IC卡问世以来,由于其具有安全性高、存储量大、便于携带等优点,其应用市场的迅速成长,人们对IC卡的需求和要求也不断提高。但由于接触式IC卡容易磨损、交易速度慢、受使用环境限制等不足,使其在许多特定的应用领域受到了限制,从而对与非接触式IC卡的需求不断增长。但是目前非接触IC卡实际应用数量比较大的是逻辑加密卡,其在安全性和存储容量上不能满足很多应用的要求。又如在有的一卡多用的系统中,有的应用场合适合使用接触卡,而另外一些特定场合又更适合非接触方式的应用。基于这些需求,双界面卡(Dual Interface Card)的出现,恰恰解决了存在的这些问题和矛盾。

双界面卡的主要特点是:方便、安全、灵活、支持多应用。

一、技术特点

一般对双界面卡的分类有三种方式:第一种为接触非接触是两个独立芯片;第二种是接触非接触各自独立,但是有部分共享存储空间;这两种其实只是双界面卡发展过程中的中间产物,不能称之为双界面卡,没有实际应用,也不会有什么应用。我们目前一般意义上说提及的双界面卡都是真正意义的双界面卡,只有一个芯片,一个CPU、芯片所有的资源都是共享的,只有一个COS,通过接触界面和非接触界面都可以访问相同的存储区域与执行相同的操作。其接触界面完全符合ISO/IEC 7816;非接触符合ISO/IEC 14443。

论述双界面卡的技术,涉及到好几个方面,也不仅仅是接触技术与非接触技术之和那么简单。应该分芯片技术、操作系统、读写设备等几个方面来看,更加详细的划分还涉及封装技术、卡基材料等。

双界面卡的芯片技术还集中在极少数的几个芯片供应商手中,国内外多家厂商都正在开发或者已经推出双界面卡芯片,但是,双界面卡的芯片不同于普通的接触式智能卡芯片,需要较高的芯片设计和加工要求,尤其在芯片参数一致性、可靠性等方面更是决定它是否能成功应用于某个项目。

双界面卡的操作系统的好坏也是双界面卡能否顺利推广的一个关键环节,具备相当的经验和实力才能涉足双界面卡操作系统的开发,操作系统的开发需要解决许多难点:能量供应、射频信号转换、防冲突机制、功耗和安全,还有最重要的一点是由于非接触操作,卡片不是停留在一个固定位置,能量供应不均衡稳定,所以数据的完整性和操作的可持续性变得很重要,即卡片的防插拔处理。具备此能力并且能够实际应用的操作系统开发商屈指可数,甚至更少。

双界面卡的封装不能简单的看作接触卡封装技术和非接触卡封装技术简单的组合,对于工艺的要求和其复杂程度远远高于接触卡或非接触卡。目前有两种封装技术:注塑和层压。简单地说,注塑是把天线和模块焊接完成,放置到模具中,固定其位置,然后注入液态的塑料,待材料冷却后封装完成;层压是在多层的封装介质中压入天线,在芯片位置用铣刀挖出模块大小的凹槽,固定模块的同时保证模块上的非接触引脚与天线两端的连接。另外还有使用印刷方式制造天线,基于该技术实现的卡片尚未有所应用,性能有待考证。双界面卡的封装工艺中有许多关键技术有别于单界面卡的封装,比如铣槽时正确铣出天线的位置与触点;设计匹配达到最优的天线(天线的线径、面积、间距等),长度单位是以微米计算;两个界面分别封装之间相互不构成影响;天线与模块、模块与卡基的紧密结合程度,对于寿命、抗扭曲、抗弯折等参数有直接关系;封装后的两个界面的质量检测等等。双界面卡的卡面印刷也略有别于一般卡片,天线的凸痕很有可能会出现在卡片表面,形成一圈很明显的印迹。

非接触读写设备开发的核心技术目前主要还依赖于国外进口的专用芯片或者模块,实现信号转换和数据通讯,提供防冲突机制和数据安全处理,可嵌入其他设备中。双接口芯片的制造商通常提供相应的读写芯片或者模块,该模块能够支持自家的芯片以及与其兼容的同类芯片,设备制造商则根据自己的需要,选择了相应的模块,实现成为形态功能各异的读写设备,其实里面的射频读写核心大同小异,只有极少数的几种。

二、应用领域

在国际上,韩国釜山在1998年就建立了基于双界面卡的城市公交收费系统。虽然应用形式并非典型的双界面卡,但是也是接触非接触混合应用的开端,并且验证了这种技术的可行性。在金融领域,国际金融组织正在考虑金融卡向IC卡过渡,双界面卡也在其考虑范围内;在法国、意大利和新加坡的公共交通领域,都已经实施或者准备实施支持双界面卡的城市公交系统;在身份认证领域,日本、台湾以及香港的新一代身份证件,都考虑使用双界面卡来实现。还有有些国家的电信卡、忠诚卡、校园卡,都表示了对双界面卡的强烈兴趣。

双界面卡在国内的应用应该很具有代表性,应该说国内与国际没有明显的差距,甚至国内的技术发展与应用推广走在国际的前面。

最大量、也是最成功的双界面卡典型应用就是大连城市一卡通系统,发行大连“明珠卡”,该卡用于公交自动收费、出租车、轻轨和以后的城市公共事业领域的水电气表收费、金融支付、购物等等。迄今共计发行卡片近50万片,运行状况良好。他的意义在于双界面卡的技术已经走入使用阶段,不再仅仅是技术领先。

在国内应用中,除公共事业领域以外,还有智能交通领域的ETC(电子不停车)收费系统,两个应用实例为上海虹桥机场高速公路不停车收费系统、广东省高速公路联网不停车收费系统,目前推行的方式为基于双界面卡的双片式电子标签,用于高速公路收缴通过费用。当车辆快速通过开放的收费车道时,车载电子标签使用双界面卡的接触界面与路边的收费天线进行通讯;在有人职守的收费亭,将卡片从电子标签中拔出,通过其非接触界面对卡片上的电子钱包扣款。

在2002年初,国家旅游局在全国范围内发行双界面卡导游证卡,数量近20万张。中石化的加油卡工程亦把双界面卡纳入规范内,基于双界面卡的加油卡在实际应用中具有非常明显的优势,主要体现在寿命和对环境的适应能力上。

双界面卡的优势主要体现在下面几点:

(1)安全性;(2)移动性;(3)便利性。

双界面卡可以与现存接触式 IC 卡设备兼容，系统升级方便；非接触模式更快更方便。双界面卡具有的非接触界面使卡片可以不从钱包中取出来就可以使用，因为卡片的读写操作不需与读写卡终端物理接触。这种卡不易被物理磨损，因此双界面卡不易受环境影响而破坏使用效果。

目前双界面卡的实际应用项目毕竟还不是很多，作为一个新产品，需要一个让用户接受和认可的过程。目前产品应用的焦点集中在城市公用事业，所谓的一卡通系统。单纯的公交自动收费系统，业主更趋向于使用非接触逻辑加密卡。但如果是城市一卡通、市政一卡通系统、即目前国外的“城市卡”的概念，覆盖城市内市民常用的消费领域，使用双界面卡，从安全性、便利性、系统建设成本各方面考虑都会优于逻辑加密卡对于某些领域，已建立了接触式 IC 卡的基础结构和设施，具有经过证明的技术，将继续使用接触式 CPU 卡。例如银行界开始对采用非接触卡领域处理大的交易量很有兴趣，这是双界面卡应用的又一优势。

利用双界面卡具有双重信息交流方式可充分利用现存的接触式卡系统添加少量的非接触式收费设备组建安全、高效的卡消费系统。若与金融部门合作利用交易网点和自动取款机将银行帐户的钱划入卡片电子钱包中，节省不同系统建设充值网点的投资。一些小额交易，如公交系统收费、公园、电影院门票、校园卡，罚款付费等等，可以利用非接触方式的方便快捷。大额交易可以利用更安全的接触式设备进行。

三、存在问题

一个新事物的出现，总是要有一个发展和完善的过程，在完善的同时适应市场的需要，同时也是人们认知和接受的过程，即使技术上有多么领先、有多少优点，如果不能和市场的需求结合起来，终究还是不能为人们所接受。

双界面卡的应用虽然已经在多年前就已经提出，但是目前也只是刚刚走出第一步，有许多问题亟待解决。

1. 从技术角度

目前阻碍双界面卡发展的最大问题应该是价格问题，双界面卡的价格远远高于接触式智能卡和非接触逻辑加密卡，再加上操作系统开发的难度与工作、封装上的特殊要求、产品完善和支持的复杂性，都导致价格偏高不下；其次缺乏完善的测试标准和依据，只是用一些比较模糊的概念来衡量检测产品；技术核心掌握在少数国外厂家手中，真正能够供货的芯片厂家很少，没有形成一个有效的竞争机制，因而影响了用户在项目实施中选择与决策。从芯片和读写设备上看，也是比较单一。

2. 从应用角度

广大用户尚未完全接受双界面卡这个概念，并且在项目选型时，没有能认真的考虑到双界面卡。双界面卡是最适合一卡通系统的卡片，但是系统的设计没有一个范本可以遵循，双界面卡在一个具体行业或者一个具体项目中如何规划、如何充分发挥双界面卡的优势、节约系统投资建设、方便用户使用，这还是我们在不断探讨摸索的问题。再有，人们的安全意识还要强化，IC 卡的应用领域还要进一步扩展和提高，Mifare 1 卡已经深入人心，但是它的安全性相比双界面卡不可同日而语，但是，用户通常觉得它的安全性足够了。再者，在高端应用，比如金融，IC 卡的应用还需要扩展和普及，以使双界面卡有用武之地。

3. 从市场角度

中国区域行政有它自身的特点，每个地方和每个行业都有一个独立运作的模式，很大程度上都可以不受限制的自行发卡，比如公交系统发卡的同时，社会保障或者其他什么行业又发卡了，有甚者公交系统内部的每种交通工具都要自行发卡。从技术角度，将这些应用糅合到一张卡片上是很容易的事情；但关键是管理机制和利益驱动，阻碍了一卡通、一卡多用。

双界面卡的发展与普及是智能卡发展的一个重要阶段，也是个转折。对于IC卡领域内的商家是个考验，也是挈机，非接触技术的实现难度高于接触方式读写技术，不但需要一些特定的知识背景，还要依赖于专用的射频读写模块或者芯片，造价高，实现复杂。目前的机具主要集中在特定应用的专用读写设备，缺乏成熟、通用、稳定的非接触设备，设备还要考虑与不同厂家芯片卡片兼容的问题。卡片的兼容性也有待统一，除ISO/IEC14443中定义的标准的Type A和Type B以外，还有为数不少的厂家提供或多或少的不能与标准完全一致和兼容的芯片，还有多家厂商或者组织自成体系，遵循自己的标准。用户在面临多种多样的选择的同时，也需要考虑系统的标准、兼容、升级、供货、开放等诸多因素。商家也同样需要选择。

四、发展的前景与趋势

双界面卡在不久的未来，或许会在下面领域有所应用的各种公共交通系统，如公共汽车，电车，地铁，出租车、轻轨等。

各种收费系统，如高速公路，过桥收费，码头，港口停泊，停车收费等。

各种出入管理系统，如上岗管理，考勤管理，门禁管理等。

各种预付费场合，如电话，电表，煤气表，水表等。

各种票据购买场合，如公园，电影院，飞机场，火车站，码头等。

各种人员物品管理领域。如驾驶员管理，物流管理，交通工具管理，餐饮消费管理，图书馆管理等。

各种金融交易领域。可在安全要求较高的银行、邮政，电信，证券交易，商场消费，娱乐场所消费等，作为借记卡、贷记卡、信用卡、电子钱包卡等。

各种需要加密，认证的领域。可以用于移动电话SIM卡，电子商务交易安全认证卡，电子资金转帐卡。

各种识别领域。可用于身份识别卡货物管理卡，社会保险卡，医疗保险卡，工商管理卡，专利卡，税务申报卡，病历卡，各种优惠卡、学生证。

以上是过于泛泛而谈了。最近在国外，比如韩国对双界面卡提出一种新的应用模式：将小尺寸卡片嵌入手机中，模块上不必引出单独的非接触接口，手机内嵌天线，利用芯片模块上的剩余触点，与手机上的天线连接，实现非接触通讯，即本应在卡片内部的天线延伸到手机中。

北京已经开始着手设计与实施双界面卡的市政系统，并将目光远远的放到奥运会，前景广阔。基于双界面卡的移动平台也孕育着巨大的商机，通过接触界面与非接触界面，能够为用户提供包括电信、金融在内的多种服务。

芯片技术的发展非常迅速，已经从最初的0.6μm工艺、8Kbytes空间、Type A、DES，发展到目前的0.35μm以致0.18μm工艺、4K、8K、16K、32K、Type A&Type B&Mifare 1、

DES&RSA。基于 JAVA 技术的双界面卡也会很快诞生。新技术层出不穷，我们拭目以待超过我们期望的新品出现。

读写设备价格偏高曾经是制约非接触卡应用发展的一个瓶颈，而目前，无论是专用芯片还是模块，价格相比过去的，下降了很大幅度，而且新品不断推出。该类产品的价格不但下降，同时功能也有很大幅度的提高，处理能力增强很多，有的模块由原来的支持单一的卡片变成同时支持多种卡片，实现 Mifare 1、标准 Type A、Type B 等几种卡片同时支持。

对于发卡方和用户，选择 A 类卡片和 B 类卡片并不会影响卡片应用系统的运行，直接影响系统的是非接触读写机具的选择。目前非接触射频读写设备的发展是向能够兼容多种类型的卡片，同一个读写器能够识别 TYPE A 和 TYPE B 以至更多类型的非接触卡，机具的选择余地变得很大。另外，市场上已经推出支持 TYPE A 和 TYPE B 的双接口芯片，能够根据用户的需求设定卡片支持 TYPE A 或 TYPE B。TYPE A 和 TYPE B 类的卡片各有优缺点，不能简单地说谁的好与不好。中国用户以及其他亚洲国家，似乎喜欢 Type A 胜过 Type B；可是在欧洲市场，人们又对 Type B 独有青睐，应该说着里面更多的是个人喜好、习惯和认知程度的驱使。所以在进行卡片选型时，可以不必过多的把注意力放在是选 TYPE A 还是 TYPE B 的上面。

非接触技术是 IC 卡发展的一个重要的趋势，双界面卡在一定时期内会存在，等到人们的认知程度达到一定阶段，标准化、价格、支持设备等客观因素有了足够的生长土壤，就会大规模发展。但是究竟会以何种形式存在，这还有待于技术的发展与进步。也许是单界面的非接触式智能卡，也许是其他形式，无从猜测。完全依赖于技术的发展和市场的选择。但是我们应该充满信心。

中国城市公共交通收费系统一卡通技术与实践

惟事美科技香港有限公司北京代表处　胡新光

一、国内外公共交通一卡通系统发展概述

由江泽民总书记亲自倡导实施的金卡工程建设，在党和国家领导同志的亲切关怀和各级领导的支持、指导下，取得了卓有成效的成果。以电子支付和身份标识为主要应用目标的智能卡在各领域得到了相当规模的应用，尤其在城市内公共交通费用支付方面得到了相当规模的应用，成为推动中国城市公共交通收费、管理和城市基础设施服务事业发展的重要高技术手段。

鉴于非接触 IC 卡在对移动目标标识和处理的卓越性能，城市公共交通一卡通系统事实上发展成为非接触 IC 卡的应用系统，随着非接触 IC 卡技术的不断发展、各项技术标准以及非接触 IC 卡应用产品产业的不断成熟，以非接触 IC 卡为应用介质的城市公共交通一卡通系统在国内得到了蓬勃发展。早在 1998 年，以上海地铁 1/2 号线为代表的地铁非接触 IC 卡(含磁卡票)的自动售检票系统就成为成功实施非接触 IC 卡应用的轨道交通系统的典范，同年深圳公交以 LEGIC 非接触 IC 卡为介质的公交 IC 卡系统同样取得了相当的成功。

由于中国城市市政交通管理和非接触 IC 卡应用的特殊性使得政府在整合城市公共交通建设、实施、运营和管理资源方面作出努力，实际上城市公共交通一卡通系统的真正目的在于合理地分配和整合城市公共交通管理和运营的宝贵资源，从而使得城市公共交通的 IC 卡支付系统在政府的宏观调控下，以最小的系统投入产生最大的社会和应用效果，也使得城市居民(即最终用户以最小代价)获取一卡通系统带来的益处，当然实施一卡通系统还可以科学化的手段全面提升城市公共交通的管理和服务水平。

迄今为止，国内大型城市如上海、北京、广州、深圳、大连、武汉、南京、天津、沈阳等地均实施或正在实施城市公共交通一卡通系统，当然还有相当一批中小型城市正准备实施或已经实施城市一卡通系统；其中上海市城市一卡通系统以近 300 万张发卡使用量，全面覆盖城市的公交、地铁、出租和轮渡应用，具有典型的现实指导意义。

另外中国香港八达通(Octpus)系统成为城市公共交通一卡通系统中最成功的应用和运营管理系统实例，目前系统发卡量 720 万张，日交易金额逾 4000 万港币，广泛应用于轨道交通、公交车支付和小额消费，借助良好的运营管理机制，八达通卡已成为香港市民出行交通的主要支付手段，同时由于储值卡的大面积使用(在轨道交通已占 70% 以上)，因此大大减少了单程票的使用量，从而极大节省系统运营和管理费用。

国外已有新加坡、英国伦敦、意大利罗马、韩国汉城/釜山、日本东京等城市实施城市公共交通一卡通系统，其中新加坡、汉城/釜山等地一卡通应用系统已有相当规模，归纳香港一卡通项目和国外城市一卡通系统实施经验，表现在：起步于轨道交通，公交为辅助；重视一卡

通系统清算、发卡储值系统实现尤其是系统服务功能的实现；市场化手段的运作，达到各建设单位和运营实体之间的经济和社会效益的综合平衡。

本文拟从城市一卡通系统建设和运营的角度提出城市一卡通系统 IC 卡发行和管理以及系统服务的解决方案。

二、公共交通一卡通系统需要解决的核心问题

市政交通一卡通是在城市公共交通应用环境中(包括公交、地铁、轻轨、出租车)，通过 IC 卡支付介质和相应计算机及通信等先进技术手段所实行的一卡多支付应用平台，是通过政府干预并通过市场机制形成的在城市范围内的新型交通收费模式，即通过统一发行的非接触 IC 卡介质作为市政公共交通储值票，实现在市政不同公共交通工具的统一支付，并通过按照协定的商务规则由统一建设的清算中心完成对应交通费用的结算和划转，从而达到方便用户，同时又全面提高各公共交通应用业主的经济和管理效益的目的。

市政交通一卡通系统是一个涉及面广、影响面大、应用需求复杂且具有市政服务性质的庞大系统，因此首先建立一个良好的、可持续发展的且被各行业运营部门接受的运营、管理和服务模式是一卡通系统成功的关键，实际上成功的一卡通系统是通过交通运营部门、用户和一卡通公司的综合利益平衡，从而实现一卡通项目的持续高速发展，并达到最佳的社会总体效益，香港八达通项目的成功运行充分说明了这一点。

一般而言，一卡通管理中心同时又是一卡通清算中心和 IC 储值票管理中心和服务公司，一卡通公司应建立：

(1) 具有覆盖全市公共交通领域安全可靠的 IC 卡交易清算及结算网络运行系统；

(2) 具有覆盖全市主要服务网点且便于市民的 IC 卡发行储值管理网络；

(3) 具有及时消费查询及 IC 卡服务(及行业相关服务)的中心和网络系统。

一卡通系统从 IC 卡应用和运营角度来看，具备如下特征：

(1) 一卡通为公共交通的电子代币(储值)的统一支付和结算平台；

(2) 一卡通建设基于基本数据结构标准(如卡片结构、安全密钥处理、基本交易数据结构、基本交易类型及状态定义等)；

(3) 一卡通系统同时要求形成统一的卡片(票)发行管理规则、统一的系统编码规则、统一的清算结算规则、统一的收益分配规则等；

(4) 一卡通需要通过充分地分析各交通工具的应用需求，并给出具有高度包容和发展能力的系统结构设计；

(5) 一卡通系统实施后，就具备不可逆特性。

一卡通系统总体结构如图 1 所示。

1. 公共交通一卡通实施的核心问题及关键技术

(1) 安全保密

由于 IC 卡应用系统具备社会公共支付特性，且应用方式(即支付介质)为开发环境(卡片一直在持卡人手中)，因此 IC 卡应用管理安全尤其是防止欺诈和恶意交易成为系统主要解决的技术问题之一(当然需要配合一整套运营和管理措施)，随着 IC 卡本身技术的不断进步和 CPU 型非接触 IC 卡技术的逐步成熟，IC 卡应用安全保密将得到更好的保障。除 IC 卡应用安全外，系统内原始交易数据安全和系统内通信安全以及操作安全都是一卡通系统

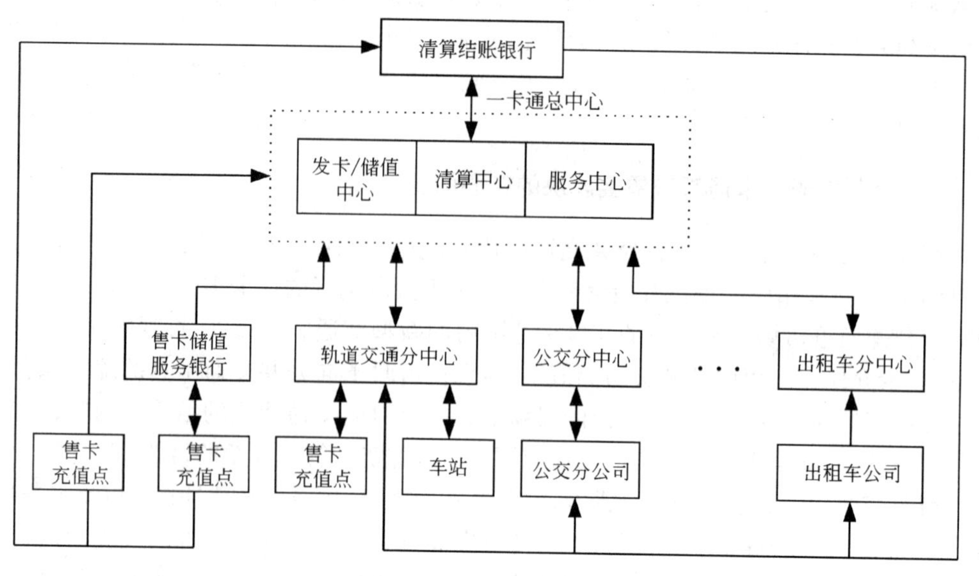

图1　系统总体结构图

内需要解决的问题。一卡通系统安全保密技术包括：

A．IC卡应用加密体系建立，卡片消费和储值的密钥及储值过程的授权管理，SAM机制的不断完善使得目前应用的MIFARE 1逻辑非接触IC卡的应用有基本的安全保障；

B．IC卡交易过程及流程的安全技术（通过密钥分散技术实现）；

C．前端卡片消费及储值交易数据在系统内生成和传输环节的安全（通过TAC技术实现）；

D．清算软件及网络的运行安全；

E．系统内IC卡应用设备的统一确认和认证；

F．系统核心数据尤其是清算及转帐数据的安全及紧急恢复处理；

G．IC卡交易的清算审计及卡片帐户跟踪处理安全。

（2）清算系统

城市一卡通系统在实施上需要各运营部门的配合，特别是公交、地铁等大运营公司的协作和信任，清算系统对于一卡通系统的总体有着极为重要的作用，在传统收费模式中，各交通应用和运营部门可以完全自主掌握运营的全部收入；实施一卡通系统后，有相当一部分收入通过一卡通清算中心结算的结果获得；因此有效实现清算的及时性、公正性和合理性成为各运营单位重视的指标要求；由于不同公共交通工具在运营和管理上具备鲜明的特征，对于清算系统而言，不仅需要解决通过一卡通IC卡实施的正常的交易收费的及时清算和结账，同时特别需要通过有效的技术手段保证清算的及时、公正和合理，并通过技术手段解决因各种因素产生的非正常交易、不完整交易及错误交易的处理问题，具体包括：

A．非正常交易的处理（卡片在A交通工具的逃票在B交易工具上处理后的合理分账，入口/出口数据不符、特殊交易方式的分账等），需要在技术上分析非正常交易的各种情况并分别予以处理，当然需要考虑总体清算和管理规则；

B．交易数据的审计和是否重复交易数据的甄别（清算系统不仅要求对交易数据进行

结算，还需要按顺序对原始交易数据进行审计，如重复判定、TAC检验、交易逻辑判定、卡合法及帐户判定、交易金额判定等)，对应一卡通系统而言，由于各交易运行系统的实施差异，如何有效识别交易数据是否重复成为清算系统的重要内容之一；

C．清算业主帐户和IC卡帐户的协同管理，在一卡通系统发行到一定规模后，出现一人购买或使用多张卡的情况下，要求清算中心可以实现有效的管理；

D．清算系统对于行业应用需求的充分适应(如在地铁应用中，可能出现正常交易模式、紧急交易模式、大客流交易模式等交易情况，而这些交易必须在清算系统中及时正确地予以区分处理)；

E．非正常交易数据/非正常资金数据的处理(由于系统交易数据传输和资金数据传输的时间差，需要确定当交易数据不完整(或不匹配)时的处理，并需在清算中心予以明确；非正常资金数据指电子交易与实际资金数据不符)；

F．清算系统中适应系统管理、清算规则和业主要求的变化而建立起版本管理和版本生效机制；

G．突发事件的应急处理。

(3) 其他

除上述所列明的关键问题及技术解决方案外，一卡通系统还需要对应不同应用需求和用户需求建立合理的系统网络结构和服务结构，特别需要满足在系统不断增长和用户不断发展的条件下的系统适应能力。

在一卡通系统实施过程中，还有一个关键问题需要的解决的是IC卡发行储值管理，本文将另行详细说明。

2．公共交通一卡通需要解决的运营管理问题

实施公共交通一卡通系统就是综合了持卡人、运营业主、销售网络和总清算发卡中心的总运营系统，为实现有序的运转，需要制定出系统内的有关规则，其中包括：

(1) IC卡用户使用规则；

(2) 系统数据传输通信接口定义；

(3) IC卡发行储值管理规则；

(4) 一卡通设备及IC卡读写设备管理规定；

(5) 系统清算及转帐规则。

在制订规则后，尤为重要的是根据系统管理规则和应用卡片(票种)，结合公交、地铁行业的系统运行特点，制定出不同类型卡片的操作过程定义及管理规定。

3．IC卡发行和储值系统解决方案

城市公共交通一卡通系统卡片发行储值管理是该系统的核心内容之一，也正是通过卡片这个公共支付介质使得一卡通系统可以将不同的交通行业应用部门连接起来，一卡通系统在设计和实施IC卡发行储值管理系统时间，需要考虑解决如下几个方面的问题：

(1) IC卡片的帐户管理及有效审计和跟踪(包含与清算系统的数据一致处理)；

(2) IC卡在由原始白卡状态—使用状态—回收状态时的数据对应和物流管理；

(3) IC卡发行储值管理应对最终持卡用户和行业用户的服务需要；

(4) IC卡发行储值过程及各操作环节适应系统及卡片安全管理需要。

正如前文所述，一卡通发卡储值管理总中心需要面对两方面的客户应用，首先是运营业主的应用需要如管理卡、员工卡等;另一方面还需要满足最终持卡用户的应用需要,同时由于用户不断出现的增值需求,发卡储值系统中还将出现双向的资金流;因此IC卡发行和储值管理系统是公共交通一卡通系统中综合了数据流、物流、资金流的集成系统,如何有效解决IC卡发行储值管理系统中的数据流、物流和资金流的集成问题对于一卡通的成功实施和稳定发展有着重要的作用。

(1) 一卡通系统IC卡票种类

一般而言,一卡通系统所包含的卡片种类包括(说明如表1所示)。

卡片种类 **表1**

序号	票种	定义	一次发行地点	发行/储值	备注
	福利卡	由一卡通公司根据政府规定,为残废军人、伤残及其他特定用户发行的卡片,卡片在市内交通工具上全部免费,卡片可以挂失。	由一卡通公司初始化并完成最终个人化制作。	指定的发行/售票网点发行。	
	记名成人卡	为一卡通发行的通用储值卡票,记录个人身份特征,可以挂失,并可重复储值使用。	一卡通发卡中心完成卡片格式化。	指定的发行/售票网点。	
	非记名成人卡	为一卡通发行的通用储值卡票,不记录个人身份特征,不可挂失,并可重复储值使用。	一卡通发卡中心完成卡片格式化。	由发行/售票网点销售并储值。	
	学生卡	由一卡通公司根据政府规定,为大、中、小学生发行的交通储值卡,享受乘车优惠。	一卡通发卡中心完成卡片格式化。	由全部发行/售票网点销售并储值。	
	老人卡	由一卡通公司根据政府规定,为老年人发行的交通储值卡,享受乘车优惠。	一卡通发卡中心完成卡片格式化。	由全部发行/售票网点销售并储值。	
	员工卡	由一卡通公司发行的卡片并由运营公司经二次发行制作的卡片,在运营公司所属线路使用。	由一卡通发卡中心完成卡片格式化,经分中心二次发行制作后由内部发行。	不经过发行/售票网点发行,但可以储值/挂失。	
	维护卡	为以上全部卡种的综合,用于检验系统的使用故障修复后的操作性能,需要上传作业记录。		不经过发行/售票网点发行,(仅限在设备维护时使用)。	
	测试卡	为以上全部卡种的综合,用于系统交付前使用,检验系统操作正常;系统清算时不作为支付凭证,需要上传交易记录。		经过发行/售票网点发行操作(仅限于测试阶段)。	

注:黑名单定义由一卡通公司在业务规则中定义。

针对以上卡片(票种)类型(可能还有更多的票种定义),需要根据各运营系统的特点确定卡片的操作过程要求。

(2) IC卡的应用管理手段

对于公共交通一卡通系统的IC卡发行储值管理，无论针对发卡中心还是针对发卡储值网点，通过状态管理是一个有效的手段。卡片状态变化关系可用图2描述。卡片内部一般包含四个状态：白卡、已格式化、生效、锁定；其中锁定状态主要由收费系统在收费闸机/车载机进行处理，锁定卡片资料由清算中心上交发卡中心，发卡中心负责对卡片进行解锁。

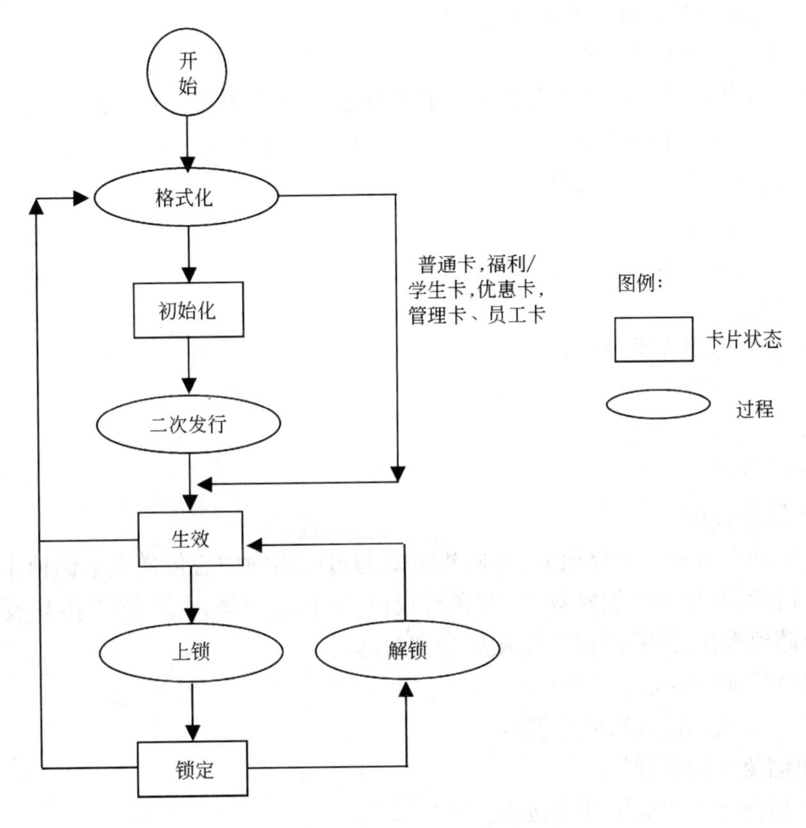

图2 公共交通一卡通卡片应用图

在公共交通一卡通系统中，发卡总中心存在着卡片初始化到最终卡片个人化的流程(如福利卡)，而可能出现的一卡通二级机构又分别存在卡片二次发行处理、预售管理等环节，因此卡片在初始格式化、初始制作、预售发行、卡片二次发行、最终发行等需要发生的流通过程数据对应和跟踪，都可以状态作为控制方式进行管理。

(3) 一卡通发卡中心系统建设

公共交通一卡通系统内一张空白卡从登记到最终售出一般须经过3笔管理交易才能达到计算机化的账物管理，其中包括空白卡登记、预售卡处理、代理商领购/出售(持卡人购买)或废卡登记及遗失卡登记等环节；因此发卡中心管理的操作类型包括：内部操作(卡片的制作、卡片数据生成、卡片档案更新)；外部操作(卡片售卡储值授权、卡片数据查询)，所包含的管理类交易包括预售储值、代理点签到/签退、操作员登记及密码管理、销售点售卡储值授权(含其他操作授权)、联机卡片交易查询等交易。总体而言，发卡中心的主要职责为：

A．卡片数据格式定义及安全密钥体系创建和控制；

B．卡片类型定义及初始化；

C. 卡片制作和预售管理；

D. 卡片配送管理；

E. 卡片发行授权；

F. 卡片帐户档案及数据资源管理及交换；

G. 销售点操作控制和管理；

H. 卡片交易及帐户数据查询服务。

1) 发卡中心业务管理系统

发卡中心业务管理包括实现发卡中心的卡片数据格式定义，总体安全密钥及控制体系建立，卡片制作及卡片数据生成，卡片帐户管理等内容。具体包括：

- 卡片档案及数据资源管理。
- 系统密钥管理。
- 卡片初始化及卡片信息生成。
- 统计报表处理。
- 卡片信息与清算系统交换。
- 卡片销售点管理。
- 系统 IC 卡设备管理。
- 黑名单管理。

2) 发卡储值管理

发卡储值网点需要发卡储值时，以联机方式通过网络向中心传递发卡储值申请，中心接受到这些申请后，利用专门加密算法，发送授权码，下传给下属网点，网点接到授权码后，方可进行发卡储值操作，这种授权功能在后台实时运行。

发卡储值管理包括如下功能模块：

- 卡片一次及二次发行制作授权。
- 普通储值卡储值授权。
- 发行储值业务数据统计及报表。
- 发行储值业务数据查询。
- 发卡储值数据及时更新。
- 卡片预售管理。

3) 通行卡配送管理

卡片配送管理是一卡通应用系统重要的功能模块之一，要求根据各销售网络运营单位对卡片的要求进行核算，由发卡管理系统确定 IC 卡配送计划，并协同卡片预售管理模块实现卡片的特征制作。

- 卡片配送管理应包括如下功能模块。
- 卡片配送登记管理(更新数据库档案)。
- 卡片资源应用监控(根据卡片状态，跟踪管理卡片的位置数据)。
- 卡片配送申请接受与批准。
- 卡片配送应用数据统计。

三、结束语

城市公共交通一卡通系统是涉及多种技术集成的复杂系统工程,也是一个实时的集中式交易处理系统。系统要求较高的可靠性、可适应性、扩充能力、联机交易处理响应速度,同时需要在有限的时间范围内完成 IC 卡消费交易及储值等交易的帐务清算会计能力。成功实现城市公共交通一卡通系统,应用技术在其中起重要作用。但是还需要各应用关联单位的通力协作。由于一卡通所实施的收费模式是通过先进的高科技手段实现的收费方式的革命,需要在技术手段、管理制度和运行制度方面作出相应的调整,以适应这种变革。作为在中国公共交通和城市一卡通交通收费领域主要非接触 IC 卡读写设备和应用技术解决方案供应商,惟事美(VFJ)科技香港有限公司希望竭诚同国内用户合作,以优质、高性能的产品和优良的技术服务为中国城市一卡通事业发展作贡献。

华虹智能卡在城市建设中的应用

上海华虹集成电路有限责任公司　周　钰

一、前言

随着社会的不断发展,人们对城市建设的要求也提高到新的阶段。同时,不断发展的科技为实现这些新的要求提供了技术上的保障,新的科学技术及高技术产品被不断的应用到城市建设当中。

智能卡技术就是这样一种近年来才发展起来,但却迅速得到广泛应用的技术。智能卡是微电子技术与计算机技术相结合的高技术产品。它以其超小的体积、先进的集成电路芯片技术以及特殊的保密措施和无法破译、难以仿造的特点受到普遍欢迎。目前已在城市建设包括城市公共交通、高速公路收费、煤、水、电表收费等领域得到了广泛应用。其中,在公共交通一卡通工程中,智能卡的普及速度最快。北京、上海、广州等大中城市纷纷在城市公共交通领域采用智能卡作为支付手段。

二、华虹及其智能卡产品

上海华虹集成电路有限责任公司作为国内领先的集成电路设计公司,从成立到现在已成功的设计出多个智能卡产品并运用到不同的社会领域。华虹智能卡产品目前主要分为两大类:一类是非接触式 IC 卡芯片,主要应用于城市公共交通一卡通、停车管理(咪表)以及流动人口管理(广州暂住证)。另一类是接触式 CPU 卡芯片,该类产品目前主要应用于社会保障及金融等领域。

1999 年华虹正式推出中国第一款具有自主知识产权的非接触式 IC 卡芯片—SHC1101,并于当年成功的运用于上海公共交通一卡通工程。该款芯片是射频识别技术和集成电路芯片技术相结合的产物。它将一个射频接口电路集成到原有 IC 卡芯片中,通过无线方式传输能量和数据,解决了无源(卡中无电源)和免接触的难题。因此该产品不但具有原有 IC 卡的存储容量大、安全性高、应用范围广(一卡多用)、对网络要求低的特点,更增添了诸如应用的高可靠性、多张卡同时处理以及操作速度快等特点。SHC1101 的主要技术特点如下:

- 工作频率:13.56MHz。
- 通信速率:106k 波特率。
- 调制方式:ISO/IEC 14443 Type A。
- 工作温度:-20～50℃。
- 存贮容量:8 k bits。
- 成卡尺寸:符合国际标准 ISO10536。
- 芯片加工技术:高速 CMOS EEPROM 工艺。

- 无电池:无线方式传递数据和能量。
- 防冲突:可处理同一时间多张卡进入场区的情况。
- 读写距离:在距读卡器天线 0～100 mm 区域内能正确进行数据交换和完成各项操作。
- 卡移动时可交易。
- 采用双方握手的半双工通讯协议。
- 在无线通讯过程中通过以下机制来保证数据完整。

——防冲突机制,

——每块有 16 位 CRC 检验,

——每字节有奇偶校验位,

——检查位数,

——用编码方式来区分 1、0 或无信息,

——信道监测(通过协议顺序和位流分析)。

- 支持多卡操作。

——防冲突机制,

可处理同一时间多张卡进入场区的情况,防止可能由此而引起的突发的读、写或读写中断现象。

——动态读写,

当对某张卡进行处理时,其他卡可进入或离开射频区域。

——快速防冲突协议,

每增加一张卡的防冲突处理,仅增加 1ms 的处理时间。

- 数据安全性。

——3 次相互认证(ISO/IECDIS9798-2),

——认证后的流程中所有数据均加密以防止信号截取,

——每一扇区有相互独立的密钥,

——每张卡的序列号惟一,

——传输密钥保护。

- 支持一卡多用的存储结构。

——8k 位 EEPROM(16 Sectors×4 Blocks×16 Bytes×8 Bits),

——分为 16 个扇区支持多种应用,

——每个扇区分为 4 个块,

——每个块为最小访问单位,由 16 个字节组成,

——每个扇区有自己的一组密钥,

——用户可灵活地定义每一块的访问条件,

——运算能力:加、减。

- 数据保持时间>10 年,
- 擦写次数>10 万次,
- 典型交易时间<100ms,

包含:卡识别+读 6 个块(2 个扇区认证)+写 2 个块(含备份管理)。

在首个非接触产品获得成功以后，华虹又推出了一款新的非接触式 IC 卡芯片——SHC1102。该款芯片适用于轨道交通单程票，并将很快作为地铁单程票应用于上海地铁。另外，该产品也适用于对成本要求较高的小型一卡通项目。SHC1102 的主要技术特点如下：

• 工作频率：13.56 MHz。

• 通信速率：106k bps。

• 调制方式：ISO/IEC 14443 Type A。

• 工作温度：-20～80℃。

• 存贮容量：512 bits。

• 无电池：无线方式传递数据和能量。

• 读写距离：在距读卡器天线 0～40 mm 区域内能正确进行数据交换和完成各项操作。

• 采用半双工通讯协议。

• 在无线通讯过程中通过以下机制来保证数据完整。

——每帧有 16 位 CRC 检验，

——每字节有奇偶校验位，

——检查位数，

——用编码方式来区分 1、0 或无信息。

• 数据安全性。

——相互认证，

——每张卡的序列号惟一，

——传输密钥保护。

• 灵活的存储结构。

——512 位 EEPROM(16 Blocks×4 Bytes×8 Bits)，

——分为 2 个不同访问条件的数据区(DATA 1、DATA 2)，

——每个块为最小访问单位，由 4 个字节组成，

——每个芯片可定义自己独立的密钥(4 Bytes)。

• 数据保持时间>10 年

• 擦写次数>10 万次

另外，在开发非接触产品的同时，华虹还致力于系列接触式 CPU 卡的开发。具有代表性的产品是 SHC1201-8K BYTE 接触式 CPU 卡芯片，该芯片被上海社会保障工程采用，并获得成功。

SHC1201 的主要技术特点如下：

CPU

• 基于 CMOS 工艺的 8 位 CPU 技术。

• 指令与标准的 8051 兼容。

• 3 个中断源。

• 省电模式。

存储器

• 256 字节片内 RAM。
• 256 字节的扩展数据存储 RAM(XRAM)。
• 20K 字节程序存储器。
• 128 字节的特殊功能寄存器。

EEPROM

• 8K 字节的 EEPROM 作为数据(程序)存储器。
  可以单字节的读,写和擦除;
  可以实现 1 个到整页字节的写操作;
  编程时间依赖于时钟频率;
  25℃下面最少 100,000 次擦写;
  数据最少保存 10 年;
  EEPROM 的编程电压由芯片产生。

I/O 接口

• 遵从 ISO7816 的 I/O 接口规范。

随机数发生器

• 16 位随机数发生器。
• 启动和停止控制。

外围接口

• 2 个 16 位可编程定时器/计数器。
• I/O 口和定时器终端。

安全

• 当检测到非正常的电压,频率和芯片内部曝光等可以自动复位。

触点特性

• 工作电压:2.7V 到 5.5V。
• 工作频率:1~5 MHz(3.57MHz)。
• 触点的物理尺寸符合 ISO7816 规范。

三、华虹智能卡在城市建设中的应用

城市建设行业与广大市民的生活息息相关。智能卡技术作为信息时代的产物,逐渐成为现代社会重要的信息载体和交易工具。智能卡在城市建设行业的应用不仅极大地方便了人民生活,而且有力地促进了金卡事业的发展,提高了城市的现代化管理水平。目前,公共交通作为与普通市民息息相关的行业在引进智能卡方面走在了城市建设行业的前列。全国的大中城市纷纷对各自的公共交通进行改造,实施公交一卡通甚至市政一卡通工程。在这个一卡通建设的热潮当中,最引人注目的当属上海市的公共交通一卡通工程。

上海公共交通一卡通工程是 1999 年、2000 年的上海十大市府事实工程,完全采用国内技术力量,自行设计研究、开发和建设。在这个项目当中,上海华虹集成电路有限责任公司自行设计、具有自主版权的非接触式 IC 卡芯片—SHC1101 击败了其他的国外竞争对手,作为公共交通卡的专用芯片最终得到采用。作为世界上最大规模的公交一卡通工程,上海公交一卡通的应用范围覆盖了公交汽车、轨道交通、出租汽车、黄浦江轮渡、高速公路等几乎所

有城市公共交通领域。目前,整个工程已经发行公共交通卡4百多万张。作为电子支付手段的公交卡在项目中起到了信息载体的作用,记录了包括金额在内的消费信息、交易记录以及各种控制信息。另外,由于公交卡内存储空间在物理上被分为多个扇区并由相对独立的密钥进行管理,使得该卡可以轻松地做到一卡多用,从而可以完成了公交、地铁、出租、轮渡等多个不同单位之间的结算。总之,公交卡的使用不仅简化了交易过程,实现潇洒一刷方便乘车,还解决了假钞、找零麻烦等公交长期存在的问题,为公交方面减少了经济损失,提高了工作效率。最近,上海地铁又准备将地铁(轻轨)单程票从原来的磁票过渡到IC卡(TOKEN),以简化票务运营和管理,提高客流量。考虑到与原有系统兼容等问题,IC卡单程票选用了华虹设计的SHC1102。预计在不久的将来,上海的市民就可以体验到IC卡单程票带来的方便和快捷。

除了上海公共交通一卡通工程外,在最近开通的无锡公交一卡通项目中也采用了华虹的SHC1101作为公共交通卡,并且无锡的这张公交卡与上海公交卡是相通的。由于上海与无锡之间的地缘关系再加上两城市之间的经济往来频繁等原因使得该项目有可能采取这样一种全新的营运模式。该项目的开通标志着中国的一卡通工程进入到一个新的阶段,由单个城市内部的一卡通演变成两个城市之间的一卡通,完成了城际间的互通互联。未来几年内这种全新的运营模式有可能得到进一步发展,从两个城市发展到多个城市,从点到线再到面,从而打破了行政区域的划分,实现广泛意义上的一卡通。

另外,华虹的SHC1101芯片在上海也作为高速公路的通行卡获得了应用。这是国内的非接触智能卡首次打破了国外产品在高速公路领域内的垄断。

四、结束语

当前,以智能卡为代表的信息卡的广泛使用,标志着信息技术的应用已经进入寻常百姓家庭,并逐渐走向成熟。1993年6月江泽民总书记做出了"在全民中推广使用信息卡"的指示。在党和政府的重视和关怀下,在我国国民经济信息化建设不断推进、"九五"基本实现金融电子化的大环境下,以电子货币工程为重点的金卡工程已在全国全面展开,传统货币正逐步向以计算机系统和通信技术为基础,以银行卡、电子现金传输系统为载体的电子货币转化。

在上述的背景下智能卡在城市建设中的应用得到前所未有的推动,社会各个方面包括政府、厂商、科研院所都投入其中,整个产业得到极大的发展,产业链也得到进一步的完善,研发、设计、生产、系统集成等各个环节都逐步形成配套。作为国家"909"工程指定的设计单位之一,华虹有责任担负起提高我国集成电路设计水平以及打破国外垄断的任务。总之,华虹将继续致力于集成电路的设计和研发,为提升城市建设的现代化信息管理水平,为21世纪中国城市信息化建设作贡献。

城市一卡通公用事业智能卡应用系统解决方案

北京慧悦隆科技发展有限责任公司　温立新

随着改革开放和社会主义市场经济的不断发展，公共事业行业的传统观念和发展现状发生了很大变化。一方面水、气、热资源由原来取之不尽、用之不竭自然资源变为一种面临匮乏而且具有一定经营成本的特殊市场商品；另一方面公共事业管理部门由原来依靠国家财政预算补贴的政府职能部门逐渐转变为依靠自主经营、自负盈亏的企业单位。传统的收费模式已经不能适应新形式的发展，经常造成严重拖欠和流失，并不时产生纠纷，给管理日常工作带来很大的困难和压力。因此，如何应用现代高新技术解决收费困难问题，摸索一条新形式下的收费管理模式具有现实重大意义。

一、建设事业"城市一卡通"发展概况

建设事业采用IC卡收费管理，实施城市一卡通项目，在许多国内城市已经进行试点，并逐渐得到管理部门和老百姓的认可。"城市一卡通"包括纵向应用和横向发展的一卡通含义，纵向应用一卡通解决地区分割的某个行业一卡通问题，比如公共交通行业；横向应用一卡通实现同一地区不同行业一卡多用。目前，城市一卡通的试点主要侧重于公共交通的收费管理。

随着城市一卡通事业的不断发展，公用事业水、气、热等行业纳入城市一卡通发展的需求越来越迫切，如何保证城市一卡通横向发展的顺利进行，已成为管理部门关心的重要课题。

建设部作为国家建设事业IC卡应用信息化建设行业主管部门和协调机构，一直重视行业的健康顺利发展，多次组织有关专家、行业应用管理部门和企业进行论证，相应制定有关规范和标准，并建立了建设事业IC卡密钥管理系统。这为城市一卡通的顺利实施和市场健康发展提供了有效的组织保证。

二、卡片选型、应用分类和应用规划

IC卡是实施城市一卡通的重要信息载体，IC卡的选型和应用规划是项目能否成功的关键技术环节。

1．卡片选型

IC卡根据内部芯片结构和功能不同，分为存储器卡（包括逻辑加密卡）和微处理器卡（俗称CPU卡、智能卡等）。

存储器卡内部芯片只是一个存储器，最多增加一个逻辑电路保护，应用于一卡通项目具有如下存在如下技术隐患：

(1) 安全性较差，甚至没有任何安全保护，卡内数据很容易被修改和伪造。

(2) 读写可靠性较差，自身无法知道卡内的数据读写和存储是否正确，在用户插拔卡不规范或其他不确定因素下，可能造成数据混乱。

(3) 可兼容性和可扩展性较差。非智能IC卡表技术平台是局限于国外某个半导体厂商的特定型号的半导体芯片技术，同一半导体厂商的不同型号芯片技术互不兼容，不同半导体厂商的芯片技术更是互不兼容。这样就使得非智能IC卡表技术只是局限于某个半导体厂商的特定型号的半导体芯片技术，而国外半导体厂商芯片的生产规模和价格是根据全球对这种特定芯片的需求来决定。因此，基于非智能IC卡技术不仅存在兼容性问题，更严重的威胁在于后续技术产品的生存。

(4) 无法解决研制生产单位和使用单位的安全脱钩技术问题，系统安全性从技术上无法摆脱研制生产单位的技术人员或管理人员，这对应用部门的利益构成严重的威胁。

(5) 从国际IC卡技术发展趋势看，非智能IC卡技术已趋于萎缩，而智能卡技术应用处于方兴未艾。因此，我们在产品设计上应跟上国际形势发展。

智能卡芯片具备微型电脑的软硬件配置：CPU、RAM、ROM、EEPROM、操作系统(COS)，同时还具有用于信息安全保护的加密器、随机数发生器以及物理攻击自毁电路。而非智能卡的芯片(见图1)上只是一个简单存储器逻辑电路。因此，从可靠性、安全性和智能性而言，智能卡具有天生的优势。

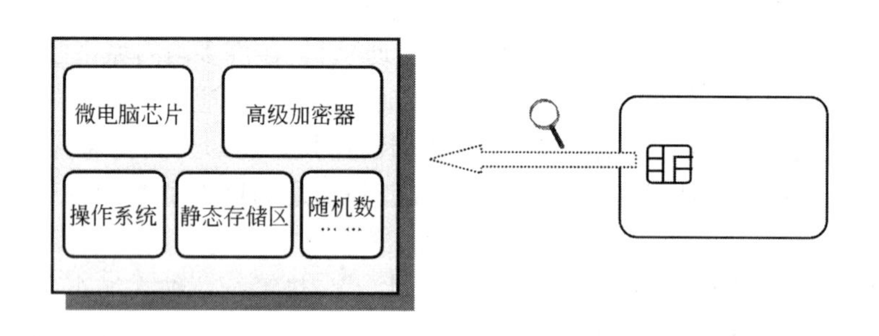

图1　智能卡芯片内部结构示意图

智能卡芯片内的物理资源由贮存在ROM内的芯片操作系统(COS)来进行统一管理和调度，我们可以根据具体应用要求设计卡片应用规则和规范、建立卡片应用安全结构体系，并通过芯片操作系统(COS)实现智能卡的具体应用功能。因而，智能卡具有灵活性较强的、开放式的应用设计平台。

智能卡芯片操作系统(COS)包括四大部分功能：通讯管理、文件管理、安全管理和命令管理。通讯管理负责卡片和外界卡终端的通讯协议处理、通讯检错处理和纠错处理，保证卡片读写传输数据正确可靠；文件管理为用户提供灵活的、方便的、多种格式的信息存储管理，以适应多种应用要求；安全管理使得应用单位可以根据自身应用需求对卡内信息进行灵活的权限分割、权限设置和权限认证设计，建立信息防火墙，抵御外界逻辑攻击；命令管理为应用设计功能实现提供驱动管道。

2. 应用分类

智能卡在“城市一卡通”应用功能不同分为如下应用类型卡片：

(1) 部级总控卡

由建设部几位主管领导生成,存储建设事业 IC 卡应用总控密钥。

(2) 部级主密钥卡

由部级总控卡和相应业务密钥代码生成部级业务主密钥,如公交行业消费主密钥、TAC主密钥、应用维护主密钥等。

(3) 城市主密钥卡

由部级主密钥卡和各地区行政编号生成各地区的城市主密钥卡。

(4) 城市总控卡

存储由各城市主管领导生成的地方总控密钥。

(5) 城市密钥母卡

存储由城市主密钥卡和城市总控卡生成的城市应用主密钥。

(6) ISAM 卡

即充值权限认证卡,嵌入 POS 机内,用于城市各充值销售网点的充值授权和认证。

(7) ESAM 卡(或 ESAM 模块)

即安全模块,安置在表具终端内,用于存储表具运营参数,并实现用户卡和表具交易安全认证和信息交换安全保护。

(8) 用户卡

发放给城市居民用户,作为用户充值和消费的电子信息介质。

3. 用户卡应用规划

智能卡的一个重要技术特征是能够通过统一技术规划实现一卡多用技术功能(见图 2)。

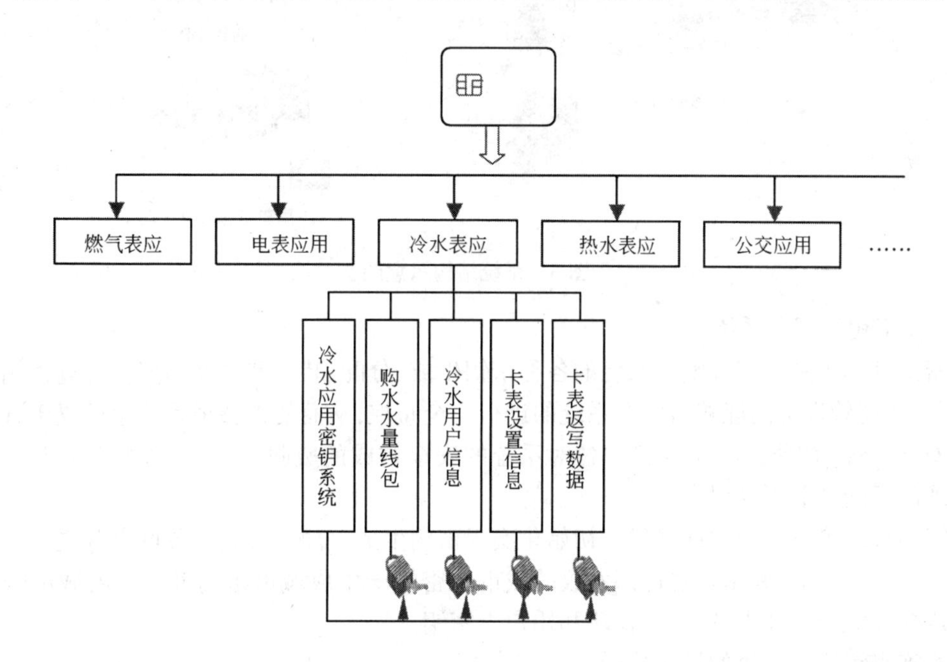

图 2 用户卡一卡多用分区规划示意图

在用户卡设计上,我们可以进行不同应用分区,并对不同的应用分区定义独立行业应用名称。不同应用分区存储不同的应用信息，并建立不同的密钥安全系统，使得卡内不同应用分区独立受控于不同的应用提供方，保证各个应用提供方的利益互不干涉。

三、系统结构和组成

1. 系统结构(图 3)

2. 系统组成

如图 3 所示，整个由下列组成：密钥管理子系统、发卡和充值管理子系统、业务信息管理子系统、用户信息管理子系统和用户卡及表具终端。

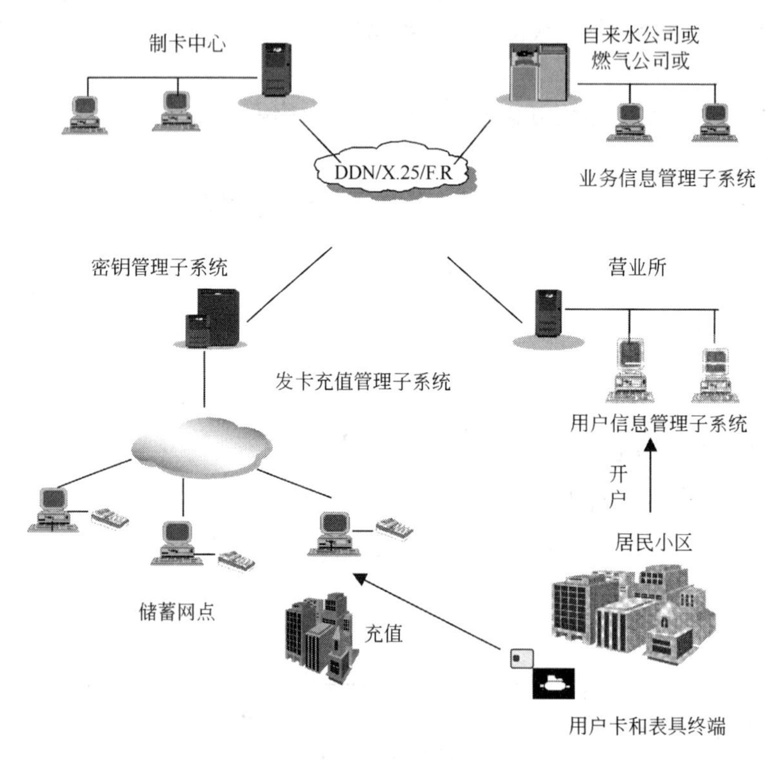

图 3 系统结构示意图

(1) 密钥管理子系统

密钥管理子系统完成整个系统的各种密钥生成、分配、装载和更新功能。通过密钥管理子系统，实现管理部门能够对整个系统的进行安全布控，从而使得整个系统运行置于管理部门的安全控管，消除了研制、生产单位对系统的安全构成的威胁。这样，从根本上保护了应用管理部门的利益不受侵害。

密钥管理子系统通过逐级发卡初始化实现密钥生成、分配、装载。各城市首先由主管领导生成城市总控卡，并结合建设部发放的城市主密钥卡生成城市密钥母卡。由城市密钥母卡生成并装载 ISAM 卡、ESAM 模块和用户卡密钥。

实施密钥管理系统的目标功能：

A. 实施对整个系统的安全布控和监控，

B. 实现对系统的管理权限分割和分配，

C. 抵御外界安全攻击,防范系统崩溃,

D. 实现开发人员和生产厂家的安全脱钩,

E. 保证应用系统正常安全运营,

F. 保护应用提供方利益不受侵犯。

密钥管理系统必须能够保证:

A. 密钥生成只受控于应用提供方,

B. 开发人员和生产厂家不能掌握应用密钥,

C. 密钥调制和生成过程必须是安全的,

D. 密钥的装载过程必须是安全的,

E. 密钥的存储必须是安全的,

F. 某个个体密钥被侦破不能造成系统崩溃,

G. 密钥的工作必须是安全的,

H. 密钥的更新是必须安全的。

(2) 发卡和充值管理子系统

发卡和充值管理子系统(见图 4)实现对空白用户卡的开户发卡,并完成对用户卡的充值功能。

发卡和充值管理子系统安装在发卡和充值代理网点,应用管理部门通过配备 ISAM 卡授权代理网点进行发卡和充值。

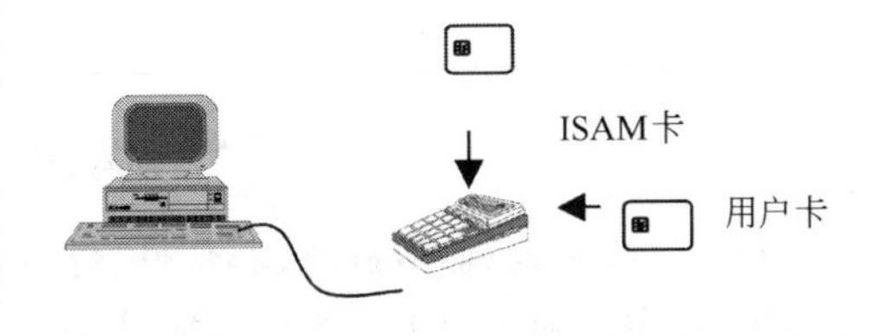

图 4　发卡和充值管理子系统

网点进行发卡或充值时,发卡和充值管理子系统使用 ISAM 卡对用户卡进行身份合法认证,并对用户卡发卡或充值操作进行权限认证,认证通过后才能有权限往用户卡写入相应的开户信息或充值交易处理。

在进行充值交易前,开户发卡和充值管理子系统自动读入用户卡内的抄表数据,存入相应的数据库,供应用管理部门进行数据统计和分析。

应用管理部门同时可以把某些卡表运行设置参数在充值时写入用户卡,通过用户卡插入卡表终端时自动更新卡表的某些运行设置参数。

(3) 用户信息管理子系统

用户信息管理子系统实现对用户进行开户登记,并完成对用户的登记信息、进行各种查询、统计、报表生成和打印等功能。

登记信息管理功能包括:开户登记、开户单打印、登记修改、用户冻结、用户注销、登记查询、统计和报表生成等。

用户信息管理子系统必须根据应用管理部门的具体业务需求进行设计。

(4) 业务信息管理子系统

业务管理子系统实现对应用管理部门日常运营管理,并通过和代理银行联网实现数据共享。一方面,为银行代理网点提供用户开户信息,作为网点开户和充值依据;另一方面,银行把充值交易明细以及抄表数据传送给应用管理部门,供业务管理部门分析统计。具体设计必须在对应用管理部门进行详细的系统调研和需求分析后,才能确定设计方案。

(5) 表具终端

根据建设部〈建设事业 IC 卡管理技术〉要求，表具内部必须安装安全模块—ESAM 模块，而且，用户卡和表具交易流程必须符合交易规范。

安全模块(ESAM 模块)是一种具有特殊密钥管理功能、特殊封装形式智能卡，其内核芯片和智能卡芯片一样(图 5)。

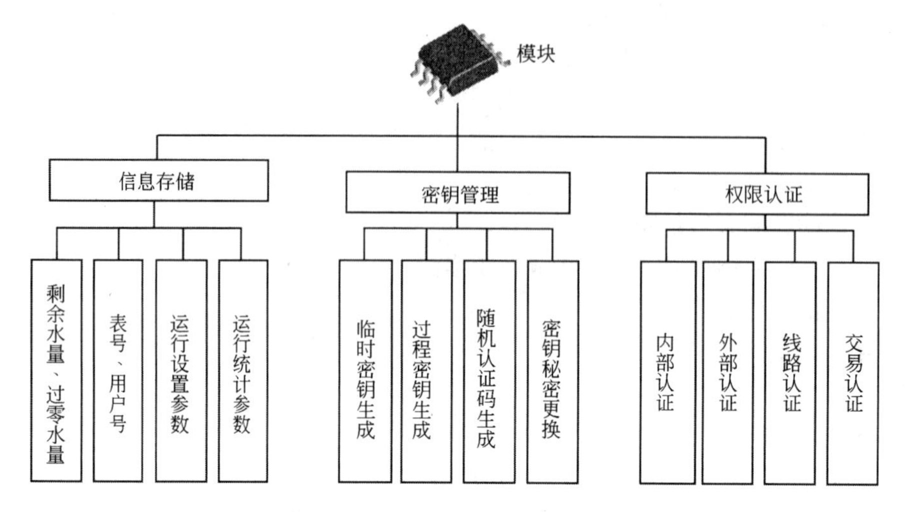

图 5　安全模块内部功能结构示意图

安全模块是表具终端最核心部件，储存卡表内有关应用数据，以及装载用户卡的各种权限密钥，并完成和用户卡的各种权限认证。

四、系统建设规划

1. 建立统一的技术管理规范和平台。
2. 建立相应的业务管理规范和模式。
3. 制定相应的政策和法规。
4. 符合国内外行业标准或应用规范。
5. 建立安全体系结构和密钥管理系统。
6. 实现一卡多用，保证城市一卡通。
7. 建立完善的应用业务信息管理系统。
8. 实现和银行业务管理系统的联网。
9. 建立完善的售后服务管理系统。
10. 保证系统具有较高的安全性和可靠性。
11. 能够提供较好的可扩展性和可维护性。

五、系统实施建议

1. 统一规划、统一部署。
2. 分步试点、逐步推广。
3. 制定相应政策法规和管理措施。
4. 建立后台信息管理系统。

5. 确定代理银行和系统接口。

6. 建立安全体系结构和密钥管理系统。

参 考 文 献

[1] 建设事业 IC 卡应用《密钥管理系统》

[2] 《建设事业 IC 卡管理技术》标准

关于实施IC卡收缴水费的可行性分析

哈水集团哈尔滨盛龙水表有限责任公司　刘世荣

一、现行水费收缴制度的实质

现行水费收缴制度是1995年10月1日起实施的《哈尔滨市城市供水条例》。它是从哈尔滨市自来水厂1936年建厂以来，到建国初期供给制过度而来的历史产物。它同住房制度一样，是“国家包”、“单位包”的福利制。自来水费补贴和住房补贴是同一性质的两个问题，都是企事业的沉重包袱。

多年来，自来水企业一直执行的是低工资和低收费政策。由于职工工资低，使用自来水费用高，个人支付不了全部用水费用，供水补贴也就成了天经地义的被纳入福利分配中。

随着城市建设步伐的加快，人民群众生活水平日益提高，楼群平地而起，用水设施不断更新完善，全自动洗衣机、水冲厕所、沐浴设施不断增加，用水量也在快速大幅度猛增，企事业单位承担职工水费这个包袱越来越沉重。目前，哈尔滨东光机器厂、哈尔滨量具刃具厂、哈尔滨飞机集团等相当多的一些大中型工厂企业勉强承受这部分费用。其中，有的工厂已到了难以承受的程度，哈尔滨工程机械厂、哈尔滨市东光机器厂等已无力按时按量交付水费，长期拖欠水费，量具刃具厂无奈以物抵债，最终将导致无法正常供水。

水作为商品，有价值和使用价值两个方面。供水设施作为住宅的一个组成部分，同样具有价值和使用价值。城市供水不仅需要大量的能源，而且还需要一定的物化劳动，因此，必须按价值规律办事，本着谁受益，谁出钱的原则，使城市供水走上正确的经营轨道。

二、现行水费收缴办法的主要弊端

1．使国家和企事业单位负担越来越重。由于能源费及其原材料费的不断上涨，使供水成本大幅度提高；由于人民群众物质生活水平不断提高，而在用水方面福利制却没有改变，加重了国家和企事业单位的负担。

2．加剧了分配不公。用水福利制已经造成缴纳水费上的苦乐不均，现行的用水补贴办法，更加剧了这种不公。同一单位职工，居住在单位家属楼内不论使用水量多少，都“享受”定额水费，而居住在其他住宅却享受不到这种“待遇”，则按用水量缴费或按人口均摊。同样领取水的补贴，无疑造成职工心理不平衡，影响安定团结。

3．节水意识淡化，助长了损失浪费水的行为。由于用水无度，使用多少都支付定额费用，人们节约用水意识淡薄，设备损坏不及时维修，自来水白白流掉，有的个别用户怕卫生间有异味，室内厕所长流水现象严重。这样，不仅加剧了企事业单位支付水费的负担，而且造成“水”这一能源白白流失，使本来就供水短缺、供需矛盾较大的情况越发加大，影响合理调动水量和正常工作生活。

4．不利于改变人们的福利观念。长期以来，国家、企事业单位实行多种形式的补贴，用水无度浪费点没啥的现象普遍存在，助长了人们事事依靠国家和企事业单位的思想，为自来水收费制度的改革设置了障碍。

5．给城市供水良性循环带来了严重影响。全市有相当一部分国有大中型企业经济滑坡，无力支付水费。造成自来水收费难。拖欠水费现象逐年增多，自来水收费率逐年下降。

6．供水管理上随意性很大，推、估、送现象不同程度存在，不正之风时有发生，给供水企业带来不可估量的影响和损失。

7．供需双方矛盾时常发生，查收人员时常被“用户”纠缠殴打、抢劫，查收人员自身安全难以保证。

8．用水“大锅饭”，用户之间互相抱怨。《哈尔滨城市供水条例》第五章第四十三条规定：城市供水实行按进户总水表计量和水价标准收费。这样一来，居民住宅单元表成为自来水公司收费惟一的计量依据。而居民住宅每家每户的分户表即成了聋子耳朵摆设，居民不能按各自实际用水量缴费，形成“大锅饭”——均摊。其主要原因是：

(1) 居民收费负责人不会查表。

(2) 查表、计算、收费几次往返麻烦。

(3) 产权单位不能定期检定分户表。水表停运或损坏，产权单位又不及时维修更换。

其次是个别用户采取种种手段偷水，也是造成无法按分户表收费的一种原因。总表与分户表之间差量过大，用户之间、供水部门与用户之间、产权单位与供水部门之间矛盾重重。有时，单元内有一户因某种原因不交水费，供水部门只好将全单元停止供水。既影响邻里关系，又给政府带来了不少麻烦，影响安定团结。

三、改革现行自来水收费制度势在必行

改革现行自来水收费制度是“入世”的需要，各级领导必须高度重视，纳入议事日程，这是市场经济的必然。必须从实际出发，根据我市当前各项收费制度的改革进程和人民生活水平的具体情况，企事业单位经济状况，制定切实可行的方针，慎重稳妥的进行。改革的步子要根据企事业单位和职工家庭状况，量力而行。采取四者承担的办法，即国家补贴一点、企事业单位承付一点、居民用户支付一点、供水部门承受一点的统筹兼顾，调整水价，银行代售的改革方案。先企事业单位，新建住宅楼，并可将收费系统费用列入工程成本，这样可杜绝新的“大锅饭”，再逐步改造旧住宅楼的办法，分步实施 IC 卡收费制。该项费用，居民用户只需交纳相应的初装费，其余部分纳入水价中。

该“用水系统”要求用水单位(用户)到银行购买一定数量的自来水，由银行向购水单位发放用水管理 IC 卡。用水单位装有测控管理系统，用相应的 IC 卡可在此管理系统上读取单位(用户)的用水数据，计划新的用水量等。自来水的抄表员持抄表器可在用水单位(用户)的显示仪管理系统上快速读取用水数据，然后将众多单位(用户)的用水数据送回到自来水公司的管理平台上，自动处理与统计。该测控网络体系的规模可小至一个单位，大到一座城市，具有极强的管理层次和测控手段，完全可以胜任各种环境下的用水管理。这样，用水计量准确，控制手段及时，管理方法先进，节约用水和计划用水可以充分体现出来。它将有效地缓解城市缺水和控制用水浪费现象，使自来水的管理上一个新台阶。

IC 卡收费记帐是近年来新兴的技术，其具有安全可靠、保密、灵活等特点，尤其适合在供水、供气等行业发展。它在我国乃至世界各国有很好的应用和发展前景。

该“用水系统”有以下特点：

1. 用 IC 卡进行用水记帐

当某单位购买一定数量的自来水，收费系统把购买的用水量按吨位数写入 IC 卡内，将卡插入(输入)到本单位(用户)用水显示仪中，便可开通用水。

2. 方便的用水控制与记录查询方式

用水单位(用户)只需将自己的用水 IC 卡插入相应的用水显示系统中，便可查询当时的用量和余量，水表数据在显示仪上以数字形式直观显示。省时、省事，读数准确。

3. 独特的用水控制系统

当某个单位或居民用户的用水余额到设定限度时自动报警，提醒用户购买水量。否则，预购水量用完，测控系统自动将阀门关闭。

4. 该收费系统符合国家建设部“四表出户”要求(既水、电、气、热)，适用一卡通，解决了 TM 卡必须入户查表的弊端。

5. 该收费系统双向供电(交直流、功耗低)，保证 24 小时不间断工作。

6. 该收费系统控制功能防盗功能齐备，自动记录备查。

7. 组合式的设备便于维修、“强检”制度实施，减轻用户的负担。

四、用水管理自动化的意义

1. 实现居民用水由福利型向受益者个人承担的方向转变。符合国家改革政策，减轻国家、企事业单位负担，使之轻装上阵。

2. 既解决“大锅饭”又铲除不安定团结的因素，用多少水，交多少费，顺民心，合民意。

3. 有利于供水企业资金良性循环，从根本上解决了因资金困扰影响城市供水事业发展的问题。

4. 有利于缓解城市供水紧张状况，合理调配水量，保证工农业生产和人民生活需要。

5. 有利于计划用水、节约用水，稳定了局面，为安定团结奠定了一个良好的基础。

6. 堵塞了管理上的漏洞，杜绝了不正之风，减少收费组长这一中间环节，供水企业增加了收入。

7. 减轻了抄表人员的劳动强度、难度，维护了查收人员自身安全。

8. 利于企业领导人随时掌握生产、生活用水情况，减少企业供水管理人员，减轻企业经济负担。

自来水 IC 卡收费管理系统广泛实施以后，人工查表收费的方式将载入史册。

无需电源维持的预付费水表、气表的研究

北京兴伟华科技发展有限公司　　邢伟华

一、预付费表的基本特征和预付费控制器的三个基本要素和实现的功能

1. 预付费表的基本特征:计量基表(水表、气表)+预付费控制器。

2. 预付费控制器的三个基本要素:获取计量数据的传感器、切断控制、数据交换。

3. 预付费控制器有中央控制器协调,实现计量核减、预付费数据交换、切断控制,数据显示和通讯接口是必要的,电源提供是必须的。

预付费水、气表是一种利用现代微电子技术对用水量、用气量进行计量及结算交易的新型水、气表。这与传统水表、气表只具有流量采集和机械指针显示用水量、用气量的功能相比,是一个很大的进步。预付费水、气表除了可对用水量、用气量进行记录和电子显示外,还可以按照约定对用水量、用气量自动进行控制。由于其数据传递和交易结算通过IC卡等媒介进行,因而可以实现由工作人员上门操表收费到用户自已去营业所交费的转变,并且计算准确,具有可利用银行进行结算的特点。

预付费水表和预付费气表关键技术在与获取计量仪表的传感器技术和切断控制技术,而数据交换技术已经很成熟,并且数据交换只是预付费表的一个基本要素,因此从严格意义上讲,应该将此类仪表定义为“预付费水表”和“预付费气表”,而不应定义为“IC卡水表”和“IC卡气表”,IC卡只是实现预付费功能的一个应用而已。

一个预付费表的基本结构如图1所示。

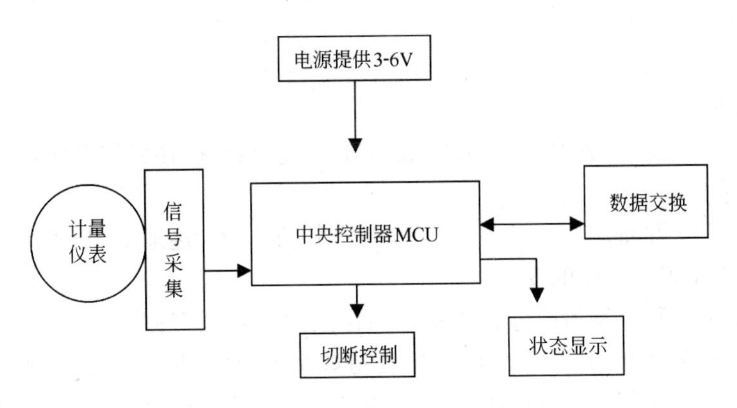

图1　预付费表的基本结构图

二、预付费水表、气表的发展及关键技术

为了推动预付费水表、气表的发展,全国有许多研究机构都投入力量对预付费水表、气表产品进行了开发研究,很多自来水公司和燃气公司也积极参与了此项开发工作并成功的

开发出了自己的产品。从理论角度看,预付费水表、气表已经进入了成熟期。但是,为什么现在预付费水表、气表的推动工作还很困难呢?这不难理解。因为从实际情况看,现在的预付费水表、气表确实还存在着许多影响其大规模推广使用的问题。这些问题集中起来主要是:价格太高;质量不可靠;存在安全隐患,其中几个关键技术是主要的制约因素。

到目前位置,国内的预付费水表、气表,基本上是在普通传统计量仪表上附加预付费控制器实现的。

1. 冷水水表

冷水水表是预付费水表首选的计量基表。常用的冷水水表有 DN15 和 DN20 两种,结构分干式和湿式,显示方式有计数器和指针两种。

由于干式水表采用磁铁传递数据,容易出现数据丢失造成计量失准,所以不适合在我国安装使用,基本都以出口为主。虽然在干式水表上采样容易,而被一些厂家所采用,但从发展的角度来看,很难被大规模普及应用。

湿式水表计量准确,可以达到 B 级计量精度,是预付费水表首选表型。但信号采集的难度相对要大。

由于水表零件简单,所以预付费水表生产厂基本都具备生产水表基表的能力。

2. 膜式气表

目前国内安装使用的燃气表,基本都是膜式气表。由于气表生产相对水表难度要大,所以国内的预付费气表生产厂,基本采用与气表整机厂合作生产的方式,将预付费控制器嫁接在燃气表上,实现预付费燃气表的功能。

3. 信号采集传感器

是将水表和气表计量信号采集、送给预付费控制器用于核减的装置。由于水表内压力较大,信号采集难度较大,一般采用干簧管方式,并为防止外部磁铁干扰,采用多组干簧管进行防护。

虽然干簧管方式成本高、寿命短、可靠性差,但随着科学技术的发展,这种信号采集方式是可以成为主流方案的。

气表的信号采集方式与水表基本相同。

4. 数据交换

数据交换技术已经很成熟,无论采用 IC 卡方式交换数据,还是键盘输入方式交换数据,都可以满足现有产品的需要。

在 IC 卡的安全方面,已经从过去采用存储器卡、加密卡,逐渐采用 CPU 卡和 RF 卡,从而确保在数据交换媒介方面的安全。

但是,由于预付费水表和预付费气表均采用电池供电,没有额外的能量维持保护电路工作,所以无法抵御来自 IC 卡卡口的干扰,容易造成系统瘫痪,失去控制。到目前为止,全世界范围内还没有一个厂家宣称自己的产品可以抵御来自卡口攻击并且达到实用化程度的预付费水表、气表产品上市。

有鉴于此,在过去的几年里,采用全封闭键盘方式进行数据交换的预付费产品受到普遍欢迎。

5. 切断控制

控制是预付费的核心手段,如果没有控制,就无法实现预付费,因此,控制是否可靠,关系到预付费产品是否成熟。

预付费水表由于压力较大,实现控制难度相对要大,而系统使用电池供电,所以推动阀门的能量很小,一般采用先导方式的阀门实现切断控制。

随着我国城镇自来水供应的水质的提高,采用先导阀门是比较可靠的。

气表压力较小,阀门控制较容易,但要注意防爆。

6. 系统供电

目前的预付费水表、预付费气表,基本都采用电池供电,并且绝大多数采用内置锂离子电池供电。

但由于锂电池性能还不被人们彻底掌握,以及价格较高等因素,一些研制生产预付费气表的厂家已经尝试使用普通电池给系统供电,由用户更换电池,从而降低产品成本和提高了可靠性。

随着微电子技术的快速发展,加上国家相关政策的推动,民用计量仪表的智能化将是一个必然的发展方向。这不仅是中国的一种趋势,也将成为世界性的趋势。而在近十年里,单体式预付费仪表又将会是发展主流。

三、无需工作电源预付费控制技术

1. 产品发明背景

预付费水表和气表均使用电池供电,并且电池要为系统长期提供电流,所以电池的性能就非常关键了,受到外界温度或湿度及电路功耗指标的影响,电池将影响整个产品的性能和寿命。

当电池要终结的时候,将出现很多不可想象、难以预料的状况,从而影响了人民群众的日常生活,造成供需矛盾,因为电池不可能在同一时段内终结,如果是在相对集中的一段时间内电池终结,可以统一更换,而往往是因电池的性能和用户使用频度及环境的差异,造成电池不可能在相对集中的一段时间内终结。

分散不确定地拆卸仪表更换电池,以及谁负责来更换电池,都是将来要发生的问题,如果今天不考虑,将后患无穷。

电池状态的监测需要整套的电子电路,需要消耗能量,其可靠性也将影响整机的可靠性。

由于系统控制电路处于供电状态,且开放 IC 卡数据交换接口,若受到外界的高压干扰,系统将瘫痪,失去对计量或阀门的控制,从而失去预付费的作用。

使用电路监视流量计获取计量数据,就需要性能良好的电传感器;要使系统有效切断管路,就需要一整套阀门控制系统。因此,价格较高的电池、电池监测电路、性能良好的传感器、动作可靠的阀门控制系统、复杂的电子显示器,都将大大提高产品的成本,使预付费表推广难度加大。

综合上述问题,要从根本上解决预付费表存在的性能/价格比矛盾的问题,就必须走创新之路,跳出预付费技术的传统方案。经过一段时间的研制和测试,我们已经在预付费水表、预付费气表上实现了无需工作电源的控制功能。

2. 技术原理(图 2)

无需工作电源预付费水表和预付费气表,采用"预置字轮计数器和计数器归 0 关阀"技

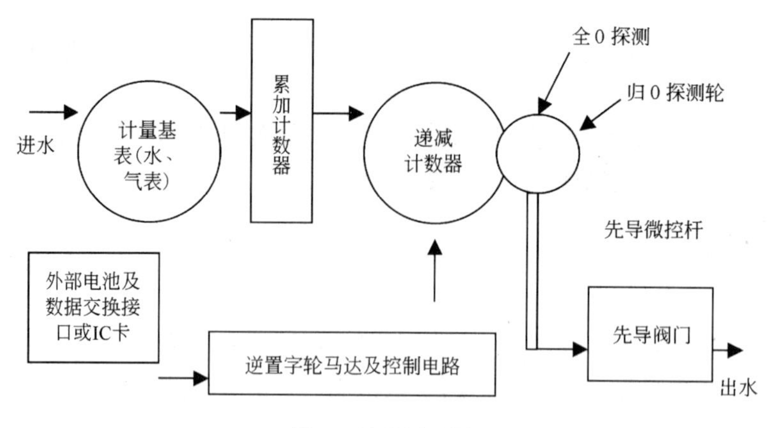

图2　技术原理图

术，从而实现仪表不需要电池维持工作，并且可以安全地使用IC卡进行数据交换。

从图2中可以看出，整个系统基本是由机械结构实现的，控制电路只有在充值的短时间内由外部电池供电工作，将IC卡的数据转换成“递减计数器”的显示，从而实现“递减计数器预置”。

系统工作时，水表或气表的工作方式与普通基表相同，整表的计量精度也取决于基表的计量精度。基表的“累加计数器”通过齿轮与控制系统的“递减计数器”连接，累加计数器递增一个计量单位，递减计数器就递减一个单位。当递减计数器为全0时，归0探测轮进入递减计数器的全0探测口中，使先导微控杆产生位移，关闭先导阀孔，从而切断管路，达到预付费控制的目的。

逆置递减计数器的过程，就是预付费充值的过程。用户将具有合法数据的IC卡插入充值盒，充值盒内有电池。将充值盒插到仪表的预留接口上，给系统内的控制电路供电，并读入IC卡上的数据，然后系统将IC卡的数据通过马达转换成递减计数器字轮的显示，从而完成预付费数据输入。

机械系统在电机的控制下，可以实现递减计数器在充值的时候与马达连接，充值完毕自动与累加计数器连接。

充值完毕后，撤掉外部电源供电，系统完全处于机械运行状态，计量和切断完全靠水流或气流实现，因此系统工作将非常稳定可靠，从而实现无需工作电源维持系统的运行。

由于控制电路只实现递减计数器逆置的单一功能，而不参与计量和切断，所以外界通过数据接口攻击电路，使电路瘫痪，但无法达不到攻击整个系统而实现盗用的目的，因此，产品可以选择接触式IC卡作为数据交换媒介。

综上所述，由于系统采用全新设计理念，突破传统的设计模式，省去了电池、电池检测电路、显示器，从而大大节约了材料成本，使产品极具推广价值。

3．产品应用

预付费控制是一项综合控制技术，涉及结构、传动、电子、微控制器、后台系统、IC卡、阀门、流量计量等学科，所以解决相关技术问题是确保预付费领域发展壮大的前提，只有这样，才能使预付费产业成为我国王牌拳头产业。

无需工作电源预付费水表命名和规格：WYS15/20，WYS20 。*W*——代表无需工作电源，*Y*——代表预付费，S——代表水表，Q——代表气表，15——代表DN15标准水表长度，20——代表DN20标准水表长度，15/20——代表DN15标准水表长度，但口径为DN20标准。

根据国内外市场需求，无需工作电源预付费水表采用透明材料的PC材料制造外壳，因此可以用于纯净水和直供水供应的计量和收费。

在全国城镇自来水管网改造和新住宅的建设中，基本采用了铝塑管，因此适合采用PC材料制造的无需工作电源预付费水表配套。

无需工作电源预付费水表全部采用B级表计量机芯，以及全部采用湿式表芯，从而确保计量准确可靠和避免外界磁场干扰。

由于老式住宅更换自来水表比较困难，并且大多数采用是DN15的标准，因此WYS15/20这一型号的产品非常适合原来采用DN15标准水表的替换，不用改变水管的长度就可直接替换，从而增大流量实现预付费控制。

对于新住宅和原来采用DN20标准水表的用户，可采用WYS20标准的水表安装或替换。

南方户外安装水表的地区，可选择WYS15/20-G型全不锈钢产品，防护强度高。

无需工作电源预付费水表和气表的工作原理完全相同，采用这项技术，可以极大地降低产品成本，提高产品的可靠性，节能环保，可以为本领域节约巨额生产投资，也可为各地自来水公司、燃气公司选择安装预付费产品节省巨额的用户费用，为预付费产品大规模普及奠定了坚实的基础，使预付费产品规模应用成为可能。

四、无需工作电源预付费表使用CPU卡及网络发行系统介绍

无需工作电源预付费仪表采用CPU卡作为数据交换方式，但由于仪表本身为廉价大规模普及产品，不适合采用价格昂贵的加密模块，因此采用自行设计、公开算法的硬件加密方式。在系统运行后，该系统的密钥受CPU卡控制，由用户(自来水公司、燃气公司)自行控制生成，因此安全可靠。

为实现各地用户的联网发卡和数据管理，现已完成网络系统的设计和系统调试，并研制配备电脑终端读写卡POS机，任何人都可以将手持POS系统连接在电脑上，通过网络系统授权，实现就近发卡。

五、结论

随着科学技术的不断发展，预付费水表、预付费气表将会不断发展完善。在近期内以实现基本预付费为目的廉价的无需工作电源预付费水表将在全国城镇自来水管网改造工程中大规模普及；无需工作电源预付费气表将在西气东输工程中被大规模采用。

对这种先进仪表的大规模推广使用将会有力地促进中国供用水管理和供用气管理的现代化进程。中国在这个方面的超前发展会使这种计量模式得到优先完善，并有可能成为中国的一个有竞争力的产品出口到其他国家。

面向服务的多应用智能卡平台“NICE”与其适用范围

信息流通平台研究所　日本电信电话股份公司
田路龙太郎　和田义毅　平田真一　铃木胜彦

以前，智能卡都是预先在一张卡中安装1个至多2～3个固定的应用程序，以专用卡的形式来发行的。20世纪90年代中期出现了Java Card等通用卡OS，实现了在一张卡中可以安装多个应用程序。其结果，要求有一种与智能卡服务相独立的，可对卡以及卡应用程序进行运行管理的系统。从而出现了MULTOS以及Open Platform等应用程序管理平台。

但是，这些平台，无论哪一个都是根据以往的以卡的发行商为中心的运行模式来设计的，它们都不能应付图1所示的“面向服务的运行模式”。

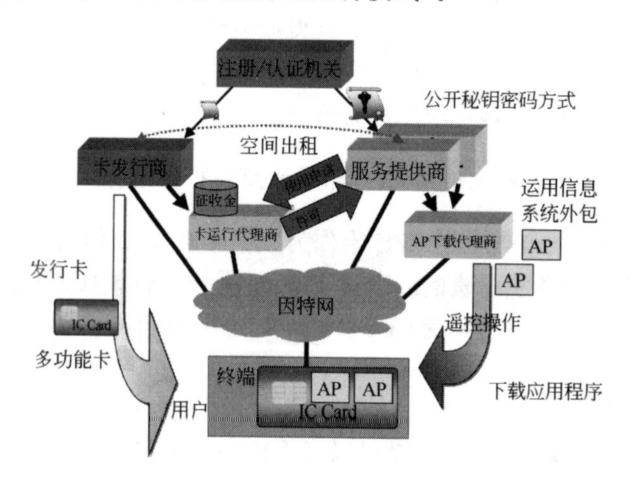

图1　NICE的概念

目前，在市场销售的智能卡的不可擦写只读内存(EEPROM)的容量向大容量化发展，闪存也已经达到了1MB。今后智能卡不仅使用于专用终端，在家用电脑，手机，PDA等中的使用也将会增加。从这个方面来考虑，我们认为今后面向服务的运行模式将成为主流。在这种运行模式中，并不是由卡发行商装载固定的应用程序，而是由卡用户根据自己的需求选择应用程序，通过因特网向卡中安装，删除应用程序。

本篇论文，对这种可在因特网上实现面向服务的运行模式的平台—Network-based IC Card Environment(NICE)进行说明。

一、NICE的概念

为了实现面向服务的运行模式，必须要解决下面6个课题。

首先,面向服务的运行模式的最大的特征,是卡与卡应用程序之间的关系。换一句话说,也就是卡的发行商与卡的服务提供商的关系。每一张卡,及在一张卡的运用当中都存在着动态变化。为了管理这种动态关系,需要解决以下两个课题。

1．卡资源的动态管理

对于卡中不可擦写只读内存(EEPROM)的资源,在防止卡应用程序之间的冲突的同时,还需要一个可以实现卡发行商与服务提供商之间合理分担成本的卡资源动态管理模式。

2．动态安全保护结构

用来防止他人非法安装,删除,篡改卡应用程序的安全保护结构,也需要在上述运营商之间,做到有效地保证安全。

另外,为了通过因特网实现下载,需要解决以下两个课题。

3．因特网上的卡与服务器之间的通讯协议

服务器向被动设备的智能卡发送指令时,需要地址解析,保证卡与服务器之间的end-to-end的安全性,网络防火墙等问题的存在。需要通过因特网进行智能卡与运行管理服务器之间通讯的通讯协议。

4．面向运营商的智能卡的访问控制

多应用程序智能卡,访问运行中的智能卡系统,一般是与运行管理平台相独立的服务系统。例如,在发现了非法使用智能卡时,卡发行商为了封锁这张卡的使用,需要一种可以主动地访问卡的方法。

最后,虽然不是在实现面向服务的运行模式中需要解决的问题,作为支持多种运行管理形态的方法,有必要解决以下两个课题。

5．运行管理的对外委托

多种应用程序智能卡的运行管理,比以往的单一应用程序智能卡的运行管理要复杂,成本也高出许多。为了使智能卡运营商能简单地参与运营,把下载卡应用程序这样通用的运用业务,可以对外委托给其他运营商。

6．支持多种平台

对于智能卡的功能要求与智能卡的服务与运营商有着密切的关系,应该考虑在社会上将会存在多个服务平台关系。就像下载应用程序对外委托的商业模式一样,最好能做到在一个智能卡运行管理系统中可以运用多种平台的智能卡。

NICE的概念如图1所示。为了解决上述课题,NICE是基于卡上空间出租,公开密钥密码方式的保护结构,运行管理的系统对外委托 ,通过因特网的遥控操作,及被称作多功能卡系统基本设计总体结构的概念基础开发的。下面,对NICE的各个功能进行说明。

二、NICE的运行模式

NICE的运行模式如图2所示。运行是对卡发行商等智能卡运营商在运行管理上的任务进行模式化。在现实社会中,将执行这些运行的运营商称之为执行者(actor)。既可能存在多个执行者执行同一个运行,也可能存在一个执行者兼营多个运行的情况。

NICE,一共定义了包括以往的卡发行商,服务提供商,卡用户3个运行的6个运行情况。下面就每个运行情况的作用进行说明。

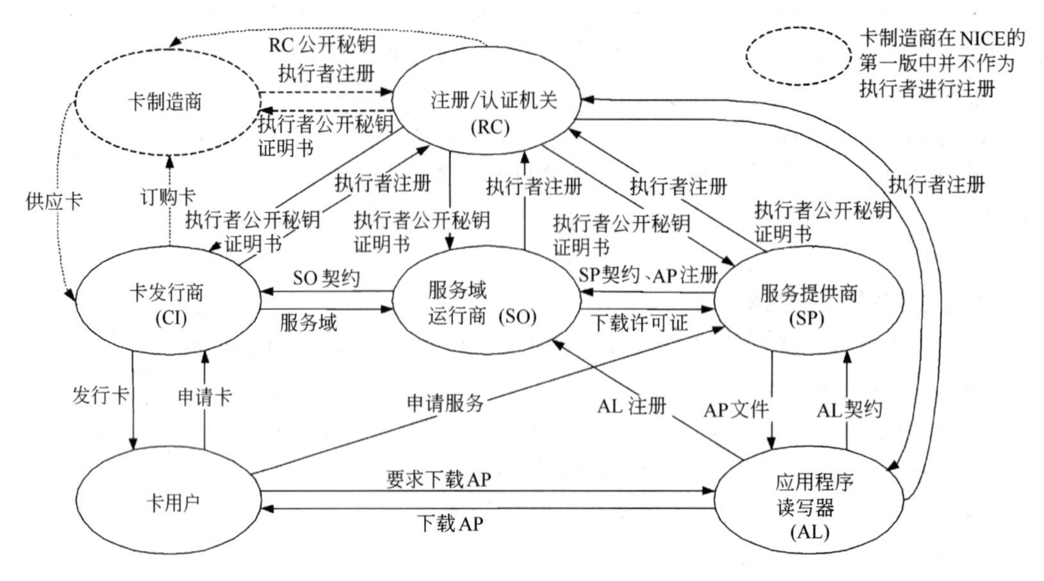

图 2　NICE 的运行模式

[RC]:注册/认证机关。NICE 认证执行者,对执行者的公开秘钥,发行公开秘钥证书。或者接受卡应用程序,对卡应用程序发行证书。

[CI]:卡发行商。向卡用户发行卡,管理卡的使用周期。

[SO]:服务域运用商。进行卡内不可擦写只读内存(EEPROM)空间(服务域)及服务域中的卡应用程序的使用周期进行管理。

[SP]:服务提供商。进行装载到卡中的卡应用程序的读取文件的管理,以及提供使用其应用程序的智能卡服务。

[AL]:应用程序读写器。进行卡应用程序的下载,个性化,以及删除。

[CH]:卡用户。通过卡以及卡应用程序,应用智能卡服务。

在 NICE 中,根据这些运行模式,对各个运行对智能卡的操作权限及运行之间的接口进行了定义,通过各种运转的组合,可以灵活支持现实社会中执行者的业务。

三、空间出租模式

图 3 以大学的校园卡为例显示了空间出租的概念。假设大学将在卡中安装图书馆等用于校内服务的卡应用程序。另一方面,如能够将大学生协会的积分商业卡应用程序也安装到同一张卡内,不仅可以提高对学生的方便程度,作为大学生协会也没有必要再次发行卡了。

像这样的情况,作为卡发行商的大学,根据卡应用程序所使用的卡内不可擦写只读内存(EEPROM)空间的大小,如果能从作为服务提供商的大学生协会得到使用费,便可以做到从服务提供商处回收卡的发行及运行成本。这便是空间出租的基本思想。

在 NICE 中,将这种出租出去的卡应用程序空间称作 AP 租用空间。通过使用防火墙,对卡内的 AP 租用空间进行严格的量化管理,同时,保护其免受其他应用程序的干扰。

那么,对这种智能卡进行共享时,一般来说,某大学作为卡发行商,对大学生协会下载及

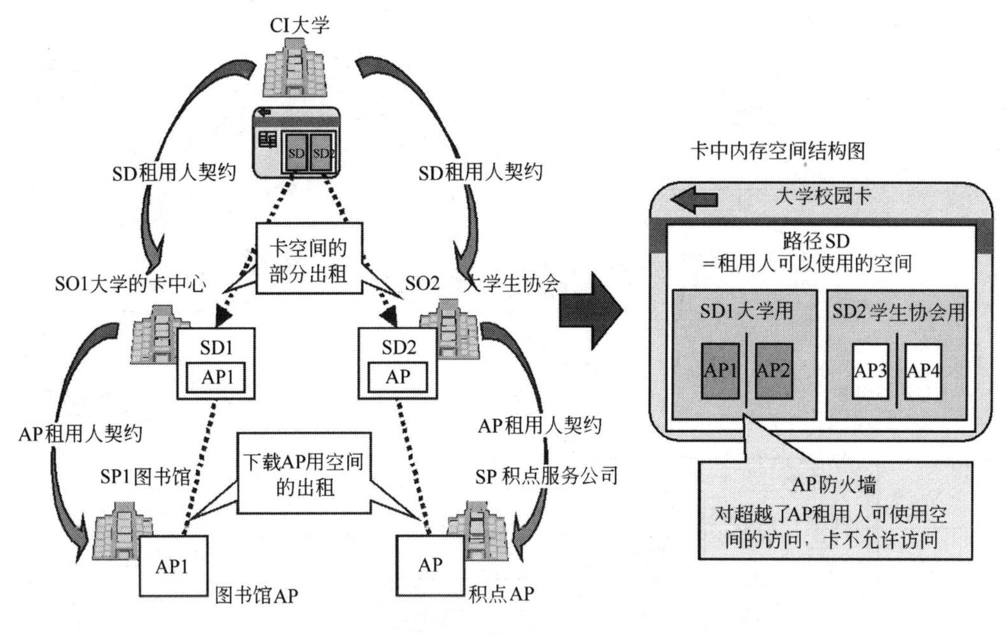

图3 空间出租的概念

删除卡应用程序等进行管理。但是如果大学生协会是一个足以信赖的厂商时,大学这个卡发行商就可以把卡内的不可擦写只读内存(EEPROM)的一部分全部租借给大学生协会。该部分的卡的应用程序的装载,删除等运行管理全部委托给大学生协会进行。

在NICE中,将这种被划分出来的不可擦写只读内存(EEPROM)中的管理空间称作服务域(SD)或者SD租用空间,将这种进行SD及SD中卡应用程序管理的运营商称为服务域运营商。

四、运行管理的对外委托

服务域运营商,只有在卡发行商分配到的服务域内,才拥有管理不可擦写只读内存(EEPROM)空间及卡应用程序的权利。具体地说,是通过与服务提供商签署租用合同,分配不可擦写只读内存(EEPROM)空间,发行认可下载及删除AP的许可证,以及通过确认卡管理者在下载及删除应用程序之后返回的收据,来验证是否正确地执行了对卡的操作。

对于卡发行商来说,无非是只在服务域内向智能卡的运行管理权限转让给服务域运营商,对外委托了一部分运行管理。另一方面,如果使用应用程序读写器,服务提供商即使没有自己的卡应用程序下载设备,也可以提供服务。

五、基于公开密钥密码方式的安全保护结构

NICE的安全保护结构如图4所示。如上所述,NICE作为安全保护的基础,采用了公开密钥密码方式。在OP及MULTOS中,也将公开密钥密码方式中采用到了下载标识的数字签名,NICE在此基础之上,还在智能卡与服务器之间的相互认证中,采用了公开秘钥密码方式。

在NICE中,所有的运营商,必须将自己的公开密钥注册到注册/认证机关(RC),同时

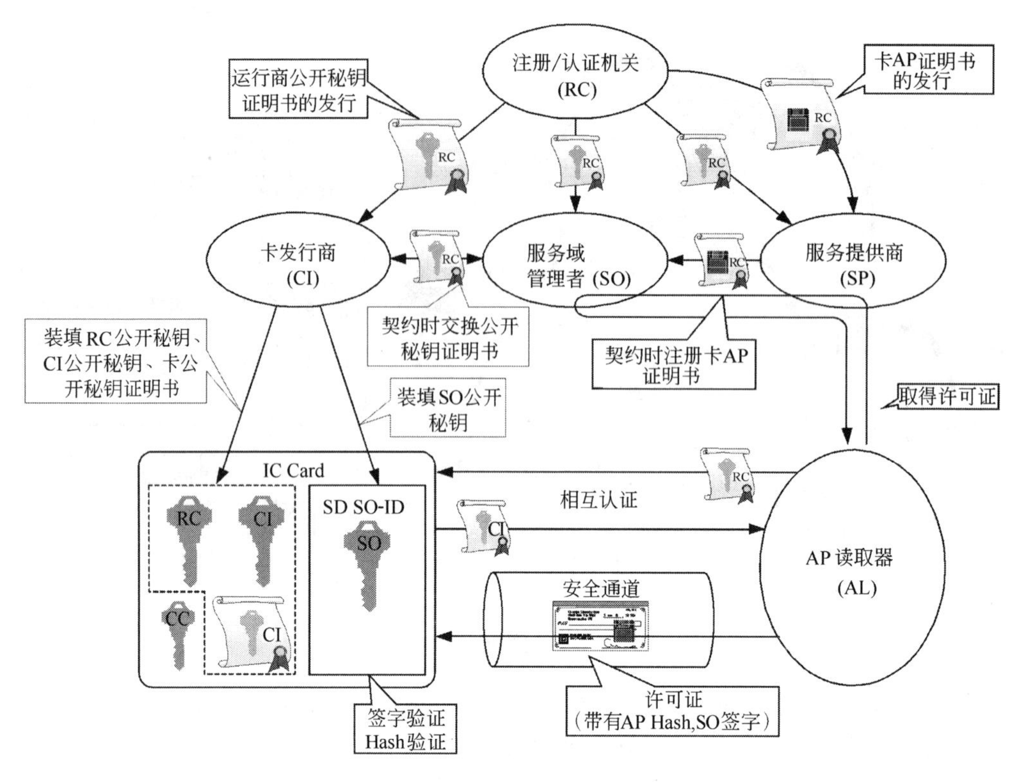

图 4　NICE 的安全保护结构

取得有 RC 签名的公开密钥证书。运营商的服务器与智能卡进行通讯时,将此公开密钥证书发送到智能卡中,智能卡通过使用 RC 的公开密钥进行签名验证,来确认运营商的合法性。另一方面,智能卡将卡发行商签名的卡公开密钥证书发送到运营商的服务器上,运营商方用卡发行上的公开密钥对此进行验证。

像这样,在 NICE 中,通过基于公开密钥密码方式的相互认证来断定对方运营商的合法性,根据赋予对方的操作权限对命令的执行进行管理。而且,通过利用相互认证密钥时建立的安全通道,对通讯通道进行加密。

这个方式,没有必要像以往的根据秘密密钥方式,需要将运营商的密钥事先写到卡中了。因此,这个方式允许存在多个服务提供商,这在与卡发行商的关系可以灵活变化的面向服务的运行模式中,是特别有效的。

另外,在 NICE 中,卡应用程序也必须全部到 RC 注册,需要得到 RC 签名的应用程序证书。服务域运营商在接受服务提供商登录应用程序时,根据这个应用程序证书验证该卡应用程序的合法性。另外,服务域运用商使用应用程序证书中包含的 AID[7] 与哈虚值,生成下载的许可证,检查智能卡使用此许可证查出卡应用程序是否被篡改。

如上所述,NICE 在安全保护结构中,全面采用公开密钥密码方式,由 RC 来提供保证运营商及卡应用程序的合法性的基础。这与传统的卡发行商与服务提供商的一对一的安全保护方式相比,可以说该方式从全局来讲降低了运营成本。

六、面向厂商的智能卡访问

如前所述,因为智能卡用户通常只访问提供服务的服务器,以往,除了根据由卡发行商分发的非法卡信息(黑名单),中止提供服务等自卫手段以外,就没有其他用来防止非法使用的方法了。在 NICE 中,提供了管理终端与服务器之间的通讯的中间商模块,用黑名单,直接控制,预约处理 3 个功能,解决了这个问题。

通常,黑名单中只是记载有非法卡的卡 ID。在 NICE 中,除此之外还分发了希望要对卡进行强制性连接的商家的地址信息。中间商在智能卡通过终端进行访问时,会根据黑名单检查出非法卡,然后,将该非法卡对应的强制连接方式送回给终端。终端根据该信息,重新连接到所要访问的服务器。而在该访问连接的服务器中,已预先登陆了该卡连接时应进行的卡操作(预约处理),例如,会自动执行封锁非法卡的访问等操作。

在 NICE 中,可以通过上述结构,可以根据商家的意向对卡进行访问。因此,不仅是封锁非法卡的访问,还可以通过远控操作,来实现卡应用程序的自动下载等,各种维护服务。

七、NICE 系统的结构

NICE 系统的结构如图 5 所示。NICE 是由 NICE 卡管理者,NICE 终端模块,NICE 中间商,NICE 服务器控件群等 4 个基本模块组成的。

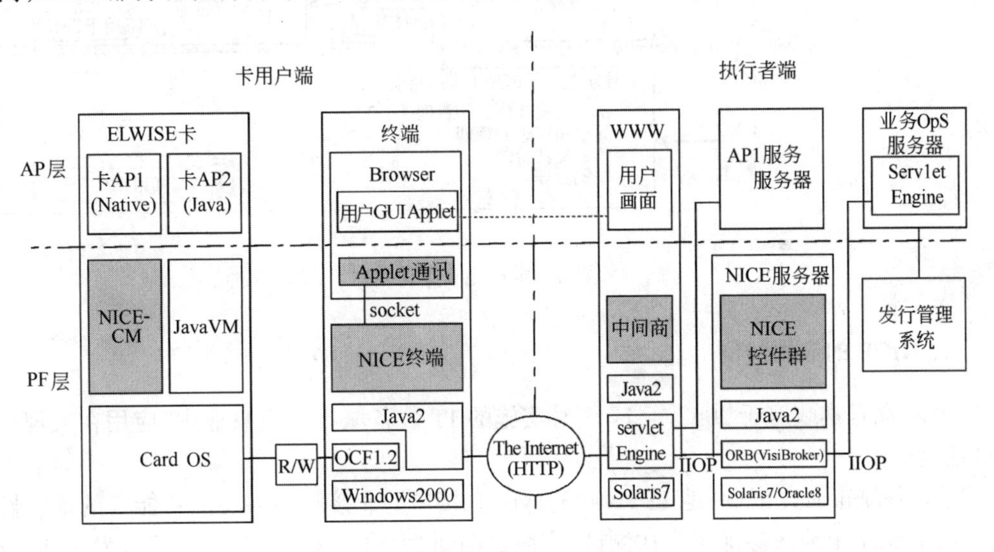

图 5　NICE 的结构

这些基本模块,被定位为为了对多应用程序智能卡进行运行管理的中间件,实际的运行管理系统是通过在基本模块上开发终端用户 GUI,以及开发结合了顾客管理系统等的业务 OpS 组建的。但是,NICE 还提供基本的用户 GUI 及业务 OpS,发行系统等,使智能卡厂商可以根据需要定制使用。

NICE 结构的另一个特征是,卡与服务器之间可以直接进行安全的消息传递。在终端与卡之间安全进行的消息传递时,需要终端上存有密钥,对于终端放置家中及公共区域的面向服务的运行模式中,其安全性确保是很困难的。但是,因为开发了卡与服务器之间的 AP-

DU[8]通讯是叠加在终端与服务器之间的 HTTP 通讯中的通讯协议，使得即使在设有防火墙的因特网上也可以进行远程操作。

另外，在 NICE 中，采用了图 6 所示的多功能卡结构。本结构对依赖于平台的 APDU，命令顺序，数据格式化等进行了局部分化，根据卡管理的种类来切换操作的执行模块，实现了按照智能卡所属的平台的方式，执行下载应用程序等操作。

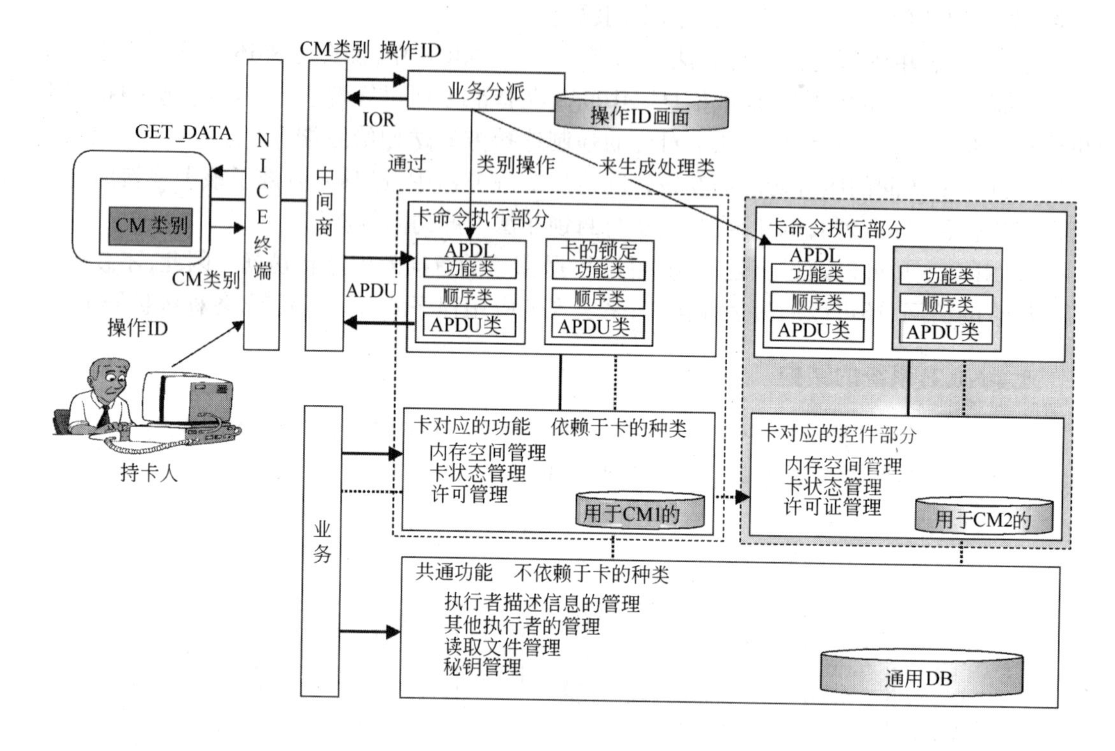

图 6　多功能卡结构

八、NICE 的应用实例

NICE 在日本政府于 2002 年 1～3 月实施的 IT 装备城市研究事业中，应用在大规模的地区性测试中。

IT 装备城市研究事业，是 ISO14443 Type B 接口的非接触型多功能智能卡的地区性测试。全国有 21 个地区参加了本次测试，在测试期间，大约向参加测试的市民分发了 70 万张智能卡。测试期间结束后，各个实地验证地区的自治团体等的自主性经营仍在持续，卡的发行数已达到了 120 万张。

在测试中，政府在向各个测试地区分发智能卡以及智能卡运行管理系统的同时，参加本次测试的各个地区也开发了各种智能卡服务，验证了非接触型多功能智能卡的有效性。参加测试的各个地区开发的应用程序多达 100 种以上，确认了在一张卡中混装载电子申请等公共应用程序，及电子钱包等商务应用带来的方便性。

另外，在本次测试中，为了验证卡与智能卡运用系统的互换性，基于 NICE 规范的卡管理不仅支持两个系统，同时，还活用了多功能卡结构，包括 NICE-CM 的在内的两种智能卡，进行运行管理。

NICE 14 个地区进行了测试，不管是在哪一个组合中，都对发行及下载、删除应用程序、管理使用周期等进行了圆满的运行管理，实际验证了其实用性与有效性。

九、结论

NICE 是在因特网上实现面向服务的运行模式的，多功能智能卡的运行管理平台。NICE，实现了卡发行商与服务提供商之间的成本分担的空间出租模式，以及基于公开密钥密码方式的安全保护结构，实现了对卡以及卡应用程序的动态管理。另外，实现了因特网上的远程操作，以及控制对面向厂商的卡的访问。同时，对运行管理的对外委托以及多功能卡的结构，还将有助于降低运行管理成本。NICE，在 IT 装备城市研究事业中，验证了这些功能的可实现性与可用性。

作为今后的课题，包括追加卡的发行代理的运行、在属于不同 RC 的执行者之间，实现卡以及卡应用程序的流通。另外，还包括对正在应用的卡应用程序数据进行复原操作的，卡的重新发行等课题。我们预定在 NICE 的下一个版本中解决这些课题。

地铁单程票解决方案
——介绍一种新颖的纸质非接触式IC票卡CTS

ASK亚洲公司中国区市场及技术支持　吴　建

非接触式卡在全世界公共交通领域的成功应用已是尽人皆知的事实。它使用快速、方便、简单、安全。但是通常使用的卡价格比较高,适用于经常使用的乘客。对于不经常乘坐的乘客,如旅客等,他们需要一种便宜的单程票,只使用一次或若干次,而不需要交押金或出示证明等其他烦琐的手续。限于非接触式卡片的价格,业界一直在致力于寻求能够替代现在用于单程票应用的纸票或磁条票的解决方案。

随着我国经济的发展,很多城市都在建设地铁,希望提供给城市居民方便、廉价、快速的公共交通。地铁公司非常渴求廉价、简单、无需收回的单程票解决方案,希望非接触式卡片的价格能降到地铁公司可以承受的价格。

一、公司介绍

法国ASK公司根据巴黎地铁公司等的需求,结合当前最先进的非接触IC卡设计制造经验,花费近四年时间,研制成功了纸质非接触式票卡—CTS。CTS票卡外型同信用卡一样,可以方便地放于钱包中,和现在使用非接触式卡的方式完全一样,可以使用同一读写设备。CTS票卡价格低廉,可以用来作为一次性车票,也可设计为次票或有限时间内使用的车票如月票使用。

ASK公司成立于1997年,位于法国尼斯附近的高科技园区内。它集中了IC卡业界精英80余人,专门致力于设计开发非接触式IC卡和操作系统以及相关的读写设备,生产、封装非接触式IC卡(包括Mifare I)。2001年全球销售了700万非接触式IC卡,其中300万CTS纸质非接触票卡。已成功应用于巴黎、罗马、马其顿、台北、墨西哥城、突尼斯等地。今年更在意大利旅游胜地卡普里岛应用300多万张CTS作为岛上一卡通使用,可作为旅游门票或汽车/轮渡票。在欧洲非接触票卡市场上ASK公司已占有80%以上份额。ASK公司以CTS票卡为基础的马其顿高速公路解决方案在2001年10月于巴黎举行的一年一度的世界智能卡展览会上一举赢得智能卡工业的两项大奖:最佳应用奖和最佳交通应用奖。

二、非接触纸质票卡CTS

CTS采用廉价且环保的纸作为载体,比普通用做智能卡卡基的PVC或PET极大地降低了成本。又可在上通过覆盖塑料膜、或放在塑料套中的方式避免纸容易撕裂的毛病、延长使用寿命。CTS的封装形式多种多样,大小可采用ISO标准或Edmonson标准。CTS票卡由于其纸基材料的特性,可根据运营商出售票卡的方式提供不同的交货打包方式:可以选择单张、成卷或折叠的方式。

CTS的兼容性很好，可以方便地被非接触式卡ISO14443国际标准读写器读写。CTS采用非接触式卡ISO—14443国际标准的B类标准通讯协议，这是现在世界上最通行、开放的标准，支持厂家众多，不会被某些厂商垄断。之所以选择B类，也是为了进一步降低卡片成本。因为ASK公司向芯片厂商询价，只有ST公司提供的B类芯片价格最低且芯片面积最小。

CTS采用印刷银质天线技术。采用金属银作为天线材料，是因为银比铜具有更好的延展性，不像铜易被折断。采用印刷方式而不是普通制造非接触式卡采用的绕制线圈或腐蚀线路板方式，不采用整版压制，使得大规模连续生产成为可能，同样提高了生产可靠性、进一步大大减少了卡片制造成本。

CTS采用全球惟一的32位序列号，防止伪造。正确写入的数据都会带有验证码，读卡时可用SAM或系统来检验验证码的对错。校验算法不采用某些公司的专利，而是采用标准的3DES算法。也可由系统集成商自行设计校验算法，保障专有系统的安全。

CTS针对应用设计了快速卡片读写指令，一次正常的卡片交易只需不到100毫秒。

基本型的CTS采用256位、32字节EEPROM作内存，数据可存放十年，正常读写超过1万次，按每天读写6次计算可用五年，足以应付一般正常需求。CTS节省了用于储存密钥和交易记录的内存空间，以降低票卡成本、加快交易速度。同时为满足一些特殊需求，ASK公司也可为客户提供内存较大的CTS票卡，有512位、64字节(表1)。

表1

<table>
<tr><th colspan="2">16位块</th><th>读写控制</th></tr>
<tr><td colspan="2">芯片制造商代码</td><td>只　读</td></tr>
<tr><td>系统位(4)</td><td>一次性编程位(12)</td><td>一次性编程</td></tr>
<tr><td>生产者代码</td><td>应用代码</td><td rowspan="3">个人化后被系统位锁定</td></tr>
<tr><td colspan="2">序　列　号</td></tr>
<tr><td colspan="2">序　列　号</td></tr>
<tr><td colspan="2">应　用　区</td><td rowspan="6">A区：自由读/写或被系统位锁定</td></tr>
<tr><td colspan="2">应　用　区</td></tr>
<tr><td colspan="2">应　用　区</td></tr>
<tr><td colspan="2">应　用　区</td></tr>
<tr><td colspan="2">应　用　区</td></tr>
<tr><td colspan="2">应　用　区</td></tr>
<tr><td colspan="2">应　用　区</td><td rowspan="2">B区：自由读/写或被系统位锁定</td></tr>
<tr><td colspan="2">应　用　区</td></tr>
<tr><td colspan="2">应　用　区</td><td rowspan="3">C区：自由读/写或被系统位锁定</td></tr>
<tr><td colspan="2">应　用　区</td></tr>
<tr><td colspan="2">应　用　区</td></tr>
</table>

ASK公司的产品通过了ISO7810、7816、10373等标准规定的严格测试。

ASK公司已经具有月产100万张纸质票卡的能力，并将在年底达到月产1000万张的能力。这归功于ASK公司技术人员的丰富经验及采用的印刷天线等先进技术。CTS已成功应用于许多国家,到今年年底将会有300万张投入使用。

由于纸质票卡的低成本和可靠性,其应用领域越来越广。除用于地铁/公交车票,还可用于路桥收费、体育场/公园门票、身份识别、电子标签等不同方面。

ASK公司可以设计制造读写CTS票卡的读写模块,该读写模块完全符合国际标准,采用CPU作为读写控制,易于扩展开发。不仅能读写B类卡,还可读写A类卡及MIFARE I卡。可以读写系统扩展后有可能使用的CPU智能非接触卡。ASK公司可以通过OEM、提供技术支持等,帮助读写设备生产厂商自行设计制造自己的读写设备。

当然如果地铁公司觉得非接触纸质票卡价格过高,希望回收重复使用,也可以做到。可以充分利用现在正在使用的、已证明可靠的磁条卡销售、回收、再充值装置实现对一次性使用单程票的销售、回收、再充值,只是将收票机、出站闸机、再充值机中的磁条读写头换为非接触卡读卡器,这样也解决了磁条卡闸机故障中占大多数的磁头被玷污的问题。为防止乘客误将储值卡投入收集卡设备,可以将单程票的尺寸设计得略为小些。

非接触纸质票卡是当今世界最先进的生产技术,大量厂家都在试图尽快实现这一技术,包括许多印刷厂、卡片制造商等。新型纸质票卡代表了非接触卡发展方向。许多芯片制造商都在开发用于纸质票卡的小容量、小面积芯片。例如PHILIPS公司设计的MIFARE Ultra-Light芯片,ASK公司已经可以提供用其封装的纸质票卡-CTS512A,如图1。

图1

综上所述,ASK公司的纸质票卡有如下特点:

(1) 技术先进性,

(2) 可靠性,

(3) 低成本、可抛弃、环保,

(4) 可以重复使用、再充值,

(5) 客户化非常方便,

(6) 交易快捷、安全。

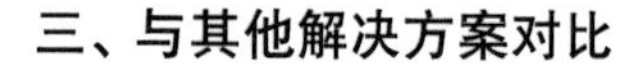

三、与其他解决方案对比

TOKEN是一种专门解决地铁单程票问题的设计方案。它是将ISO标准信用卡大小的卡做成直径20~30cm、厚2~3mm的小塑料圆板,缩小了天线尺寸,采用类似赌场筹码发行、收集的处理方式。乘客通过专门的自动售卡机或专门窗口购买TOKEN,进站在闸机读卡器上验卡。出站时乘客将TOKEN投入专门的收集验卡设备,检验卡有效合法后出站闸机允许放行。然后工作人员将收集的TOKEN清点、重新充值,投入再次使用。

这种解决方案对地铁公司来讲优点是:

(1) TOKEN可以长期重复使用、减少投资;

(2) TOKEN与普通卡可以使用同一种卡,被同一种读卡器读写,降低了系统复杂度;

(3) 闸机结构简单、易于维护，价格低，降低整个系统造价；

(4) TOKEN 只在地铁系统应用，所售票款只属于地铁公司，便于管理，但缺点也同样突出；

(5) 卡片成本倒挂、乘客购买的票价远远低于 TOKEN 成本；

(6) 无法在 TOKEN 上印广告以增加收入；

(7) 由于缩小天线尺寸，卡片读写距离近，读写时需将 TOKEN 直接放在读卡器上；

(8) 需要单独的发行、收集、再充值等专门设备，需要专门人员进行维护，提高了整个系统的造价；

(9) 系统封闭。无法实现天票等其他票务模式，无法和其他公交系统兼容；

(10) 因为一人一票，一次一票，需大量布设自动售票设备，提高整个系统造价；

(11) 因为一人一票，一次一票，TOKEN 数量巨大，同样增加收集、再充值设备数量，增加管理维护人员人数及劳动强度。

从乘客角度，乘客并没有感受到先进技术带来的好处。每次乘车前同样需要排队购买只能单程使用的 TOKEN。如此小的圆板不方便携带保存、只能捏在手里，放在读卡器上读卡会很不方便。

TOKEN 虽然表面上需求量巨大，这只是运营中的数量。因为不易损坏循环使用，无法保证后续需求，使芯片厂商无利可图。

由于工艺、材料及芯片价格等多方面因素限制，TOKEN 的成本不可能接近或低于纸质非接触卡。当然为了抢占市场或争夺项目，低于成本的报价另当别论。

因此，TOKEN 只是一种不完善的、封闭的、临时替代性的解决方案。当前只是在某些城市有限范围内试运行，还远未达到规模。系统、产品的稳定性都没经过考验。

四、结论

我国还是一个发展中国家，公共交通票价水平还远远低于发达国家，过高的票价老百姓难以承受。票卡的发行量是一个逐步增长的过程，试用期的票卡使用量不会太大，现在全球一年的 CTS 票卡销售量是 300 万张，ASK 公司还无法从半导体芯片生产厂家处得到更低价钱的芯片。国内很多城市都正在修建地铁，现在预计在建的地铁建成后纸质票卡的票价很困难，但票价的主要部分是芯片价格，随着定货量的增加，总体趋势是下降，随着技术的发展到时市场上也会有多种产品以供选择。而且 CTS 票卡也可作为多次使用的计次票，只要保存得当，作为月票亦无不可。在地铁乘客中，经常乘坐的上班族、一次买来回票或若干次票的人占绝大多数。可以提供给乘客不同种类的车票，通过不同的折扣方式吸引乘客购买可以多次使用的车票，如：来回票、一次预付购买可以使用若干次的车票、一天或几天有效期内使用票、重大事件纪念票、与景点合作发行联名票等等各种模式，减少一次性抛弃车票的使用量。在使用初期一次性抛弃票一来量不会很大，二来可以用次票或月票加以补偿，三可以通过卡片上印刷广告增加收入。交通领域的收入不应局限于票款收入，应该从广告、旅游等其他相关服务业行业获得利润。

我们觉得在中国为什么地铁对廉价单程票的需求量很大？是因为只有月票和单程票两种票务模式。在国内月票的购买或使用受到不同限制，像北京根本买不到地铁月票，很多公交线路不收月票；如南京规定月票使用次数等。

地铁公司何不借鉴国外的先进经验，为广大乘客提供所需的不同的服务。

例如为鼓励多乘车，减少单程票的使用，节约资源。可以提高单张票的售价。如在巴黎，单张票折合人民币 8 元左右。但可以买本票，一次买 10 张，每张票就只有人民币 5 元不到(采用 CTS 只需写入 10 作为次数即可)。对于外地旅客，会经常乘错车，在国内只好一次又一次地排队买票，在国外伦敦、巴黎、罗马等旅游城市就有天票或周票等，只要在有效期内，可以无限次乘车，折合到每次，比国内票价低得多的多。

这样一来，既满足了乘客的不同需要，又降低了地铁公司车票成本倒挂的风险。

所以我们认为纸质非接触票卡是到目前为止单程票的最佳解决方案。

下一代多用途智能卡-eLWISE 的概况

夏普株式会社 IC 事业本部 IC 卡事业推进中心

夏普智能卡的特点:

1MB 闪速存储器卡的优点:

• 因为应用程序也被存放在可改写闪速存储器里、所以应用程序的开发效率高。

• 智能卡发行后即使程序有问题也可以进行修改。

• 开始时只要写入最低限度的应用程序就可以进行卡的发行业务、智能卡发行以后可以追加应用程序。

• 以前的智能卡只能存放 ID 数据、夏普智能卡因为内存容量大、可以存放照片、医疗数据、履历等。大型程序也可以写入执行。

高速 16 位 CPU、高速通信功能、暗号处理器采用:

• 使用了 13.6MHz、16 位高速 CPU 以及暗号处理器、与以前的智能卡不同、智能卡内可以装入以及执行暗号处理、认证软件、真正应用程序软件等。

• 智能卡内可以执行应用程序软件、高度的安全性可以得到保证。

• 具有高达 424kbps(4 倍速)通信速度、使 智能卡内数据量大的图像数据的存取等实际应用变为可能。

非接触、接触两用式:

• 1 枚芯片具有非接触式/接触式两种接口。

• 金融系等接触式接口的应用程序及、交通系非接触式接口的应用程序在同一芯片上的执行得以实现。

• 以前的非接触智能卡不能实现的与接触式应用程序的融合变为可能。可以用于接触式接口的简易型显示装置(Viewer)、廉价的接触型读写装置上显示车票的残额以及确认乘车记录等。

• 耐久性要求的专业用户可以采用非接触式接口、低价格要求的一般用户可以使用廉价的接触型读写装置、两者均可满足。

公交车上的应用(京浜急行公共汽车)的特点:

• 尽管采用多重程序,处理只要 180ms 的高速性能。

采用高安全性的公开键方式,实现了性能と安全性的两立。以前的 80 倍的处理可以在同样的时间内完成。

→高速 CPU、高速通信性能、暗号协作处理器以及算法高速化的实现。

• 数据写入时万一智能卡发生断电、也可以恢复。

→基本 OS(APE)具有断电恢复功能。

• 伪造防止对策。

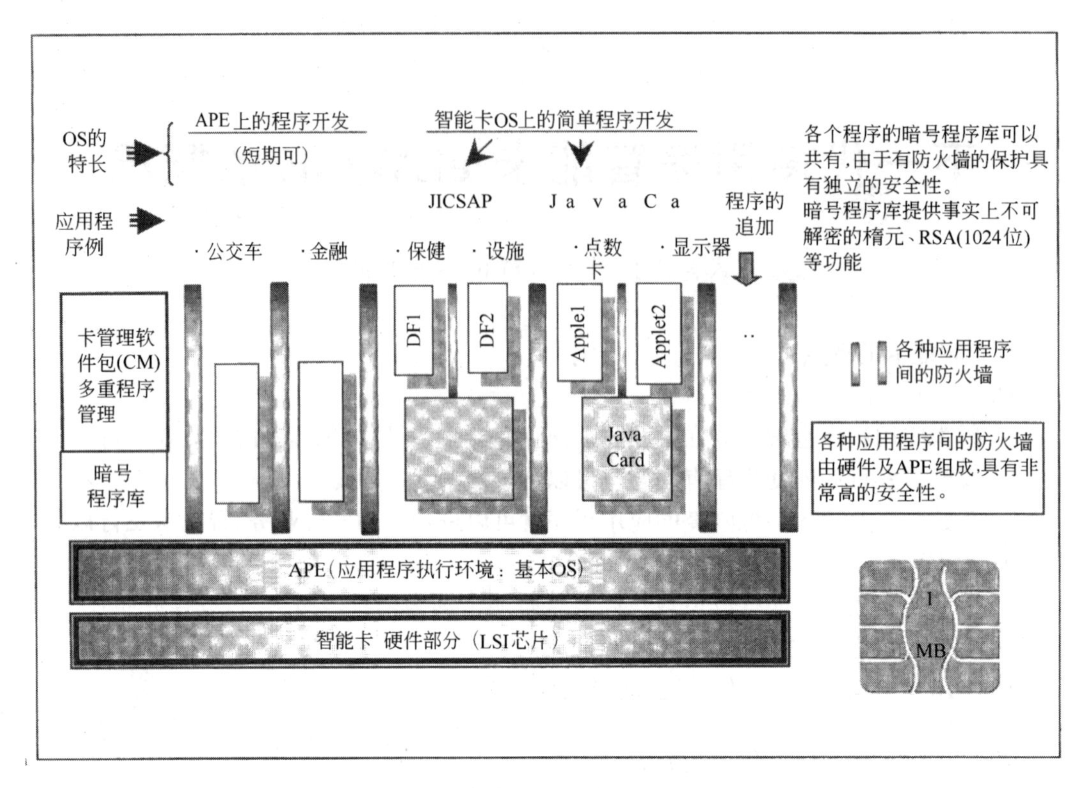

图1 夏普智能卡的特长:防火墙

→被存放的数据及键的信息总是被暗号化、所以即使进行恶意的分析、也不可能伪造。

• 智能卡发行之后、公共汽车的应用程序在公共汽车公司窗口被追加写入

→大容量闪速存储器的采用使其变为可能。

硬件及APE组成的各个应用程序间的防火墙,具有令人可以信赖的高安全性。各个应用程序间互不影响、以防止恶意操作(图1)。

• 利用接触型接口简易型显示装置(Viewer)可以确认智能卡的残额、查阅乘车记录。

→发挥两用型智能卡的特长、以前的非接触智能卡不能实现的非接触型、接触型的应用程序融合(图2)。

产品具有大容量、信赖性高等特点。

1. 闪速存储器/逻辑电路混装LSI技术

• 闪速存储器与逻辑电路混装技术由夏普独自开发。利用该技术成功将CPU暗号协处理器、RAM、ROM、闪速存储器等器件高效率地集成在一块芯片上。

• 利用单片机、模拟电路的集成电路以及闪速存储器的制造技术、开发了智能卡用LSI的制造技术。

2. 薄型实装技术

• 在智能模块开发过程中、利用夏普擅长的薄膜实装技术、完成了在一块模块上实装非接触式和接触式两个接口的模块开发和制造技术。

• 两用型模块具有信赖性高、强度高的特点。与以前的接触型、非接触型模块相比较

		Sharp Smart Cards		Conventional Smart Card
		Contact Type	Combination Type	
Power		Input:5V,Internal:2V	←	
CPU		Sharp original 16bit CPU	←	8 to 32bit
CPU Speed		up to 24MHz	Contact :15MHz,Contact less: 13.56MHz	1MHz~2MHz
Flash Me mory		IMB(8Mb)	←	EEPROM 8~64KB
RAM		8KB	←	2KB
ROM		4KB	8KB	96KB
Co Processor		RSA 1024 to 1152bit ESIGN 1152bit Elliptic curve cryp tography 160 to 256bit,etc.	←	RSA
Co Processor Speed		30MHz	Contact:15MHz,Contact less: 13.56MHz	
PLL		External clock:3MHz to 5MHz, 30MHz	←	
RF		–	ISO/IEC 14443-2 Type B (ASK10%) Frequency:13.56MHz NRZ/BPSK NBZ	
Transmition Speed	Contact	9.6Kbps to 76.8Kps(x8)	←	9.6Kbps~19.2Kbps
	Contactless	–	106Kbps to 424 Kbps(x4)	106Kbps
Protocol	Contact	T=1	←	
	Contactless	–	T=CL	

图 2　接触/两用 IC 卡规格

具有同等以上的性能。

3. 高频技术

• 在混装技术的基础上、利用独自的技术将高频电路单片化、使智能卡所用 LSI 的批量生产获得成功。

夏普今后的动向：

1. 大容量化

• 闪速存储器是适合于大容量的器件、根据今后用户的要求、进一步改进工艺流程、开发更大容量智能卡。

2. 低成本化

• 不仅仅只通过 LSI 的微小化来降低成本、而且考虑到模块及智能卡的装配、开发批量生产性高的产品。

• 加上现在已有的 1MB 智能卡、2003 年第二季度 512KB 智能卡开始量　、以满足低成本用户的要求。

3. 高性能化

• 进一步努力提高 CPU 的性能、开发更高速的暗号处理算法、以及降低电流消耗、向用户提供更高的智能卡。

4. 提供使用简便的开发环境

• 向用户提供 JavaCard * 等使用简单的开发环境、并通过改良 APE 向用户提供与硬件结构相对独立开发环境。

5. 外围装置的提供

• 不断开发并向用户提供与夏普智能卡相配套的读写装置、显示器、智能卡发行机等外围装置。